Traité "Concierge" de Droit Civil

コンシェルジュ
民法
②

物権・担保物権法

椿 寿夫・松本恒雄 [監修]

中山知己／長谷川貞之／吉井啓子／青木則幸 [著]

北大路書房

▶監修者のことば

　コンシェルジュ民法シリーズは，民法を初めて学ぶ学生が，民法の全体像を把握するのに適した内容のテキストとして，読者の素朴な疑問や問いを重視し，何がわからないか，何につまずいているのかを見つけ出しながら，民法の基本を習得できることを目指しています。そのような本シリーズの趣旨を表すために，ホテルで宿泊客からのあらゆる要望に応じる総合案内係を意味するフランス語のコンシェルジュ（concierge）をシリーズ名としています。

　そのために，本シリーズでは，通常の1コマの授業で扱う内容を1つのLecで取り上げ，その中を複数のセクション（§）に分け，原則として各セクションの冒頭に，具体的な事例を挙げて，それを素材にまず概説し，ついで理解を深めるために詳しい説明をするという構成をとっています。

　さらに，コンシェルジュという名を冠した「☕カフェ・コンシェルジュ」を随所に配置しています。これは，当該解説の項目に関係はあるけれども，本論からは少しはずれたこぼれ話や愉快な話などを，息抜き的に扱うコラムです。コーヒーブレイク的に楽しみながら勉強してくださいという趣旨です。

　コラムには，もう1つ「✖トピック」と名付けられているものがあります。こちらは，本論の話しを少し詳しく解説したり，現代的な問題を取り上げて解説したりするものです。息抜きというよりは，論点をもう少し深めてくださいという趣旨です。

　民法では，紛争事案の争点・ポイントの把握，当該争点への適切な条文・法理の適用，結論・解決策の妥当性などが求められ，かつそれぞれを説得的に説明する能力も求められます。そのためには，まず民法の全体像を把握し，民法をツールとして使いこなせるようになることが必要です。本シリーズは，このような能力を身に付けるための入り口の部分を担うものです。

　そして，私人間の法律関係についての基本的ルールを定める民法は，法律学全体を学ぶための基礎という側面もあります。民法で勉強した用語や考え方は，他の法律を勉強する際に役に立ちます。

　最近では，社会の変化に合わせて，民法の改正が頻繁に行われるようになってきています。とりわけ，2017年に改正され，2020年から施行されている「債

権法改正」と呼ばれる大改正は大規模で影響の大きなものでした。最新の民法を学ぶとともに，どこが改正されたのか，なぜ改正されたのかを知ることは，民法の理解を深めることにつながります。

　本シリーズで民法の初歩を身に付けた後は，もう少し詳しく書かれた定評のある教科書や体系書と言われているものに取り組むようにしてください。

　2023年1月

監修者

椿　　寿夫

松本　恒雄

▶はしがき

　本書は，初学者がアプローチしやすい入門的なレベルでありながら，なおその後の学習への橋渡し役にもなりうることを目指したシリーズ『コンシェルジュ民法』の「第2巻・物権・担保物権法 編」である。世にある数多くの民法教科書にはそれぞれの意図や目的があり，中には本格的な学習に向けたものもあるが，本書は，特定の分野の情報を紹介し，案内する役目，まさに"コンシェルジュ"であることを意図している。そのため，条文解釈の細かい部分や判例の入り組んだ説明などはほとんど省略し，学説はほぼ通説にとどめて各制度の成り立ちや条文の趣旨などの基本的な記述に徹している。

　このようなスタイルは，実は研究者でもある執筆者にとってはかなりの難事である。何かについて書き出すと，ついあれもこれもと盛り込みたくなって学説に言及したり，判例を紹介すればもっと踏み込んで書きたくなる。必然的に分厚くなってしまうが，そのような教科書は，初めて法律学に取り組む人たちが勉強を進めていく上では，たいていはやっかいなことになる。とりわけ本書の対象とする物権・担保物権法は，相当に技術的で複雑な問題が多いため，意欲を継続できず途中で挫折してしまうことにもなる。何事も最初が肝心という言葉があるが，初めにつまずかないようにさせる工夫が必要で，とにかく最後まで読み通すことができた，という実感を得るのも大事であろう。そうするとなるべくコンパクトな書物がよい。簡潔に分かりやすくする，という趣旨を執筆陣もよく理解した上で記述していることを感じ取ってほしい。

　また，本書は各テーマの最初に事例を提示し，具体的に問題を考えられるようにした。これは最近比較的多く見られる手法であるが，執筆陣はいずれも経験豊富なベテランなので，よく練られた事例が多いことに気づく。さらに，各所に設けられた「☕カフェ・コンシェルジュ」や「✖トピック」は，新鮮な気づきをもたらし，より深い興味や関心を持つこともできるであろう。あまり使われることのないような権利でもどこに問題があるかを示唆しているものもあって思わぬ発見もある。そのようにして読み進めることができることを期待しているのである。

このような『コンシェルジュ民法』のねらいにより，従来の教科書とはまたひと味違ったものとなったと思う。あとは読者が，本書により基礎的な力をつけることで，さらなるジャンプアップをしてほしい。そして，このような方針は学生のみならず一般企業や団体で働く社会人あるいは公務員等で，これまで法律学になじみのなかった方々にも必ず役立つものと確信している。

本書の対象とする物権法は，近時改正された債権法分野ほどではないにしても，改正されている分野がそこかしこに存在する。たとえば所有者不明土地問題に関する共有の規定がそれであるが，本書においても対応している。また，担保物権法分野では動産担保の改正作業が現在進行している。この点については流動的な部分が多く，決着の方向性や，その評価は専門家でも難しいが，現在の課題がどこにあるのか，わかるように解説をしていただいた。このように見ていくと，本書がたんに初学者向けの入門書レベルにとどまらない，上級者への道先案内人としての役割を少しでも果たせるように意図されていることが分かるであろう。

なお，本書の企画・構成に当たっては，監修者の椿寿夫先生，松本恒雄先生から貴重な助言・指導をたまわり，さらに出版工房燈〔ひうち〕の秋山泰さんからは様々な編集上のアイデアを含めご教示を得ることができた。ここに改めて御礼を申し上げたい。

2023年1月20日

コンシェルジュ民法 第2巻 の著者を代表して

中山　知己

❖ 凡 例

❶ 判決・判例の略記・略語（主なもの）

大判	…	大審院判決	高判	…	高等裁判所判決
最判	…	最高裁判所小法廷判決	地判	…	地方裁判所判決
最大判	…	最高裁判所大法廷判決	決	…	決定

民集	…	最高裁判所（大審院）民事判例集	判時	…	判例時報
民録	…	大審院民事判決録	判タ	…	判例タイムズ
裁判所web	…	裁判所ウェブサイト			

❷ 学習用判例集の略記・略語など

（a）判例索引に主な学習用判例集の判例番号を記載した。

▶潮見佳男・道垣内弘人_編『民法判例百選Ⅰ　総則・物権〔第8版〕』（有斐閣, 2018年）
　➡【百選Ⅰ＊＊】　＊＊は判例解説の番号

▶松本恒雄・潮見佳男・下村信江_編『判例プラクティス民法Ⅰ〔第2版〕』（信山社, 2022年）
　➡【判プⅠ＊＊】　＊＊は判例解説の番号

（b）なお，読者が見やすいように，（　）内での判例引用の頭に★印を付けた。

❸ 法令名の略記法

本文のカッコ内での法令名・条文名の引用では，民法典については条文名のみ掲げ，その他の法令で頻度の高いものは，その法令名の通例略称により略記した。

　例：(▷＊＊条・＊＊＊条, 会社＊＊条)

　※なお，読者が見やすいように，（　）内での法令条号数引用の頭に▷印を付けた。

❹ 本書の記述対象法令の基準

本書では，令和3（2021）年4月21日成立，同4月28日公布の「民法等の一部を改正する法律」（令和3年法24号），「相続等により取得した土地所有権の国庫への帰属に関する法律」（令和3年法25号）による法改正（令和4年4月1日から段階的に施行）までを反映させている。

監修者のことば
はしがき
凡例
監修者・著者紹介

➤PART＿ I　物権（法）

◉UNIT❶＿　物権総論 ——————————————————— 003

❖Lec **01**＿　物権とは ……………………………………… 003

▶§**1**＿　物権とは何か　003
▶▶1　意義　▶▶2　性質

▶§**2**＿　物権の客体——「物」　006
▶▶1　権利の客体——「物」　▶▶2　不動産——土地・定着物・建物

▶§**3**＿　物権法定主義・物権の種類　008
▶▶1　物権法定主義　▶▶2　物権の種類

❖Lec **02**＿　物権の効力と消滅 ……………………………… 011

▶§**1**＿　優先的効力　011
▶▶1　物権相互間の場合　▶▶2　物権と債権との間の場合

▶§**2**＿　物権的請求権　012
▶▶1　意義　▶▶2　物権的返還請求権　▶▶3　物権的妨害排除請求権
▶▶4　物権的妨害予防請求権　▶▶5　請求の内容・費用の負担

▶§**3**＿　物権の消滅　015
▶▶1　物権変動の1つとしての物権消滅　▶▶2　混同

◉UNIT❷＿　物権の変動**1**——総説・不動産 ——————————— 017

❖Lec **03**＿　物権変動総説 ……………………………………… 017

▶§**1**＿　物権変動の意義　017
▶§**2**＿　物権変動の時期　019
▶§**3**＿　公示の原則・無権利の法理・公信の原則　020

❖Lec **04**__ 不動産物権変動の公示 ……………………………… 023

▸§1__ 不動産取引と公示の原則　023
▸§2__ 対抗要件としての登記　023
▸§3__ 不動産物権変動と登記の効力　024
▸§4__ 不動産登記の種類と内容　025

❖Lec **05**__ 不動産物権変動における「対抗」の意味【1】…… 029

▸§1__ 登記を必要とする物権変動──取消しと登記　029
　▸▸1　取消しの意義と効果　　▸▸2　取消しと第三者
▸§2__ 登記を必要とする物権変動──解除と登記　032
　▸▸1　解除の意義と効果　　▸▸2　解除と第三者

❖Lec **06**__ 不動産物権変動における「対抗」の意味【2】…… 034

▸§1__ 登記を必要とする物権変動──相続　034
　▸▸1　共同相続と登記　　▸▸2　相続放棄と登記　　▸▸3　遺産分割と登記
　▸▸4　遺贈と登記
▸§2__ 登記を必要とする物権変動──取得時効　040
　▸▸1　取得時効の要件の復習　　▸▸2　取得時効と登記

❖Lec **07**__ 不動産物権変動における「対抗」の意味【3】…… 045

▸§1__ 第三者の意義　045
▸§2__ 背信的悪意者論　046

◉UNIT❸__ 物権の変動❷──動産 ────────────── 048

❖Lec **08**__ 動産物権変動 ……………………………… 048

▸§1__ 動産物権変動と対抗要件「引渡し」の意義　048
▸§2__ 動産・債権譲渡特例法の登記の意義　050

❖Lec **09**__ 即時取得（善意取得）──立木などの物権変動・明認方法…… 052

▸§1__ 即時取得　052
　▸▸1　意義　　▸▸2　即時取得の成立・効果および盗品・遺失物の特則
　▸▸3　占有の分類
▸§2__ 立木などの物権変動と明認方法　056
　▸▸1　立木などの物権変動　　▸▸2　明認方法と対抗要件

◉UNIT❹＿ 各種の物権 ———————————————— 058

❖Lec **10**＿ 占 有 ·· 058

▶§**1**＿ 占有制度の意義　058
　▶▶1　占有と占有権　　▶▶2　占有の成立要件　　▶▶3　占有の分類
　▶▶4　占有に関する各種の推定

▶§**2**＿ 占有の承継・効果・消滅　063
　▶▶1　占有の承継　　▶▶2　占有の相続　　▶▶3　占有の消滅

▶§**3**＿ 占有者の果実収取権・費用償還請求権　066
　▶▶1　占有者の果実収取権　　▶▶2　占有者の費用償還請求権
　▶▶3　占有者の損害賠償義務

▶§**4**＿ 占有の訴え（占有訴権）　069
　▶▶1　占有の訴えの意義・種類・内容　　▶▶2　占有権と本権の関係

▶§**5**＿ 準占有　072

❖Lec **11**＿ 所有権 ··· 073

▶§**1**＿ 所有権　073
　▶▶1　所有権とは　　▶▶2　所有権の制限　　▶▶3　土地所有権の及ぶ範囲

▶§**2**＿ 相隣関係　078
　▶▶1　相隣関係とは　　▶▶2　隣地使用権　　▶▶3　隣地通行権
　▶▶4　継続的給付を受けるための設備の設置権に関する規定
　▶▶5　水流に関する規定など
　▶▶6　境界線付近における建築・工事に関する規定

❖Lec **12**＿ 所有権の取得 ································· 084

▶§**1**＿ 無主物先占・遺失物拾得・埋蔵物発見・家畜外動物の取得　084
　▶▶1　承継取得・原始取得　　▶▶2　無主物先占
　▶▶3　遺失物拾得　　▶▶4　埋蔵物発見　　▶▶5　家畜外動物の取得

▶§**2**＿ 添 付　087
　▶▶1　添付とは　　▶▶2　不動産の付合　　▶▶3　動産の付合
　▶▶4　混和　　▶▶5　加工　　▶▶6　添付の効果

❖Lec **13**＿ 共 有 ··· 094

▶§**1**＿ 共 有　094
　▶▶1　共有とは　　▶▶2　さまざまな共同所有形態
　▶▶3　持分権　　▶▶4　共有の弾力性
　▶▶5　共有物の管理　　▶▶6　第三者との関係（対外関係）

　　▶▶7　共有物分割　　▶▶8　準共有

▶§2__　建物区分所有　103
　　▶▶1　建物区分所有とは　　▶▶2　区分所有建物の管理
　　▶▶3　区分所有建物の復旧・建替え

❖Lec 14__　地上権・地役権・永小作権・入会権 ……… 108

▶§1__　用益物権　108
　　▶▶1　用益物権とは　　▶▶2　土地賃借権との違い

▶§2__　地上権　110
　　▶▶1　地上権とは　　▶▶2　区分地上権　　▶▶3　地上権の成立
　　▶▶4　地上権の効力　　▶▶5　地上権の消滅

▶§3__　地役権　113
　　▶▶1　地役権の意義　　▶▶2　地役権の成立
　　▶▶3　地役権の効力　　▶▶4　地役権の消滅

▶§4__　永小作権　117
　　▶▶1　永小作権とは　　▶▶2　永小作権の成立
　　▶▶3　永小作権の効力　　▶▶4　永小作権の消滅

▶§5__　入会権　119
　　▶▶1　入会権とは　　▶▶2　慣習の重要性　　▶▶3　入会財産の帰属

➤PART__Ⅱ　担保物権（法）

◉UNIT❺__担保物権総論 ──────────────── 125

❖Lec 15__　担保とは何か ………………………………… 125

▶§1__　担保物権の意味・種類──典型と非典型　125
　　▶▶1　担保物権の意味　　▶▶2　担保物権の種類

▶§2__　担保物権の性質と効力　128
　　▶▶1　担保物権の性質①──総説
　　▶▶2　担保物権の性質②──物権としての優先的効力
　　▶▶3　担保物権の効力

◉UNIT❻__抵当権 ──────────────────── 132

❖Lec 16__　抵当権【1】──総説 ……………………… 132

▶§1__　抵当権の意義・性質・効力　132

▸§2__ 抵当権の効力——担保競売・担保不動産収益執行　133
▸§3__ 抵当権の効力の及ぶ範囲——付加物・従物・果実　134

❖Lec 17__　抵当権【2】——物上代位 ……………………………… 137
▸§1__ 物上代位の意義　138
　▸▸1 物上代位とは　▸▸2 なぜ抵当権者には物上代位が認められるか
▸§2__ 物上代位の目的債権　139
　▸▸1 損害賠償債権・保険金債権　▸▸2 売買代金債権　▸▸3 賃料債権
▸§3__ 物上代位における差押え　142
　▸▸1 差押えの意義　▸▸2 判例の見解　▸▸3 「払渡し又は引渡し」

❖Lec 18__　抵当権【3】——抵当権侵害ほか ………………… 147
▸§1__ 抵当権侵害　147
　▸▸1 抵当権の特徴　▸▸2 抵当権侵害
▸§2__ 抵当権と利用権調整・明渡し猶予　150
▸§3__ 賃借権対抗力付与制度　151

❖Lec 19__　抵当権【4】——法定地上権 ………………………… 153
▸§1__ 法定地上権制度の意義　153
▸§2__ 法定地上権の成立要件　154
▸§3__ 法定地上権の内容と対抗要件　157

❖Lec 20__　抵当権【5】——抵当権の処分と消滅 ……………… 158
▸§1__ 抵当不動産の第三取得者の保護　158
　▸▸1 抵当不動産の譲渡と第三取得者　▸▸2 代価弁済
　▸▸3 抵当権消滅請求
▸§2__ 抵当権の処分　162
　▸▸1 抵当権の処分の意義　▸▸2 抵当権の譲渡・放棄
　▸▸3 抵当権の順位の譲渡・放棄　▸▸4 抵当権の順位の変更
▸§3__ 抵当権の消滅　165
　▸▸1 抵当権の消滅原因　▸▸2 抵当権の消滅と時効
　▸▸3 抵当権自体の時効消滅　▸▸4 抵当不動産の時効取得

❖Lec 21__　抵当権【6】——共同抵当・根抵当 ………………… 171
▸§1__ 共同抵当　171
▸§2__ 根抵当　172

▸▸1　根抵当権の意義　　▸▸2　根抵当権の基本的特徴
▸▸3　根抵当権の譲渡

◉UNIT❼__　質権・先取特権・留置権 ——————— 177

❖Lec 22__　質　権 ··· 177
▸§1__　質権の意義・性質　　177
▸§2__　質権の効力　　178
▸§3__　質物の占有継続と対抗要件　　180
▸§4__　質権に基づく質物の返還請求——質権の追及効　　182

❖Lec 23__　先取特権 ·· 184
▸§1__　先取特権の意義・性質　　184
▸§2__　先取特権の効力　　186
▸§3__　先取特権と第三取得者——先取特権の追及効　　188

❖Lec 24__　留置権 ·· 190
▸§1__　留置権の意義　　190
▸§2__　留置権の成立　　191
▸§3__　留置権の効力　　193

◉UNIT❽__　非典型担保 ————————————— 195

❖Lec 25__　総説・不動産譲渡担保 ························· 195
▸§1__　非典型担保総説　　195
▸§2__　不動産譲渡担保とは　　197
▸§3__　譲渡担保権者による目的物の処分　　198
▸§4__　不動産譲渡担保の実行　　198
▸§5__　仮登記担保　　200

❖Lec 26__　動産譲渡担保 ································· 202
▸§1__　個別動産譲渡担保　　202
▸§2__　集合動産譲渡担保　　204
▸▸1　目的物の特殊性　　▸▸2　将来の在庫商品と集合財産の概念

❖Lec **27**__　債権譲渡担保　………………………………………　207

  ▶§1__　債権を目的財産とする譲渡担保　207
  ▶§2__　目的財産の弁済期が被担保債権の弁済期よりも先に到来する場合　207
  ▶§3__　将来発生する債権を目的財産とする譲渡担保　208
  ▶§4__　譲渡担保の実行　209

❖Lec **28**__　所有権留保　…………………………………………　211

  ▶§1__　所有権留保の原型——売主留保型　211
  ▶§2__　所有権留保の対抗要件と留保買主による処分の相手方　211
  ▶§3__　所有権留保の実行　212
  ▶§4__　債務不履行後の処分権限と物的責任　212
  ▶§5__　第三者与信型をめぐる対抗要件の議論　213

❖資料__　登記事項証明書（見本例）　215
❖さらなる学習のための文献案内　219
  ▶判例索引　221
  ▶事項索引　225

☕カフェ・コンシェルジュ　目次

01.1__　同じ不動産に同じ内容の物権が複数成立する？　007
01.2__　上土権・湯口権って物権？　009
02.1__　物権的請求権の根拠条文は？　013
03.1__　大陸法とコモン・ロー　018
04.1__　変わる民法・相続法と不動産登記制度　027
06.1__　相続に関係した登記をめぐる問題の多さ　038
06.2__　「相続させる」旨の遺言と登記　039
07.1__　信義則と禁反言？　047
09.1__　公信の原則の射程　053
11.1__　所有者不明土地問題　076
11.2__　動物の所有権　076

11.3__　空き家問題・空き地問題　077
11.4__　通行地役権との異同　080
12.1__　迷い犬や迷い猫は落とし物？　085
12.2__　従物か付合物か　089
12.3__　不動産同士の付合　090
13.1__　所有者不明不動産管理命令・管理不全不動産管理命令　103
13.2__　自主管理と第三者管理　105
14.1__　用益物権の役割の低下　109
14.2__　永小作権を廃止すべきか？　118
14.3__　法務局って何をするところ？　121
16.1__　抵当権と「交換価値」　134
18.1__　短期賃貸借制度の廃止に至る経緯——執行妨害・占有屋・競売屋　149

19.1__ 法定地上権制度の根底にある考え
　　　 方　153
19.2__ 法的構成としての全体的価値考慮
　　　 説と個別価値考慮説　156
20.1__ 滌除制度から抵当権消滅請求制度
　　　 へ　161

23.1__ 民法304条の「差押え」の意義と
　　　 判例・学説　187
23.2__ 民法333条にいう「引渡し」の意
　　　 義と判例法理　189
25.1__ 担保法改正の動向とその背景
　　　 196

✕トピック　目次

03.1__「物権行為」における意思表示
　　　 019
04.1__ 地面師　026
09.1__ 折衷説　055
10.1__ 占有の観念化　059
13.1__ 持分権を超えた占有　099
14.1__ 用益物権の存続期間　112
15.1__ 債権者平等の原則とは　127

17.1__ 買戻代金債権への物上代位　140
17.2__ 転貸賃料債権への物上代位の可否
　　　 141
17.3__ 抵当権に基づく賃料債権への物上
　　　 代位と敷金との相殺の優劣　146
18.1__ 不可分性の原則　148
27.1__ 事業包括担保とは？　209

❖監修者紹介

椿　　寿夫（つばき・としお）　大阪府立大学・関西学院大学助教授を経て，大阪市立
大学・筑波大学・明治大学・大宮法科大学院教授を歴任。
現在：椿民法研究塾主宰，民法学者〔京都大学法学博士〕

松本　恒雄（まつもと・つねお）　広島大学，大阪市立大学，一橋大学を経て，独立行政
法人国民生活センター理事長を歴任。
現在：一橋大学名誉教授，明治学院大学客員教授，弁護士

❖著者紹介（＊印はシリーズ編集委員＝第2巻責任者）

＊中山　知己（なかやま・ともみ）　▶執筆担当　Lec 01〜03，09，15，16，18
明治大学専門職大学院グローバル・ビジネス研究科教授
▶主な著書・論文に，『論点体系　判例民法3［第3版］』（第一法規，2018）（共編著），共編著『民
法〈1〉総則（ファンダメンタル法学講座）』（不磨書房，2000年），「物権法定主義と強行法」（近
江幸治・椿寿夫編『強行法・任意法の研究』（成文堂，2018年）所収，など。

長谷川貞之（はせがわ・さだゆき）　▶執筆担当　Lec 04，05，19〜24
日本大学法学部教授・同大学院法学研究科教授，博士（法学），弁護士
▶主な著書に，『委任の任意解除権』（成文堂，2023年），『担保権信託の法理』（勁草書房，2011年），
『メディアによる名誉毀損と損害賠償』（共編著）（三協法規出版，2011年）など。

吉井　啓子（よしい・けいこ）　▶執筆担当　Lec 06，10〜14，17
明治大学法学部教授
▶主な著書に，『マンション区分所有法制の国際比較』（共著）（大成出版社，2022年），『物権法の
現代的課題と改正提案』（共著）（成文堂，2021年），『プロセス講義　民法Ⅱ　物権』（共著）（信
山社，2019年）など。

青木　則幸（あおき・のりゆき）　▶執筆担当　Lec 07，08，25〜28
早稲田大学法学学術院教授
▶主な著書・論文に，『民法〔財産法〕基本判例』（共編，有斐閣，2018年），「19世紀の米国ニュー
ヨーク州法における非占有型動産モーゲージ権者と差押え債権者の競合に関する規範形成」早
稲田法学96巻2号63頁（2021年），「動産非占有担保権の対抗関係の規範における登記優先ルー
ル──米国UCC第9編及びUNCITRALモデル法との比較から──」事業再生と債権管理34巻4
号114頁129（2021年）など。

➤**PART** Ⅰ 物権(法)

❖Lec **01** 物権とは ‥‥‥‥‥‥‥‥‥‥‥‥‥‥‥

▸ § **1**＿ 物権とは何か

▶▶1 意義

　Aが，自分の所有する自転車を他人のBに売却する場合，民法はどのように
みているのであろうか。まず，AとBを「人」とし，取引される自転車を「物」
とし，AとBの自転車の取引を「法律行為」と構成して，それぞれの概念は民
法典という法律の「総則編」で規律する。しかしこれだけでは足りない。民法
は人と人の関係を，権利義務の関係で構成するからである。ここで使われる民
法上の概念が「物権」と「債権」であり，この場合の「物権」は所有権である。
つまり所有権がAからBに移転する，そしてそれはAとBの売買契約に基づくと
いうように民法は構成する。また，Bは自転車の対価としてAと合意した代金
を支払わねばならない。民法はこれを，AがBに代金の支払いを請求すること
のできる権利，すなわち代金支払請求権がAに発生すると考える。他方，Bが
自転車を自分に引き渡せとAに請求する権利，すなわち目的物引渡請求権がB
に発生する。これらの請求権は，AとBの売買契約に基づいて成立するのであり，
これらの請求権はみな「債権」とされ，それぞれに対応する相手方の義務を「債
務」とするのである。

　このように，財産取引を対象とする場合に，民法は基本的な概念として物権
と債権を区別して使い分けていて，この権利義務関係につき「物権」が民法の
第2編物権に，「債権」と「債務」が第3編債権に規定されている。

　以上のような構成の仕方に基づいて，本コンシェルジュ民法シリーズの財産
法についても総則，物権，債権と分けて説明されており，このテキストは「物

権」を扱う。民法の条文では175条から398条の22までであるが，これに民法に規定のない物権（たとえば譲渡担保）もいくつか入ることになる。

さて以上のような見取り図の中で，物権にはどのような意義があるのであろうか。これは人が物権という権利を持つことでどのような意味，あるいは利点があるのかという問題につながるものである。

たとえば自転車の持ち主であるAから，Cがその自転車を自分の自転車と勘違いして勝手に持って行ってしまった場合，Aはどうするか。当然のことながら，Aは自転車を自分に返せと主張するであろう。それはなぜか。「その自転車は私の物だから」である。法的にいえば，Aはその自転車について所有権があるということであり，自転車を返せという正当な要求を満たすために，所有者にその返還を請求することが法的に承認されているのである。これが物権的請求権，すなわち所有権に基づく物権的返還請求権であり，その法的な根拠が所有権という物権である（物権的請求権の項→❖Lec02参照）。

また全くの他人であるDが，正当な理由もなくその自転車を壊したとすればどうか。AはDに対しその修理にかかった費用を請求することであろう。この修理費用を損害として把握して，その損害賠償請求権が法的に承認されている。すなわち不法行為（▷709条）にもとづく損害賠償請求権がAに発生すると構成される。その場合，Aが自転車の所有権を有していることが大前提であり，Dが自転車を壊したことでAの所有権という権利を侵害したと考えるのである。

以上のようにして，Aは所有権を有することでその正当な要求（返還請求・修理費用の賠償請求）が法的に確保されるので，もしも相手方がそのようなAの要求に応じなかったとしても，裁判所という国家権力を通じてその要求が実現されるのである。

そして，このような手厚い保護が与えられる物権であるから，その物権の対象である物が，資本主義に基づく市場経済において自由に取引されることが可能となる。たとえば売買という取引が日々頻繁になされる。消費者の購入する物品はもとより，自動車，航空機，船舶などの動産や，土地や建物などについては，市場経済においては買主となる者が多数関与してくる。そこで，その取引を決める基本的なルールも必要となるので，物権編に規定されている（◉UNIT❷参照）。

次に物権は以上のような法的意義につきるものではない。自転車よりもさらに価値の高い不動産は，担保として多く利用されている。たとえば，土地

所有者Eが自分の有する土地を担保にすることにより金融機関Fから融資を受けることができる。Eは融資により土地上に建物を建築したり，あるいは事業のための資金を得ることができる。FはEに投資をしたことになるが，ほぼ価値の安定している土地について担保権（たとえば抵当権）を得ることができれば，万一返済が滞っても抵当権を実行し（不動産の競売），投資資金を回収することができるから安心なのである。このような投資の回収を確実なものにすることは事業の展開にとっても重要な法制度の役割であるから，万が一経営が行き詰まり，倒産という局面となっても担保権は倒産法制において一貫して保護されることになる（別除権）。このような担保の重要で多様な役割については担保物権の章で説明する。

▶▶2　性質

　以上のような意義のある物権は，その重要性にふさわしい法的性質が与えられねばならない。基本的に以下のように説明される。第1に，物権は特定の物を直接かつ排他的に支配する権利である。「直接」というのは，特定の物を支配する上で誰かの許可や承諾などを得る必要はないという意味である。これに対して，債権の場合，特定人に対する請求権という意味であるから，その特定人の行為を通じて物に対する支配が実現されるにすぎない。たとえば，Aが所有する建物をBに賃貸する場合，賃貸借契約が成立している。この場合，賃借人Bは，「建物を使用させる」という賃貸人Aの行為を要求できるという関係にあるものとして考えられている。その結果として債権者であるBは建物を使用できるのであって，間接的に物を使用するという構成になる。つまりBの債権はAの行為（使用させる）を通じて建物の使用という利益を享受する権利ということになる。これに対し物権はこのようなAの行為が間に入ることはないので，直接的に支配するのである。

　第2に，物権が物に対する直接の支配権であることから，同じ物の上に物権がいったん成立したら，さらに同一内容の物権が2つ以上成立することはない。つまり両立しえない支配は排斥されるのであり，これを物権の排他性という。甲建物をAからBとCが売買により取得したとすれば，いずれかがその存在を否定されることになる（どちらが先に登記を備えるかという問題となる。不動産の物権変動の項目❖Lec**04**参照）。他方，債権はこのような排他性は存在しないとされている。たとえば，歌手Bに対し，A芸能プロダクションとC芸能プ

ロダクションとが同一の日時に別々の出演契約を結んだ場合，現実にはBはいずれか一方しか出演できないはずだが，債権そのものは双方ともに有効に成立する。これを称して債権には排他性がないという。その後は約束を果たされなかった側との間で，Bは債務不履行の責任を負うことになる。

第3に，物に対する直接支配が他人によって干渉される場合，たとえばAの所有する土地上に，何の権利もないBが勝手に小屋を建てて住んでいる場合，AはBに対し，立ち退きと小屋の撤去を求めることができる（物権的請求権）。しかもBが誰であっても同じように権利を行使できる。これを絶対性という。これに対し，債権は原則として債務者との間でのみ相対的に権利を行使できるにすぎない。これを相対性といい，債務者以外の者に対してその権利を行使することはできない。ましてや物権の効力である物権的請求権が主張できないのも当然である。

もっともこれには重大な例外がある。不動産の賃貸借がそれであり，債権として民法上構成されている賃借権が対抗要件を備えたときには，債権に基づいて妨害排除請求権が認められていることに注意すべきである。

第4に，物権が直接かつ排他的・絶対的な支配が認められる強力な権利であるために，これを他人から目に見える形にして公示する必要があるということである（公示の必要性）。公示されていなければ，取引の後になってから突然見ず知らずの者が登場してきて，排他性ある物権の強力な性質を主張されると思わぬ損害を被るからである。そこで，法は，公示のために登記，登録といった公の制度を整えることになる。民法は，不動産について登記（▷177条），動産について引渡し（▷178条）を公示方法として用意し，また法人のする動産の譲渡については，特例法を新たに加えて，「譲渡の登記」（▷動産債権譲渡対抗要件特例法3条）を用意している。このように公示されることで，取引に関与してくる新たな第三者が物についての権利とりわけ物権の状況について正確な情報を獲得することができることになる。

▶ §2 物権の客体——「物」

▶▶1 権利の客体——「物」

民法は，権利の主体を人とし，権利の客体（目的ともいう）を「物」として

構成している。物権という権利の客体（目的物あるいは対象ともいう）はどのようなものでなければならないであろうか。

　基本的に，物権の客体となる物は，1個の物であり，特定の，独立した物でなければならない。物権は直接かつ排他的な支配ができる強力な権利であるから，一個の特定した物であれば物権の客体が明らかとなり，取引に関与する者にも不測の損害が生ずることもなくなる。さらに，独立した物であるということは，物の一部（たとえば壁の一部）には物権が成立しないということを意味する。物の一部に物権を認める実益は少ないし，これを公示することも難しいからである。このように1個の物には1個の物権が成立するのであるから，これを一物一権主義という。

　このように物権の及ぶ範囲を明確にして，これを1個の物とすることができれば物権の公示も容易になり，ひいては物の特定性・独立性も確保されるであろう。

　しかしながら例外もある。たとえば譲渡担保の判例においては，例外的に「集合物」あるいは「集合動産」という観念も認められてきた。たとえば，1000本以上のワインを在庫商品として店舗に保管している場合は，まとめて担保にとることがある。その場合，これを1つの集合物の上に担保物権と同様に扱われる譲渡（じょうと）担保権が成立するが，物権の客体である物が複数存在することを認めているように考えられる（詳細は譲渡担保の項目→❖Lec**26**参照）。

　民法上，権利の客体となる「物」は「有体物」である（▷85条）。有体物とは，物理的な空間を占める個体，液体，気体のいずれかであって，人間が五感で感知しうる物のことをいう。動産，不動産がその代表である。もっとも権利も物権の客体とされることがある。たとえば地上権，永小作権などの権利は抵当権の目的とすることができる（▷369条2項）。また，権利質は財産権を客体とするので（▷362条），債権を客体とすることもある（債権質という。▷363条）。

☕**カフェ・コンシェルジュ01.1__　同じ不動産に同じ内容の物権が複数成立する？**

　複数の債権者が，おのおの抵当権を同じ不動産の上に有することがある。一物一権主義は一個の物の上には一個の物権が存在するように理解できるが，これに反しないのであろうか。たとえば1000万円の甲土地に債権額400万円を担保するためにAのために抵当権Iが設定され，その後に債権額200万円を担保するためにBのために抵当権IIが設定されたとする。各抵当権は債権を担保するために目的物である土地を換価（競売）することができ，被担保債権額の範囲で優先的に弁済を得られる（抵当権参照）ものだから，甲土地が競売

で売れて1000万円の金額が入れば、Aに400万円、Bに200万円が配当されるので、複数物権が成立していても問題は生じない。

　このようにして、抵当権に順位がつけられることにより抵当権同士の衝突が起こらないようになっており、一物一権主義に反しないと説明されている。

▶▶2　不動産——土地・定着物・建物

　不動産は、「土地及びその定着物」（▷86条）をいう。土地は地続きであるから、どこかで区画しなければ、特定できないものである。そこで、人為的に土地を区画して登記簿上一筆（いっぴつ）の土地としたものが、物権の客体となる一個の「土地」である。この一筆の「土地」を分ける（分筆〔ぶんぴつ〕という）こともできれば、二筆以上の土地をまとめる（合筆〔がっぴつ〕という）こともできる。その手続は不動産登記法が定めている。

　建物は、わが民法では土地とは別個独立の物とされている。民法では、抵当権の規定である370条本文に、「抵当地の上に存する建物を除き」とある。つまり土地に抵当権が設定されている場合に、抵当権はその地上の建物には効力が及ばないことになる。この規定は、建物が土地とは別個独立の不動産であることを前提としているからである、と説明される。

　建物であるというためには、単に棟上げだけでは足りない。屋根を葺き、外壁を塗った段階であれば、まだ床・天井を張っていなくても建物として認められる（★大判昭和10・10・1民集14巻1671頁）。

　土地上に樹木があるときは、一般に「立木（りゅうぼく）」と呼ばれる。原則として土地の一部であるとされるが、法律により地盤であるその土地とは別個独立の不動産としてみなされ、立木自体が譲渡され、あるは抵当権の目的とすることができる（▷立木法1条・2条）。

▶ §3_　物権法定主義・物権の種類

▶▶1　物権法定主義

【1】　意義

　物権は、民法その他の法律に定めるもの以外、「創設」することができない（▷175条）。すなわち物権取引をする当事者は、民法やその他の法律に規定された

物権以外は，自由に物権を「創設」することができないのである。

　この条文の意義を知るためには，民法制定当時に遡る必要がある。というのは，民法が構想された19世紀末においては，物権的権利といっても各地方の慣習によるのであるから様々であり，また封建的な階層に分かれて錯綜していたので，取引に際して支障が生ずることが予想された。しかも物権の性質は排他的で，万人に効力が及ぶ絶対的なものであるから，その種類と内容が取引界に周知されていることが望ましい。そこで物権の種類を限定し，その内容を定型的にすることにした。また定型化することで公示しやすくなり，登記制度も設計しやすくなるのである。このようにして，民法制定前に慣習によって認められていた物権が，入会権を例外としてすべて整理された。慣習上の物権について民法施行法35条がこのことを定め，民法施行後は，民法その他の法律に定めた物権でなければ，物権たる効力を有しないとしている。

【2】　民法175条の解釈

　民法175条の物権法定主義の解釈には，2つある。物権の種類を限定し，定型化することから，まず当事者の合意によって新しい物権を創設することが認められないこと，次にすでにある物権の種類・内容を変更することが許されないことである。民法に限ってみると，所有権以下各種の用益物権と担保物権の，全部で10種類ある（占有権を含む）ので，これらの物権以外を新しく創ることも，またそれらの内容を変更することも許されないことになる。したがってその種類・内容があらかじめ限定され，また画一的に取り扱われる上，その多くは不動産登記簿に登記されるので，取引に関与する者は安心して取引を行うことができるという構想なのである。

☕カフェ・コンシェルジュ01.2__　上土権・湯口権って物権？

　上土権とは「うわつちけん」と読み，当時の大阪市内で通用していた地表に対する所有権である。土地の所有権は土地の上下に及ぶ（▷207条）ので，これを変更する内容の物権とも解される。そこで地表のみという所有権は認められないという判決が大正6年に出た（★大判大正6・2・10民録23輯138頁）。物権法定主義は，物権の種類や内容を法律によって限定するものであるから，法律以外の慣習や慣行などによって新たな物権が生じたり，法定の内容変更が承認されることはないはずであろう。

　ところが，これまで法律に物権としての規定がないにもかかわらず，水利権や温泉権などを物権的権利として認め，これらに物権的性質を肯定してきている。たとえば湯口権（ゆ

ぐちけん）という権利が，温泉の湯の湧出（ゆうしゅつ）口に対する権利，および湧出口から引湯する権利も含めて温泉源の利用権として慣行的に認められてきた。本来的には土地の一部であるはずだが，地盤から独立して取引の対象とされることが多いので，慣習法上の物権として認めたのである（★大判昭和15・9・18民集19巻1611頁）。そこで民法175条の解釈としてどう説明するか，種々の議論がなされてきた。さらにその後，担保物権にも民法に規定のない「非典型担保」が判例により承認されてきている（譲渡担保など）。このように物権法定主義といってもさほど厳格に解されている訳ではないことがわかる。

▶▶2 物権の種類

　民法上の物権には，所有権（▷206条），地上権（▷265条），永小作権（えいこさくけん）（▷270条），地役権（ちえきけん）（▷280条），入会権（いりあいけん）（▷294条）という用益物権，さらに留置権（りゅうちけん）（▷295条），先取特権（さきどりとっけん）（▷303条以下），質権（▷342条），抵当権（▷369条）という担保物権，さらには占有権（▷180条）がある。

　民法以外の法律，たとえば商法で認められた物権には，商事留置権（▷商521条など），商事質権（▷商515条），船舶債権者の先取特権（▷商842条）がある。

　このほか特別法で認められる物権は数多い。漁業権（▷漁業6条・23条），鉱業権（▷鉱業5条・12条），採石権（▷採石4条）などのほか，抵当法に関連するものでは，工場財団抵当権（▷工場抵当法8条），鉄道財団抵当権（▷鉄道抵当法2条）などのほか，自動車抵当権（▷自動車抵当法3条），農業用動産抵当権（▷農業動産信用法12条），航空機抵当権（▷航空機抵当法3条）などがある。

❖Lec **02** 物権の効力と消滅 ……………………

▶ §1__ 優先的効力

【事例】　Aの有する甲建物にBが賃貸借契約により賃借権という債権を有している場合に，Aがその甲建物をCに譲渡したとき，CがBに対し立ち退きを求めたらBは応じなければならないだろうか。

　物権は目的物を直接かつ排他的に支配することができる権利であるから，他の権利に対してもその内容通りの効力が認めなければならない。これは，物権について他の権利と衝突する場面のときに，優先する効力が法的に認められるということであり，これを優先的効力という。ここでは，他の権利が物権である場合（物権相互間）と債権に対する場合とに分かれる。

▶▶1　物権相互間の場合

　たとえばある物の上に物権がいったん成立すれば，それと同じ内容の物権がさらに成立し併存するということはない。したがって，先に物権が成立していれば，後に成立する同じ内容の物権に優先するということができる。それゆえ，Bの所有権が時間的に先に成立したら，その後にCの所有権が成立しても，Bの所有権が優先することになる（時間順）。Bの所有権は，他人であるCの所有権に優先し，これを排除してしまうのである。
　ところが，以上の原則には公示制度の関係から重大な制限がかけられている。先にBの所有権が，ある土地の上に成立していたとしても，登記を具備しなければ第三者（C）に対して排他性を主張することができないのである（▷177条）。たとえば，Aの所有する土地がBに売却され，Bが登記を具備しない間にさらにAからCに対し二重に売買されることがある（二重売買・二重譲渡という）。このような場合，民法177条に基づき，BはCに対し登記なくして所有権を対抗することができない。そしてCが登記を具備すれば，Cが確定的に所有

権を取得することになる（物権変動の❖Lec**04**参照）。つまり，登記がないかぎり，Bは先に所有権を得ていても，優先的効力を持たないということになる（なお担保物権の場合，事情が異なる。留置権，先取特権につき❖Lec**15**参照）。

　同じ物に対し，先に債権が成立していても，物権が成立すれば物権が優先するのが原則である。事例では，甲土地にBの債権である賃借権と，Cの物権である所有権とが衝突する。時間順ではBの賃借権が先ではあるが，新所有者であるCに対して，Bは賃借権を主張することはできない。物権は目的物に対する直接の支配を内容とするのに対し，債権は債務者の行為を介して間接的に目的物への支配を実現するにすぎないからである。これについては古くから「売買は賃貸借を破る」という格言がある。そこで民法は，不動産の賃借人のために登記を備える手段を与え（▷605条），他の物権と同様に登記することにより物権を取得した者その他の第三者に対抗することができるとした。そのため，不動産賃借権については物権が常に優先するわけではなく，通常の物権と同様の扱いを受けることになった。もっともこの点は登記請求権が賃借権に与えられていない（通説・判例）ことから，実際にはほとんど意味がないことになるため，借地借家法によって借地人・借家人が特別に保護されることとなった（▷借地借家10条・31条）。すなわち，土地の貸借権者（借地人）は，その登記がなくても，地上建物に登記がされていれば，第三者に対抗することができる（▷同10条），また借家の場合に，借家人は，登記がなくても，建物の引渡しがあったときは，その後の物権取得者に対抗することができる（▷同31条）。したがって，事例ではBが引渡しを受けているかぎり，立ち退く必要はない。

　以上のようにわが民法においては，物権の優先的効力を主張するためには登記などの「公示」が必要ということになり，また債権については借地・借家に関して特別の保護があることに留意しなければならない。

▶ §**2**　物権的請求権

【事例】　Aが有する本をBが自分の所有する本と勘違いして持って行ってしまった

ら，Aは何を根拠にその本の返還を求めることができるだろうか。

▶▶1　意義

　物権に対する侵害があり，物権の行使が妨げられている場合，物権を有する者はその妨げている者に対してその干渉を排除することができる。物権の支配内容が他人から侵害されたときに，これを排除することができるという効力である。これが物権的請求権である。たとえば物が理由なく他人によって持ち去られても，物権を取得した者がその他人に対し物の返還を請求することができることになるので，物権には追及効があるとも称される。

　事例では，A所有の本がBによって持ち去られているので，Aは所有権を根拠としてその本の返還を請求することができる。これが物権的請求権の1つであり，物権的返還請求権という。土地の所有者は隣地から倒れてきた樹木の除去を隣地所有者に請求することができる。これが物権的妨害排除請求権である。さらに，隣地から樹木が今にも倒れてきそうな場合には，その予防を請求することができる。これが物権的妨害予防請求権である。物権的請求権には以上の3つがあることについては，民法には規定がないものの，学説判例ともに一致している。物権は目的物を直接かつ排他的に支配することができる権利であるから，その実現が妨げられているときにはこれを排除することができるとするのは当然であるし，さらには事実的な支配を保護する占有権ですら，占有訴権の規定（▷197条〜202条）で保護されるのであるから，それ以上の権利である所有権などの権利（本権という）に物権的請求権が認められるのはむしろ当然というのが一般的な理由づけである。

　重要な点は，物権への侵害をしている者や侵害するおそれのある者に故意や過失があることは必要がないということである。いわば客観的に物権の内容の実現が妨げられているか，そのおそれがあれば足りるので，この点は，不法行為に基づく損害賠償請求権が故意・過失を要件とすることと対照的であることに注意すべきである。

☕カフェ・コンシェルジュ02.1＿　物権的請求権の根拠条文は？

　民法には，物権的請求権に関する条文がない。その根拠条文は何か，という議論をする

ことが多いが，そもそも条文もないのに認めてよいのであろうか。かつてドイツの有名大学の教授が日本に来て講義をしたとき，日本民法に物権的請求権の条文がないことに本当に驚いたと言ったことがある。古くはローマ法に起源をもつ請求権であるから当然の疑問であろう。確かにかつてボアソナードによる旧民法には明文の規定があった。しかし民法典の編纂過程で，物権に物権的請求権が付与されるべきは自明のことであるとして，これをいちいち掲げないと説明され（梅謙次郎），むしろ物権でありながら物権的請求権が否定される場合に，これを否定する規定を定めたのである（▷353条[動産質権]，333条[動産先取特権]）。もともと旧民法は条文数が多かったので，当然のことは省いていこうという省エネスタンスがあったものと思われるが，大事なものまで省いてしまったのは問題かもしれない。その一方で，たとえば相隣関係に関する216条では，水流に関する工作物の破壊などで修繕や障害の除去，さらには予防工事という物権的請求権そのものを規定しているのであるから，物権的請求権の存在自体を民法が認めていることは明らかである。

▶▶2 物権的返還請求権

　事例のように，所有者でない者（B）が占有を正当化する権原もないのに占有している場合に，占有を失った所有者（A）が占有者（B）に対して所有物の返還を請求することができる権利が物権的返還請求権である。このように，所有者が所有物の占有を失うこと，占有者の占有が正当な権原に基づかない不法な占有であることが要件である。占有者に故意・過失は必要でない。

　不動産の場合，たとえば他人の土地上にその土地所有者に無断で建物が建てられてしまった場合がある。このとき建物所有者は，建物を所有することによりその土地を不法に占拠していることになる。そこで，土地所有者は物権的返還請求権として，建物所有者に対し建物収去，土地明渡しを請求することができる。

▶▶3 物権的妨害排除請求権

　先に挙げた，隣地から倒れてきた樹木の除去を土地所有者が請求する場合がこの物権的妨害排除請求権である。隣地にある土砂が崩れ落ちて，土地上に存在している場合も同様である。このとき樹木や土砂は土地所有者の土地の占有を一部妨害していることになる。本を持ち去った場合のように動産であれば全面的に占有が奪われているが，不動産の場合はこのように全面的に占有を奪われる場合ではない。すなわち所有物の占有喪失以外の態様で，権原なくして物権の行使が妨害されていることが要件となる。ここでも，故意・過失は必要ではない。樹木のかわりに，C工務店の材木がDにより盗まれて，権原なく置か

れている場合にも，妨害排除請求できる。このとき請求の相手方は，妨害している物の現在の所有者であるC工務店である（Dではない）。

▶▶4　物権的妨害予防請求権

　先に挙げた，隣地から樹木が今にも倒れそうな場合，土地所有権が妨害されるおそれがある。そこで妨害されてから請求するのではなく，あらかじめ妨害の予防を請求することができるとするのである。したがって，まず客観的な妨害のおそれがあることが要件であり，ここでもそのことについて相手方の故意・過失は必要でない。

　「妨害のおそれ」とはかなり幅のある要件であるから，その判断の如何によって請求を受ける相手方は修理や保全の措置をするなど影響は大きい。したがって，請求の内容については慎重な判断が求められる。

▶▶5　請求の内容・費用の負担

　古くから物権的請求権の内容として，相手方に侵害を除去・予防する行為を相手方の負担で求める説（行為請求権説），あるいは自らの費用負担で侵害を除去・予防する行為を相手方に忍容（受忍）させるにすぎないとする説（忍容請求権説）に分かれ，さらには原則として行為請求権であるとして，例外的に自己の費用で侵害除去行為を相手方に受忍させることができる場合があることを認める説（修正行為請求権説，通説）が出てきた。このほか様々な議論があるが，基本的に故意・過失がない場合に，あるいは第三者によって侵害がなされた場合に，いずれが費用を負担するかという問題が大きい。もしいずれかに故意・過失があるならば，不法行為にもとづいて損害賠償請求の可能性もあるので，除去にかかる費用は損害に含まれるであろうから，物権的請求権のところでは費用負担の問題は生じないことになる。

▶§3＿　物権の消滅

▶▶1　物権変動の1つとしての物権消滅

　物権は消滅することがある。物権変動の1つでもある。たとえば，建物が火災により焼失した場合，建物の所有権は消滅するという扱いとなる。もはや建

物は存在しないのであるから，その所有権を存続させても無意味だからである。さらに物権を放棄した場合は消滅するのは当然といえるが，担保物権においては固有の消滅原因がある。たとえば抵当権は債権の担保を目的としているが，この被担保債権が弁済によって消滅すれば，その目的を失うので抵当権も消滅する（付従性という，担保物権の❖Lec**15**参照）。ここでは混同（▷179条）について扱う。

▶▶2 混同

　甲土地の所有者AがBのために地上権を設定していた場合に，AがBの地上権を譲り受けたり，あるいは相続した場合，Aは所有権と地上権を有することになるが，このとき地上権は混同により消滅することになる（▷179条1項本文）。同一人であるAが同一物である甲土地について，所有権と地上権という2個の物権を有しても意味がない。そこで所有権に制限物権である地上権がいわば吸収されて消滅すると考えるのである。同様に，地上権以外の制限物権も混同により消滅する。これが日本民法における原則である。しかしこの原則には以下のように例外が2つある。

　第1に，その物が第三者の権利の目的であるときである。たとえばAが所有する甲土地にBが地上権を有していて，さらにBがその地上権を目的とする抵当権をCのために設定したとき（▷369条2項），BがAから甲土地の所有権を取得しても，地上権は混同により消滅しない。第三者Cの権利（抵当権）は地上権を目的としているが，その地上権が消滅するということになれば抵当権もその目的を失い，抵当権も消滅することになるであろう。しかし，これでは抵当権者は不利益を被ることになるからである。

　第2に，所有権以外の物権（制限物権）とこれを目的とする他の物権が同一人に帰属したときに，その制限物権またはこれを目的とする他の物権が第三者の権利の目的となっている場合である。第1の場合の例において，BがCのために1番抵当権，Dのために2番抵当権を設定したときに，BがCから1番抵当権を取得したとしても，混同により消滅しない。Bの地上権は第三者Dの権利の目的でもあるからである。

❖Lec **03** 物権変動総説 ……………………………

【事例1】 Aは，Aが所有する甲土地と乙建物を2022年6月15日に代金3000万円でBに売る契約を結んだ。代金は1か月後に土地建物を引き渡すのと引換えに支払うことにした。同年7月15日に代金が支払われ，引渡しも済み，登記申請も翌日登記所になされて，AからBへの所有権の移転登記がされた。この場合，甲土地・乙建物の所有権はどのようにして，またいつ移転するのか。

▶§1__ 物権変動の意義

【事例1】におけるAは，売買契約によって土地と建物の所有権をBに移すことになるので所有権を失い，Bは所有権を得ることになる。このように所有権という物権が誰かが取得し，あるいは元の所有者が所有権を喪失することが物権の変動である。さらには建物が新築された場合，そのときにそれまでになかった建物の所有権が発生し，将来これを取り壊してしまえば所有権は消滅し，さらには建物の増築をすれば所有権の内容の変更であって，いずれも物権の変動となる。

このような物権の変動は，【事例1】のような売買契約のほかに，遺言などの単独行為，相続や時効を原因としても生ずる。また金融機関から融資を受ける際に，自己の不動産に担保として抵当権を設定することがあるが，このときは金融機関に抵当権という物権が成立する。このほか，混同（▷179条），無主物先占（むしゅぶつせんせん）（▷239条），遺失物拾得（▷240条），埋蔵物発見（▷241条），付合・混和・加工などの添付（▷242条以下）においては，権利の原始的取得が生ずる。

また，このような物権変動において，実際に重要な役割を果たしているのが

各種の法律行為であって，【事例１】でいえば売買契約である。所有権が移転する原因となっているのはこの売買契約であるといってよい。ここでは，契約当事者であるＡとＢの間で，土地と建物の売買に関する意思表示が合致しており，さらに登記が土地・建物という不動産の権利を公示する（公に示す）手段としてなされている。このような物権変動が生ずるための要件については，各国の法制度は分かれるが，大陸法でいえば大きく分けて２つある。意思主義と形式主義である。

☕ カフェ・コンシェルジュ03.1＿ 大陸法とコモン・ロー

　　民法のほか商法，刑法などの法典は，明治時代にフランス法やドイツ法といったヨーロッパの大陸法（continental law）と呼ばれる法体系に学び，編纂されたものである（法の継受）。大陸法はヨーロッパ諸国をはじめ，アジア・アフリカ・南米などにも普及している。

　　大陸法に学んだわが国の民法は，たとえば物権編でいえば，まず総則が第１章に置かれ，第２章以下に占有権，所有権，地上権などの各種の権利がこれに続いているが，総則には基本的に各種の権利に共通する規定が置かれている。つまり個々の権利に共通するものを取り出して前に置くという形式をとっている。このような態度は，とりわけ19世紀のドイツで大きく発展し，物権と債権という概念を精緻に分析して，さらには両者の共通項を第１編総則にまとめている。人，物，意思表示，法律行為といった抽象的な法概念を作り出し，体系的に展開していく思考が特徴となる。

　　これに対し，主にイギリスにおいて発展し，米国やカナダ，オーストラリアなどへ拡大していったのがコモン・ロー（common law）という法体系である。基本的に制定法がベースとなる大陸法とは異なり，個々の事件の解決である判決例が集積され判例法が主体となるものである。したがって法律の解釈もこれがベースとなるので，大陸法とは条文の解釈，法的思考にかなりの違いが見られる。ただし，これらの違いは基本的なものであって，その後の学説や実務の発展に伴う変化もあり，大陸法でも判例は重要な役割を果たしているし，その一方，コモン・ローの国でも法律が制定されてきていることには注意してほしい。

【１】 意思主義
　物権変動は当事者の意思表示のみで効力を生ずるという立場で，その上で登記や登録（形式という）を要件としないものである。これを意思主義という。フランス民法では，所有権は債務の効果として移転するとされ，登記がなされなくても売買契約という合意によって所有権が移転することになる。そして登記は当事者以外の第三者に主張（対抗）するための対抗要件であるとされる。

【2】 形式主義

これに対して，売買契約のような法律行為だけでは足りず，登記や登録，引渡しなどの形式が備えられてはじめて物権変動の効力が生ずるという立場がある。これを形式主義といい，ドイツ民法がこれを採用する。ここでは登記などの形式が物権変動の成立要件となる。つまり，登記を備えていない限り，物権を第三者に主張できないのはもとより，そもそも権利を取得することもできないことになる。

【3】 日本民法

わが民法は，「物権の設定及び移転は，当事者の意思表示のみによって，その効力を生ずる」（▷176条）と規定している。意思表示「のみによって」という表現からわかるように，物権の変動には登記などの形式を必要とせず，意思表示のみで物権変動の効力が生ずるという趣旨である。フランス民法と同様に意思主義を採用していることがわかる。そして，登記は第三者に対する対抗要件とされ（不動産,▷177条），動産については引渡しが対抗要件とされる（▷178条）。具体的な内容はそれぞれの箇所で説明する。

> ✕トピック03.1__ 「物権行為」における意思表示
>
> ドイツ民法では，売買契約だけでは所有権を移転する債務が生ずるだけであり，これに加えてさらに物権変動そのものを生じさせる意思表示（物権行為）が必要であり，これと形式の両方が物権変動の成立ないし効力発生要件とされる。かつて，わが国の民法176条の「意思表示」はこの物権行為を指し，売買契約などの意思表示とは異なる意思表示であると主張する立場があった（物権行為の独自性肯定説という）。しかし通説はわが民法では物権行為と債権的な行為（契約）とを区別することができないなどとして，このような立場を採るには至っていない（物権行為独自性を否定する立場）。

▶ §2__ 物権変動の時期

【事例1】では，甲土地と乙建物という特定物の所有権がAからBへ移転する物権変動である。そこで，この所有権はいつ移転するかが問われることになる。

判例によれば一般に，民法176条でいう意思表示とはたとえば売買契約の意思表示をいい，この意思表示によって物権変動の効力が生ずるので，契約がな

されれば直ちに所有権が移転することになる。ただし，当事者間に特約があれ
ばその特約という意思表示に従って移転する。たとえば，「所有権は代金完済
の時に移転する」という特約があれば，代金完済の時に移転するし，第三者の
所有する特定物を売買する場合には，特約がないかぎり，売主がその特定物の
所有権を第三者から取得すると同時に買主に所有権が移転することになる。

したがって，事例を判例の立場からみれば，特約の有無がまず問題となる。
所有権の移転時期に関する特約があればその内容に従い，そのような特約がな
ければ，原則として契約時に移転することとなる。このような考え方によれば，
買主が代金をまだ払っていないときでも，契約時に所有権が移転していること
になるので，売主は代金を受け取っていないのに所有権を失っているという結
論になるであろう。これは常識的にはおかしな結果といえるかもしれない。

学説の中には，このような考え方を批判して，所有権は代金の支払い，登記
の移転など外形的な行為がなされたときに移転するという説も有力に主張さ
れた。しかしながら判例はなお特約なき限り契約時に移転するという立場を変
えていない。

とはいえ，実務において用いられる不動産売買契約書を見れば，所有権移
転時期に関する特約（たとえば「代金完済時に所有権は移転するものとする」との条
項）があるのが普通なので，この特約に従って代金完済時に移転する。そのた
め，実際の不動産売買の契約では判例の考え方でさして問題は生じていないと
いうことであろう。

▶§3__ 公示の原則・無権利の法理・公信の原則

【1】 公示の原則

物権の変動に関する原則がある。民法は登記や引渡しを対抗要件としている
ので（▷177条・178条），このような公示がなければ物権変動を第三者に主張で
きないことになる。言い換えれば，公示を備えない限り物権変動の効力が否定
されるということになる。これを公示の原則という。この原則が認められてい
るときには，登記に公示力があるともいわれる。具体的には，Aと不動産売買
の取引をすることになったCは，Aの有する不動産の登記をみれば，その不動
産について誰か別の人が権利を有しているか否かがわかる。そして実際にAと

すでに物権の取引をしているBがいたとしても，Bに生じた物権変動の登記がなければ，Bの権利が対抗される（つまり主張される）ことはないので安心してAと取引を進めることができる。これは，Cからみれば，Aの登記にBへの物権変動が登記されていなければ，物権変動がないであろうと信頼することができるということである。

【2】 無権利の法理

　登記がされているからといって，いつも正しいとは限らない。Bが，Aの所有する不動産の登記関係書類その他を盗み出し，登記を勝手にB名義に換えたとする。真実の所有者はAであるが，登記上はBが所有者となっていて，これを信頼してCがBと売買契約を結び，登記も経由したら，Cは所有権を取得することができるであろうか。

　このケースのCは，取引する相手のBが真実には所有権を有していない（無権利）ので，権利（所有権）を取得することはできない。これがローマ法に由来する原則（「何びとも，自分が有する以上の権利を他人に譲渡することはできない」）で，一般に「無権利の法理」という。これは大原則であるから，明文の規定が民法になくても承認されている。

【3】 公信の原則

　これに対して，真実には所有権を有していないのに，これを有しているとの登記（公示）を信頼した者を保護する場合がある。上述した【2】のケースでは，Bは真実には所有権を有していないのに登記名義がBとなっている場合であるが，CがBを真の所有者であると登記どおりに信頼してBと取引をしたとする。このように，真実の権利状態と異なる公示を信頼して取引がされたとき，公示通りの権利があたかも存在するかのごとく扱い，Cを保護する立場を公信の原則という。事例では，Bの所有権が真実には存在しないのに，公示を信頼したCは，所有権を取得することが認められる。

　これは「無権利の法理」という原則に対する例外を認めるものであるから，公示への「信頼」が必要不可欠となり，一般に真実の権利状態を知らなかった（善意）か，あるいは知らなかったことについて過失がなかったこと（無過失）が要件とされることになる。また，真実の権利者が権利を失うという重大な結果がもたらされるので，法律上の根拠を示す必要があろう。わが民法では，動産についてのみ公信の原則が認められていて，民法192条に明文規定が置かれている。不動産については規定がないことから，公信の原則が認められていないこ

とが明らかである。ドイツでは，不動産について公示の真実性が比較的厳格な
手続（公証人が関与するなど）を通じて確保されていることから，不動産につい
ても公信の原則が認められている。この場合，登記に公信力があるともいわれる。

❖Lec **04**　不動産物権変動の公示　┈┈┈┈┈┈┈

【事例】　Bは，AからA所有の甲地を買って代金の一部を支払ったが，いまだ所有権移転登記を受けないでいた。そうこうしているうちに，Aが甲土地をCに売却し，知り合いの司法書士を介して登記名義をAからCへ移転し，引き渡してしまった。この場合，BはCに対し，自分が甲地の先行する買主であり，所有権は自分にあると主張して，所有権の確認とAからCへの所有権移転登記の抹消を請求することができるか。

▶§1＿　不動産取引と公示の原則

　物権は，物を直接に支配し，その物から生じる利益を排他的・独占的に享受しうる権利である。そのため，物権については，外部から認識できるように何らかの表象（具体的な形・姿のこと）で公示することが必要となる（❖Lec01参照）。このような表象を「公示方法」と呼び，不動産取引では登記を公示方法とし（▷177条），動産取引では引渡しを公示方法としている（▷178条）。公示方法としての登記や引渡しは，物権変動の成立要件ないし効力要件ではなく，対抗要件にすぎないとされている点に注意が必要である。

▶§2＿　対抗要件としての登記

　わが国では，不動産の物権変動に関する争いは，登記の対抗要件を定めた民法177条によって解決される。民法177条は，「不動産に関する物権の得喪及び変更は，不動産登記法……その他の登記に関する法律の定めるところに従いその登記をしなければ，第三者に対抗することができない」と規定し，不動産取引に関する公示の原則を定めている。不動産は経済的価値も高く，債権担保のために抵当権などの権利の目的となるため，権利関係が複雑に絡み合い，その実態は当事者以外の者には把握し難いものがある。わが国では，このような不

動産の特質に鑑み，不動産の現況および不動産に関する権利を登記簿に記載し，もって取引の安全を図るために，誰もが必要な時に何時でも登記情報を得られる制度を整えている。それが不動産登記制度である。登記に関する必要事項や登記の手続は，不動産登記法（明治32年法律24号。平成16年に抜本改正）や不動産登記規則その他の付属法令に定められている。

　冒頭の事例で，売買によってAからBが甲地の所有権を譲り受けることは物権の取得にあたる。この物権の取得につき，BA間は当事者間の関係であるのに対し，CはBにとって第三者とみられる。民法177条によれば，Bが甲地の所有権取得をCに主張（対抗）するためには，不動産登記法の定めるところに従い登記をしておかなければならない。しかし，Bは移転登記を受けていないから，「自分が甲地の所有者であると主張して，所有権の確認とAからCへの所有権移転登記の抹消を請求すること」はできないし，また，請求しても認められないということになる。このことが，Bは「登記なくして第三者に対抗できない」といわれる意味である。

　なお，不動産取引の場合，公示方法としての登記には上記のような対抗力が付与されるが，これ以上に，わが国では，登記を信頼した者はその登記が実質的には権利を伴わない虚偽ないし無効なものであっても，その表象の通りの保護が与えられるという公信の原則は採用されておらず，登記に公信力が与えられていない（❖Lec03▶§3参照）。したがって，冒頭の事例で，甲地の二重譲受人であるCがいまだ未登記である場合には，Aの登記を信頼し取引関係に入ったとしても，その信頼通りの保護（所有権の取得）は与えられない。

　公示の原則と公信の原則は，ともに取引の安全を保護するための制度であるが，わが民法は不動産取引における公示方法としての登記には対抗力しか付与しておらず，取引の安全を消極的に保護するにとどまっている。

▶ §3__ 不動産物権変動と登記の効力

　ところで，冒頭の事例で，Bの主張は認められないという結論については異論がないとしても，よく考えてみると，民法176条により物権の移転は当事者の意思表示だけで効力が生ずる。そうであるならば，AとBが甲地について売買の意思表示をした時点で，所有権はAからBへ移転しているはずであり，A

がCに所有権を二重に譲渡することは不可能ではないかという疑問が生じる。すでに権利を失った者がかつてもっていた権利を譲渡することはできないとすれば，二重譲渡が有効であることを前提とするAからCへの移転登記も無効ということになるが，この点はどのように考えたらよいかである。

　従来の学説は，民法176条は物権変動における当事者間の関係を定めたにすぎず，第三者に関する関係では民法177条が適用され，登記の先後で権利の優劣が決せられるとの前提のもとで，上記の問題を論理的に説明するために，「対抗することができない」という文言につきいろいろな説明を試みている（相対的無効説，否認権説ないし反対事実主張説，不完全物権変動説，法定証拠説など）。各説の違いは，二重譲渡を可能としたうえで，あくまで説明の仕方の違いであって，実際の結論において大きな違いはない。冒頭の事例でいえば，B・Cがともに登記を受けていないときは，どの説をとっても相手方に対して自己の所有権の取得を主張しえないとされる。

　これに対し，学説の中には，AがBに甲地を売却するとAは無権利者となり，Cへの二重譲渡は不可能となるが，それにもかかわらずCの権利取得が認められることがあるのはAのもとにある登記を信頼したCを保護するためであるとして，登記の公信力をもって説明する考え方がある（公信力説）。この考え方によると，CがBに優先するには，Cが登記を信頼し，Aが権利者であると信じ（善意），そのように信ずるにつき過失がないこと（無過失）が要求される。

▶§4＿　不動産登記の種類と内容

　民法177条によって対抗要件となる登記とは，不動産登記のことである。上記事例のBがCに自己の所有権を主張するためには，不動産登記法の定める所に従って，甲土地について自己名義の所有権移転登記を取得している必要がある。現行の不動産登記制度は，明治時代の地券制度（壬申地券・改正地券）に基礎を置き，明治19（1886）年の旧登記法を経て，民法典施行の翌年明治32（1899）年に2月に施行されたものであるが，現在に至るまでにいくつかの改正が行われてきた。最近では，2004（平成16）年の改正により不動産登記簿がコンピュータ化されるとともに，紙の登記簿も廃止され（登記簿謄本・抄本もなくなり），書面による申請のみならずオンライン申請も可能になった。

不動産登記簿には，不動産である土地と建物につきそれぞれ1つの単位である一筆の土地または一棟の建物ごとに電磁的記録により記録される。各登記記録には，表題部と権利部が設けられ（▷不動産登記2条7号・8号，12条），表題部は不動産の物理的現況（▷不動産登記27条。さらに土地につき34条，建物につき44条）を公示し，権利部は所有権のほかその他の登記可能な権利（地上権，賃借権，抵当権など全部で10種類：▷不動産登記3条。相続法改正により配偶者居住権が創設され，登記可能な権利として追加された）を公示するものとし，誰でも手数料を払ってそれらの登記記録の全部または一部を入手することができる（▷不動産登記119条）。

　表題部には，土地について，所在・地番，地目（宅地・田・山林などの別），地積，所有者の氏名・住所などを記載し，建物については，所在・地番，家屋番号，種類（木造・鉄筋コンクリート造などの別）・構造（平屋・二階建てなどの別），床面積，所有者の氏名・住所などを記載する。

　権利部は，登記可能な権利の種類に応じて，甲区（所有権に関する事項：不動産登記法74条以下）と乙区（所有権以外の権利に関する事項：同法78条以下）に区分される。不動産登記法には権利部の甲区・乙区を区別する規定はないが，同法15条に基づき委任を受けた法務省令により，従来からあった甲区・乙区の区別は維持されている。

　なお，不動産登記簿については，あわせて巻末の資料「登記事項証明書（見本例）」を参照されたい。

✕トピック04.1＿　地面師

　地面師とは，不動産の本当の所有者になりすまして，他人の土地や建物を売却し，代金を詐取する詐欺師のことをいう。最近の地面師の詐欺手口は巧妙である。一人で行うのではなく，複数の人間が役割分担を決めて，かつ，組織的に行うのが特徴である。主犯は，詐欺のターゲットとなる不動産情報を調査し，グループを組織して，地面師詐欺を企画する。なりすまし役のほか，司法書士などの交渉役，本人確認書類や印鑑証明書などの偽造役，振込口座の調達役など，細かく役割分担する。

　地面師事件は，バブルで地価が高騰した1980年代後半から90年代前半に多発し，その後の地価下落で被害は減少したが，東京オリンピック・パラリンピックの開催が決まった2013年ころから，地価の上昇とともに都心で被害が目立っている。新聞報道によると，2017年以降，東京都心などで15件相次ぎ，被害総額も約90億円に上るといわれる（読売新聞2020年11月16日付け朝刊など）。捜査関係者によると，地面師に

狙われるのは，高齢者が所有する空き家や更地がほとんどであるという。都心の高い地価を背景に，今後も事件が続く恐れがある。

　少し前に話題となった×△ハウスの事件（63億円の詐欺被害）では，容疑者は逮捕され，主犯とされる被告に対しても実刑判決が下った。ただ，グループとして活動する地面師は，警察関係者がその活動の総体を掴みにくいことも多く，犯人逮捕に至らないケースも少なくない。地面師詐欺グループの役割分担の中では，偽造した本人確認書類の中に顔写真が証拠として残っていることから，なりすまし役が最も逮捕されやすい。しかし，これらは事件の表面にすぎず，なりすまし役を逮捕するだけでは地面師詐欺グループの中枢まで迫ることができないというのが現実である。また，わが国では不動産登記に公信力が認められないことから，地面師にだまされた買主はお金を支払ってもその不動産の所有者になることはできない。注意が必要である。こうした地面師による被害を防ぐには，不動産会社に土地の管理を依頼して看板を設置したり，雑草の手入れをしたりして，管理の行き届いた土地であることを示すのが効果的である。

☕カフェ・コンシェルジュ04.1＿＿　変わる民法・相続法と不動産登記制度

　所有者が分からない土地の問題を解消するための法律（「民法等の一部を改正する法律」〔令和3年法律第24号〕および「相続等により取得した土地所有権の国庫への帰属に関する法律」〔令和3年法律第25号〕）が2021年4月21日の参院本会議で可決，成立した。民法および不動産登記法の改正と土地所有権を国庫に帰属させる相続土地国庫帰属法の制定である。2023年4月1日より段階的に本格施行されるが，土地や建物の相続を知った日から3年以内に登記するよう義務づけられる。相続登記の手続も簡素にし，管理が難しい場合は相続した土地を手放して国庫に納めることも可能となる。これは，公共事業や都市部の再開発の妨げとなるような所有者不明の土地が発生するのを防いで，土地の有効利用を図ることも目的としている。また，名義人が複数いる土地や建物の管理制度なども設けられた。これは，土地を共有する一部の人が誰なのかが分からなくても，裁判所の決定を得るなどの一定の条件のもとで用途変更や売却が可能とするものである。

　わが国では，不動産，とりわけ土地の登記で，明治時代に家督相続による所有権移転登記がなされて以降，更新されないで現在に至っている場合も少なくない。このような場合，所有者の死後，相続登記をしないまま所有者の子ども，孫が次々に相続し（いわゆる数次相続），共有者が数十人にものぼることがある。2次相続や3次相続などの数次相続が生じると，元の所有者の戸籍に遡り，そこから現在に至るまでの法定相続人の戸籍謄本を各市町村に請求し，取寄せることが必要となる。本籍地を変更したり，結婚・離婚で戸籍が変われば，逐一，それらの戸籍謄本を各市町村に請求することになる。そのうえで，死去した相続人や存命の相続人を明らかにし，相続人の範囲を確定しなければならないが，その作業は膨大かつ煩雑であり，時間・費用・手続の負担はすこぶる重い。

従来，相続登記は義務ではなかった。利用価値のない不動産の相続登記を行わなくても，所有者は困ることはなく，所有者不明の不動産が増加する大きな原因となった。所有者不明になった土地の面積は，九州の面積よりも大きいといわれる。しかし，そのような所有者不明の土地が増大すると，これにより，固定資産税の徴収不能，地上建物の老朽化による倒壊の危険，ゴミの不法投棄など，様々な弊害が生じている。

　今回の所有者不明土地等をめぐる法改正は，民法と不動産登記法をセットで改正したもので，広がりという点ではインパクトがある。これにより影響を受けるのは，個人の相続だけでなく，不動産開発や取引，公共工事を進める行政まで，幅広い分野に及んでいる。

❖Lec 05 不動産物権変動における「対抗」の意味【1】 ‥‥‥‥‥‥‥‥

> 【事例①】 Cは，Bとの間で，B所有の甲地を買い受ける契約を締結し，引渡し受けた。ところが，ある日，見知らぬAから，「その土地はBに売却したが，Bとの契約は取り消したので，気の毒だけど返してくれ」，という申入れがあった。
> 　この場合，Cは，Aの要求を無条件に受け入れなければならないか。
> 【事例②】 上記事例①において，Aからの甲地の返還請求がBとの契約は取り消したというのではなく，Bとの契約を解除したという場合，Aの請求はどのように扱われるか。これに対し，Cはどのように反論すればよいか。

▶§1__ 登記を必要とする物権変動──取消しと登記

▶▶1　取消しの意義と効果

　冒頭の【事例①】において，例えば，BがAを騙してA所有の甲地を自己に安く売却させ，後にこれを第三者Cに売却した場合を考えてみよう。民法は，詐欺による意思表示はこれを取り消すことができるとし（▷96条1項），取消しに遡及的無効という効果を与えている（▷改正民法121条）。問題は，この場合，Aが自己への甲地の返還を求めるとき，Aは登記を必要とするかである。

　売買や贈与などの債権契約や抵当権設定などの物権契約によって物権変動が生じた場合に，対抗要件として登記が必要であることは疑いない。民法177条は，「不動産に関する物権の得喪及び変更は，不動産登記法……その他の登記に関する法律の定めるところに従いその登記をしなければ，第三者に対抗することができない」と規定し，不動産の公示の原則を定めている。問題は，法律行為が取り消された場合にも，取り消した者が自己の権利を第三者に主張するために登記を必要とするかどうかが問われる。

　売買などの法律行為は，人が私法上の権利の発生・変更・消滅を目的として自己の意思に基づいてする行為であり，その欲したとおりの法律効果を生じさせる。適法かつ有効な法律行為であれば，権利が発生し，変動する。しかし，

一定の事由から，その効力を生じさせないことが妥当とされる場合がある。行為能力が不十分な者の行為とか，意思表示につき意思の瑕疵や不存在，法律行為が社会的に見て許されないなどの事情で，無効とされ，あるいは，取り消される場合である。上記の【事例①】を考えるうえでは，まず，この点を押さえておく必要がある。

民法には，無効および取消しに関して，次のような規定が設けられている。

- ・無　効……意思無能力（▷3条の2），公序良俗違反・強行法規違反（▷90条・91条），心裡留保（相手方が悪意有過失である場合。▷93条ただし書），通謀虚偽表示（▷94条1項），条件の一部規定での無効（▷131条～134条）など
- ・取消し……制限行為能力者の行為（▷5条2項，▷9条本文，▷13条4項，▷17条4項），錯誤（▷95条），詐欺・強迫（▷96条1項）など

▶▶2　取消しと第三者

取消しによる法律行為は，遡及的に無効となる（▷改正民法121条）。この遡及的無効という効果を当事者以外の第三者との関係についても貫徹してしまうと，取消し前に，取消しの相手方から何らかの法律上の原因に基づいて当該法律行為の目的物につき権利を取得した第三者がいた場合，法律上は無権利者からの取引と扱われ，権利を取得できないことになる。しかし，取消し前の第三者は，相手方と原権利者との間に取消し原因が発生していたとか，実際に取消権が行使されたかどうかを，知りうる立場にはない。むしろ，第三者は外部に表示された登記などを信頼し取引関係に入ってきているのであるから，取引の安全を重視するなら，そのような信頼を保護する必要性は高いといわなければならない。

このような見地から，民法は，前述の詐欺による意思表示を当然に無効とするのではなく取消事由にとどめるとともに，表意者にも何らかの落度ないし責めに帰すべき事由があることなどを考慮し，取消しをもって「善意でかつ過失がない第三者に対抗することができない」とした（▷改正民法96条3項）。ここでいう第三者は，その立法趣旨からして，取消しの意思表示の前に取消しの相手方から何らかの法律上の原因に基づいて利害関係を有するに至った第三者である（★大判昭和17・9・30民集21巻911頁）。善意でかつ過失のない取消し前の第三者に対しては，取消しをもって対抗（権利主張）することはできない。これは，取消しの遡及効を一部制限しても善意の第三者を保護する趣旨である。

第三者の保護要件として登記を必要とするか否かについては，かつての判例・学説は登記必要説をとっていたが，近年，この問題は対抗問題ではないとの理由から，登記不要説が学説では有力である（なお，農地の売買に関する詐欺取消しの事案につき，★最判昭和49・9・26民集28巻6号1213頁参照）。

　このような第三者保護規定をもたない場合，具体的にいえば，制限行為能力を理由とする取消し（▷改正民法5条2項・9条本文・13条4項・17条4項）や強迫を理由とする意思表示の取消し（▷6条1項）については，取消しの遡及的無効が第三者との関係についても貫徹され，取消しの意思表示をした原権利者が保護されると解されている。

　これに対し，取消し後に登場する第三者との関係についてはどうであろうか。原権利者が取消権を行使しても，実体法上の権利関係を反映しない無効な登記を放置し，あるいは，取消しの相手方から目的物の返還を受けないでいることが少なくない。第三者がその外観を信頼して取引関係に入り，当該目的物について利害関係を有するに至っている場合，わが国の判例は，取消しを一種の物権変動と擬制し（復帰的物権変動論），取消しの相手方を起点として原権利者と第三者に二重譲渡の関係があるものと捉え，民法177条を類推適用しながら登記の先後により権利の優劣を決するものとしている（★前掲大判昭和17・9・30）。

　以上のような判例法理について，学説もまたこれを支持し，判例と同様の立場をとるのが従来の通説であった。判例や通説的見解が取消しの前後で第三者に対する保護法理を区別する理由は，取消権者は取消し前にあらかじめ自己の権利を登記しておくことはできないのに対し，取消し後については登記ができる立場にあるのであるから，登記を怠っている者は不利益を受けて仕方がないという点に求められている。

　しかし，判例や通説的見解のような立場では，取消し後の第三者は悪意者でも保護されること，取消しは遡及的無効であって，取消しを一種の物権変動と擬制することは民法の体系を無視するものであることなどを理由に，判例や通説的見解に対して疑問を呈する学説が少なくない。虚偽の外観を信頼した善意の第三者の保護が目的であるというのであれば，当事者間に通謀はないが，虚偽表示に関する民法94条2項を類推適用して問題の解決を図るという考え方も有力である。ただ，その場合，実質的に登記に公信力を与える結果となることから，それを認めていない民法との整合性があらためて問われることになる。

▶ §2__ 登記を必要とする物権変動——解除と登記

▶▶1　解除の意義と効果

　契約が解除された場合においても，取消しの場合と類似した問題が生じる。
【事例②】は，この問題を扱う事案である。例えば，BがAから甲地を買い受け
たが，Bの代金不払いでAが売買契約を解除した場合に，AはBからの転売によ
り甲地を買い受けた第三者Cに対し，自己の所有権を主張して甲地の返還およ
び移転登記の抹消を求めうるか。その場合，AまたはCにおいて登記の具備が
必要とされるかどうかである。

　契約の解除は，当事者の一方がその債務を履行しない場合に，相手方を契約
の拘束力から解放し，救済する手段として制度化されたもので，とくに双務契
約において実益があるといわれる。民法は，当事者の合意により当事者の一方
ないし双方に契約を解除する権限を与える場合（任意解除：▷改正民法540条）の
ほか，法律の規定が存在する場合（法定解除：▷改正民法541条以下）に解除権を
認めている。このほか，契約締結後，契約関係を消滅させる当事者双方の合意
により当該契約が解除される場合がある（合意解除）。

　契約が解除されると，契約上の債権・債務は契約の当初に遡って消滅すると
いうのが，判例および通説の考え方である（直接効果説）。これに対し，学説の中には，
契約が解除されても契約上の債権・債務は当然には消滅せず，当事者間に原状
回復義務を生じさせるにすぎず，その義務が履行されることによって初めて契
約関係が消滅するという考え方（間接効果説）があるが，少数説にとどまっている。

　留意すべき点として，近時の債権法改正に注意する必要がある。解除に関す
る伝統的な支配学説は，従来，改正前民法415条が定める債務不履行との共通
の基盤に立って，解除を不履行した債務者の責任を追及する制度と捉え，改正
前民法541条の法定解除の要件として債務者に帰責事由を要求した。これに対
し，近時の債権法改正によって新たに設けられた改正民法541条は，解除を不
履行によって契約を維持する利益が失われた債権者を契約の拘束力から解放
する制度と捉え，解除権行使の要件として債務者に帰責事由を要求していな
い。このような考え方の背景には，給付障害という観点から解除を不当な契約
関係から債権者を解放する制度と捉える「国際物品売買契約に関する国際連合

条約（ウィーン売買条約）」（CISG）や「ヨーロッパ契約法原則」（PECL）などの国際的な契約法規範が大きく影響しているといわれる。

▶▶2　解除と第三者

　上記の【事例②】についても，判例・学説は，取消しの場合と同様，解除前の第三者と解除後の第三者に分けて議論している。ここでは，もっぱら前述の法定解除（▷改正民法541条以下）を念頭に置いて，この問題を考えることにしよう。

　まず，民法は，解除前に解除の相手方から法律上の利害関係を有するに至った第三者がいる場合に，解除権を行使する原権利者は第三者の権利を害することはできないと定める（▷改正民法545条1項ただし書）。この規定は，解除により当該法律行為が遡及的に消滅するということを前提に，第三者との関係で解除の遡及効を制限したものと解されている。解除に契約の遡及的消滅という効果を与えるときは，取引の安全という見地から，第三者や転得者を保護するために解除の遡及効を制限する必要があるという考え方である。この場合，第三者が保護されるためには，対抗要件を必要とするというのが判例の立場であるが（★大判大正10・5・17民録27輯929頁，★最判昭和33・6・14民集12巻9号1449頁，★最判昭和58・7・5判時1089号44頁），その根拠は必ずしも明確ではない。虚偽表示の取消し（▷改正民法94条2項）や詐欺の取消し（▷改正民法96条3項）の場合における第三者については対抗要件の具備を必要とするかどうかが争われており，これとの整合性が問題となる。

　一方，解除権が行使された後に法律上の利害関係を有するに至った第三者との関係については，判例は，取消し後の第三者の場合と同様に，解除を一種の物権変動と擬制し，解除の相手方を起点に原権利者と第三者に二重譲渡の関係があるものと捉えて，民法177条により登記の先後によって権利の優劣が決せられるとしている（★大判昭和14・7・7民集18巻748頁，★最判昭和35・11・29民集14巻13号2869頁）。

　これに対し，有力学説は，取消し後に登場する第三者の場合と同様に，無権利者からの善意者保護の法理（▷94条2項類推適用）を提唱しており，このような立場からは，解除後の第三者の場合についても同様の法理を導くことが可能とされることになろう。

❖Lec **06**　不動産物権変動における「対抗」の意味【２】 ‥‥‥‥‥‥‥‥‥

▸§1　登記を必要とする物権変動——相続

【事例】　①　Aが死亡し，子であるBとCの２人がA所有の甲土地を共同相続したが相続の登記はなされないままであったところ，Bが遺産分割協議書を偽造するなどして甲土地につき勝手に単独所有の登記をし，甲土地をDに売却して移転登記も行なった。この場合において，CはDに対して甲土地についての自己の持分２分の１を主張することができるか。

　②　Aが死亡し，子であるBとCの２人が共同相続人となったが，Bが相続放棄をしたので，相続財産である甲土地をCが単独所有することになった。ところが，Cがその登記をしないうちに，Bの債権者DがBを代位して甲土地について共同相続の登記をしたうえで，Bの持分を差し押さえた。この場合において，CはDに対して甲土地は自己の単独所有であることを主張できるか。

　③　Aが死亡し，子であるBとCの２人が共同相続人となったが，遺産分割協議の結果，相続財産である甲土地をCが単独所有することになった。ところが，Cがその登記をしないうちに，Bの債権者DがBを代位して甲土地について共同相続の登記をしたうえで，Bの持分を差し押さえた。この場合において，CはDに対して甲土地は自己の単独所有であることを主張できるか。

　④　Aが甲土地をBに遺贈する旨の遺言を残して死亡した。しかし，Aの単独相続人Cが相続を原因とする甲土地の所有権移転登記をしたうえで，甲土地をDに売却して移転登記も行なった。この場合において，Bは遺贈による甲土地の取得をDに主張することができるか。また，Aの遺言につき遺言執行者がいた場合はどうか。

▶▶1　共同相続と登記

【1】　相続による被相続人の地位の承継

　相続開始により，相続人は，被相続人の財産に属した一切の権利義務を承継する（▷896条）。では，AがCに甲土地を売却したが登記を移さないうちに死亡し，子であるBがAを単独で相続した場合，Cは登記なくして甲土地の所有権取得をBに対抗できるか。この場合，Bは相続によりAの権利義務を包括的に

承継しているため，売主であったAの地位も承継することになる。そうすると，B（＝A）とCは売買契約の当事者であると考えられるから対抗関係には立たない。したがって，Cは登記なくして甲土地の所有権取得をBに対抗できる。これに対して，Bが相続後にDに甲土地を売却した場合は，CとDはB（＝A）を起点とした二重譲受人の関係に立つことから，CかDか先に登記を取得した者が優先する（★最判昭和33・10・14民集12巻14号3111頁）。

【2】 共同相続による持分取得

【事例①】のような場合，判例（★最判昭和38・2・22民集17巻1号235頁）の考え方によれば，Bがした単独所有の登記は，Cの持分である2分の1については無権利の登記であり無効であるため，Dが取得できるのはBの持分2分の1だけである。そのため，Cの持分についてCとDとの間に対抗関係は生じず，Cは登記なくしてDに対して自己の持分2分の1を主張することができる。したがって，Dが甲土地の単独所有の移転登記を得ている場合は，自己の持分を登記に正しく反映させるため，CはBとDに対して更正（＝一部抹消）登記請求ができることになる。

このような判例の考え方によれば，甲土地を買ったDはCの持分については権利を取得できず保護されない。わが国の登記には公信力はないからである。しかし，94条2項類推適用の要件を満たせば，登記を信頼した善意無過失のDの保護を図ることは可能であろう。もっとも，そのためには真の権利者であるCの虚偽の外観作出についての帰責性が必要になる。しかし，わが国の登記実務では，共同相続の登記をせずに，遺産分割の結果を登記することも認められてきた（令和3（2021）年の不動産登記法改正により，相続登記の申請が義務化されることになった点については，☕カフェ・コンシェルジュ06.1を参照）。Cが共同相続の登記をしていなかったからという理由だけでは，虚偽の外観作出について帰責性があるとは考えにくい。

▶▶2 相続放棄と登記

【1】 相続放棄とは

相続人は，自らのために相続が開始したことを知った時から3か月以内の熟慮期間中に，単純承認するか，限定承認するか，相続を放棄するかを選択しなければならない（▷915条1項）。熟慮期間内に限定承認も相続放棄もしなければ，単純承認をしたことになる（▷921条2号）。相続放棄は家庭裁判所への申述によ

り行うことができ（▷938条），相続放棄により相続人は初めから相続人ではな
かったものとみなされる（▷939条，相続放棄の遡及効）。

【2】　他の共同相続人の相続放棄に伴う所有権取得

(1)　相続放棄前の第三者

　他の共同相続人の相続放棄に伴う所有権取得を第三者に対抗するのに登記
が必要か。【事例②】とは異なり，DがBの相続放棄前に差押えをした場合をま
ず考えてみよう。このような相続放棄前に登場した第三者との関係で，Cは登
記なくして甲土地の単独所有をDに対抗できる。相続放棄者は相続放棄により
相続開始時点から相続人ではなかったことになるため，Cは相続開始時点から
甲土地の単独所有者だったことになる。遺産分割の遡及効に関する条文（▷909
条ただし書）と異なり，相続放棄の遡及効に関する条文（▷939条）には遡及効か
ら第三者を保護する規定がないため，相続放棄前に登場する第三者の保護は考
えなくてよい。遺産分割と違い，相続放棄ができる熟慮期間は3か月と短いこ
とから第三者の登場の可能性も小さい。

(2)　相続放棄後の第三者

　【事例②】のように相続放棄後に登場したDとの関係で，CはBが相続放棄を
したことにより甲土地が自らの単独所有となったことを対抗するには登記が
必要だろうか。判例（★最判昭和42・1・20民集21巻1号16頁）の考え方によれば，
相続放棄の効力は絶対的であるとされ，相続放棄後に登場した第三者Dとの関
係で，Cは登記なくして自らの権利を対抗できる。899条の2第1項によれば，
相続による権利の承継は，遺産の分割によるものかどうかにかかわらず，900
条および901条で算定した相続分を超える部分については，登記を備えなけれ
ば第三者に対抗することができない。しかし，相続放棄者は相続放棄により相
続開始時点から相続人ではなかったこととなるため，【事例②】のCは相続開
始時点から甲土地の単独所有者だったことになる。Cの持分が増加したとして
もそれは相続放棄の反射的効果として生じたもので，「相続による権利の承継」
（▷899条の2第1項）によるものではないと考えられるため，第三者に対抗する
ために登記は必要ではない。

▶▶3　遺産分割と登記

【1】　遺産分割とは

　相続開始後，相続人が複数いる場合は遺産共有の状態が生じる（▷898条）。

この遺産共有の状態を解消するためには遺産分割が必要となるが，民法には
いつまでに遺産分割を終えなければならないという期間制限はない（令和3年
(2021) 年の民法改正により，遺産分割が長期間にわたって行われなかった場合に関す
る制度が導入された点については，☕カフェ・コンシェルジュ06.1を参照）。遺産分割
は共同相続人による協議が必要であるが，協議が調わないときは家庭裁判所の
審判によることになる（▷907条）。

【2】 遺産分割による所有権取得

(1) 遺産分割前の第三者

　遺産分割による所有権取得を第三者に対抗するのに登記が必要か。【事例③】
とは異なり，DがBの遺産分割前に差押えをした場合をまず考えてみよう。遺
産分割には遡及効があるが，遺産分割前に登場した第三者をその遡及効から保
護するための条文がある（▷909条ただし書）。Dが遺産分割前に登場した第三者
であればこの条文に基づき保護されるが，通説はDが保護されるには登記を備
えている必要があるとする。この遺産分割前の第三者に要求される登記の意味
をめぐっては議論がある。相続によりいったんBが取得した甲土地についての
持分が遺産分割によりCに移転すると考えれば，Bの持分をめぐってBを起点
とした対抗関係がCとDの間に生じるととらえうる。そうすると，ここで要求
される登記は対抗要件としての登記である。しかし，このような考え方は，遺
産分割の遡及効との関係で問題がある。そこで，遺産分割前の第三者は登記を
備えている必要があるが，それは権利保護資格要件としてであると考えること
になろう。

(2) 遺産分割後の第三者

　では，【事例③】のように遺産分割後に登場した第三者との関係で登記は必
要か。このような場合は，先述の899条の2第1項が適用されることになる。
したがって，遺産分割による権利の承継は，法定相続分を超える部分について
は登記を備えなければ第三者に対抗することができない。これは，遺産分割に
より目的不動産を単独所有するに至った相続人と遺産分割後に登場した第三
者との関係を対抗関係ととらえているためと考えられる（★最判昭和46・1・26
民集25巻1号90頁も参照）。遺産分割の遡及効にもかかわらず，法定相続分を超
える部分の取得を実質的には共同相続人間での譲渡と考えるのである。【事例
③】で言えば，相続によりいったんBが取得した甲土地についての持分が遺産
分割によりCに移転すると考えれば，Bの持分をめぐってBを起点とした対抗

関係がCとDの間に生じるととらえうる。したがって，【事例③】のCは登記なくして遺産分割による所有権取得をDに対抗することができない。

☕ カフェ・コンシェルジュ06.1__　相続に関係した登記をめぐる問題の多さ

　本書や他の物権法の教科書を読むと，相続に関係した登記をめぐる問題（「共同相続と登記」，「相続放棄と登記」，「遺産分割と登記」など）の多さに気づく。なぜ相続をめぐって多くの問題が生じるのだろうか。これには，相続登記が義務化されておらずそれを省略して遺産分割後の権利関係について登記が行われることが多かったこと，遺産分割について期間制限がなかったこと，遺産分割に法律の専門家が関与することが少ないことなど，わが国特有の事情が関係している。

　しかし，今後は，相続登記がなされないまま放置される場合は減っていくと考えられる。令和3（2021年）の不動産登記法改正により，所有者不明不動産の発生を予防するために，相続登記の申請が義務化されることになったからである（▷不登法新76条の2第1項）。さらに，申請がなくても，登記官が住民基本台帳ネットワークなどからの情報取得により，職権で登記名義人の死亡を登記に符号で表示できるようになった（▷不登法新76条の4）。また，令和3（2021）年の民法改正により，同じく所有者不明不動産の発生を予防するために，遺産分割が長期間にわたって行われない場合には，法定相続分等により遺産分割があったものと取り扱う制度が導入された（▷民法新898条2項）。この制度の導入により，今後は，先ほど説明した遺産分割と登記をめぐる問題も，発生する場面が限られてくると考えられる（同条が規定する期間内に限られる）。

▶▶4　遺贈と登記

【1】　遺贈とは

　遺贈とは，遺言により，所有していた財産を相続人または相続人以外の者に与えることである。遺産中の特定の財産を遺言により与える特定遺贈と，分数的な割合で示される遺産の一部または遺産の全部を与える包括遺贈がある（▷964条）。【事例④】の甲土地の遺贈は特定遺贈にあたる。遺言者の死亡により遺言は効力を発し（▷985条1項），遺贈された財産は直ちに受遺者に移転すると考えられている。このように，遺贈の効力発生時に直ちに受遺者に目的物の権利が移転すると考える説を物権的効力説という。

　遺言の執行は相続人が行うことになるが，遺言者により遺言執行者が選任される場合がある（▷1006条）。遺言執行者がいる場合には，相続人は相続財産

の処分などの遺言の執行を妨げる行為をすることができないとされ（▷1013条1項），これに反した相続人の行為は無効となるが，善意の第三者は保護される（▷同条2項）。

【2】　特定遺贈による所有権取得

　それでは，特定遺贈による所有権取得を第三者に対抗するのに登記が必要だろうか。判例は，受遺者が遺贈による所有権取得を第三者に対抗するには登記を備えなければならないとする（★最判昭和39・3・6民集18巻3号437頁）。遺贈は相続人に対しても行えるが，その場合でも結論に違いはない。【事例④】でBが遺贈による甲土地の取得をDに主張するためには登記が必要である。しかし，受遺者は遺言の存在を知らず直ちに自らが取得した権利を登記できない場合もあるとして判例を批判する学説がある。

　では，【事例④】でAの遺言につき遺言執行者がいた場合はどうか。遺言執行者の存在を無視して相続人が行った行為は無効となるから（▷1013条2項），CによるDへの甲土地の売却は無効となる。この場合，Dが保護されるためには，善意のほか，登記を備えている必要があるとするのが判例である（★最判昭和62・4・23民集41巻3号474頁）。

　受遺者に相続財産の3分の1を遺贈するなどといった包括遺贈の場合については判例がない。包括受遺者は相続人と同一の権利義務を有するとする条文（▷990条）があるため，「共同相続と登記」の問題と同じように考えることになるだろう。

──────────────────────────────

☕カフェ・コンシェルジュ06.2＿　「相続させる」旨の遺言と登記

　「相続させる」遺言と呼ばれる遺言がある。たとえば，「甲土地は長男Aに相続させる」というような遺言である。相続は法律の規定によって行われるのであり，遺言によって「相続させる」という表現は本来おかしいはずである。甲土地を長男Aにだけ承継させたいのであれば，特定遺贈という方法がある。はたして「相続させる」遺言はどのような法的性質を有するのだろうか。

　この点をめぐっては，相続分の指定（▷902条）であると考える見解，遺産分割方法の指定（▷908条）であると考える見解，遺贈（▷964条）であると考える見解がある。判例は，「相続させる」遺言の法的性質について，遺言書の記載からその趣旨が遺贈であることが明らかであるかまたは遺贈と解すべき特段の事情がない限り，遺産分割方法の指定であるとする（★最判平成3・4・19民集45巻4号477頁）。そして，このような遺言により，遺産の

一部である当該遺産を当該相続人に帰属させる一部の分割がなされたのと同様の遺産の承継関係が生じるとして，何らの行為を要せずして被相続人の死亡の時（遺言の効力発生時）に直ちに当該遺産が当該相続人に相続により承継されるとする。

平成30（2018）年相続法改正前の判例（★最判平成14・6・10家月55巻１号77頁など）は，上記判例を前提として，「相続させる」遺言による権利の移転は，法定相続分または指定相続分の相続の場合と本質において異なるところはないから，登記なくしてその権利を第三者に対抗することができるとしていた。しかし，現在は，新設された899条の２第1項が適用されることになるため，「相続させる」遺言がある場合，相続人は法定相続分を超える部分については登記を備えなければ第三者に対抗することができない。同条と抵触する従来の判例は意義を失ったのである。

▶§2__ 登記を必要とする物権変動——取得時効

【事例】 ①　Aは，Bが所有する甲土地を，取得時効に必要な要件を満たしつつ20年以上占有し続けている。この場合において，Aが以下の者に対して自らが甲土地を時効により取得したことを主張するのに登記が必要か。
　　　ⅰ）　甲土地の所有者であるB
　　　ⅱ）　Aの占有開始時から７年目に甲土地をBから買い受けたC
　　　ⅲ）　Aの占有開始時から21年目に甲土地をBから買い受けたD
　②　Aは，Bから甲土地を買い受け引渡しも受けたが，所有権移転登記はしないでいた。Aが引渡し後17年間占有した時点で，BはCに甲土地を売却し，Cは代金を完済し所有権移転登記も得た。その後5年が経過して，Cは，甲土地の所有権に基づいて，これを占有するAに明渡しを求めた。この場合，AがCに対して時効による所有権取得を主張するのに登記が必要か。

▶▶1　取得時効の要件の復習

　取得時効と登記の問題を考えるうえでは，まず総則編で規定されている取得時効について復習する必要がある。取得時効とは，法律で定められた一定の期間，占有者が所有の意思を持って物を継続して占有することにより，占有を正当化する権利（本権）を取得できる制度である。所有権の取得時効のためには，「所有の意思」を持って「平穏に，かつ，公然と」「他人の物」を一定期間にわ

たり占有継続することが要求されている。時効完成に必要な期間は20年（▷162条1項）であるが，占有者が占有開始時に善意無過失である場合は10年である（▷同条2項）。

　取得時効の要件のうち所有の意思と平穏公然の占有が推定されるほか，10年の短期の取得時効の要件のうち善意の占有が推定される（▷186条1項）。開始時点と時効期間満了時点の占有によりその間の占有継続も推定される（▷同条2項，詳しくは❖Lec10参照）。したがって，短期の取得時効を主張する占有者は自らが善意であったことを立証する必要はなく，相手方が，時効を主張する占有者が悪意であったことの立証責任を負う。これに対して，無過失は推定されないため，短期の取得時効を主張する者が無過失を立証する必要がある。

▶▶2　取得時効と登記

【1】　判例の5つのルール

　【事例①】のAは取得時効の要件を満たしつつ20年以上にわたって甲土地を占有しており，甲土地の所有権を時効により取得できると考えられる。もちろん，162条2項の要件を満たしていれば，短期の時効取得も可能である。それでは，Aは時効による所有権取得を第三者に対抗するのに登記が必要か。登記の要否については，判例が示している以下の5つのルールをしっかりと理解することが大事である。

　(1)　当事者間

　ある不動産を長期にわたって占有している者が，その不動産の所有者に時効により所有権を取得したことを主張するために登記が必要か。判例（★大判大正7・3・2民録24巻423頁）の考え方によれば，【事例①】のⅰ）の場合，Aが甲土地所有者Bに対して時効による所有権取得を主張するのに登記は必要ない。時効による所有権取得は前主の権利を承継するわけではないので，売買のような承継取得ではなく原始取得に分類される。しかし，Aが権利を取得することによりBが権利を失うため，BからAに権利が移ったものとして考え，AとBの間の関係を売買契約における売主・買主と同じような「当事者」の関係ととらえることができる。実際，時効による所有権取得については，前主の権利を承継した場合と同じような移転登記の手続が行われている。

　(2)　時効完成前の第三者に対する関係

　判例は，時効完成前に登場した第三者に対して，登記なくして時効による所

有権取得を対抗できるとしている（★最判昭和41・11・22民集20巻9号1901頁）。【事例①】のⅱ）の場合，甲土地の所有権はAの時効完成前にCに移っており，時効完成時の甲土地の所有者はCであることから，AとCはⅰ）の場合同様「当事者」の関係に立つことになる。したがって，Cに対して，Aは自らの所有権取得を登記なくして対抗することができる。

(3) 時効完成後の第三者に対する関係

判例は，時効完成後に登場した第三者に対して，登記がなければ時効による所有権取得を対抗できないとしており，時効完成前の第三者との関係とは異なる考え方を取っている（★大連判大正14・7・8民集4巻412頁）。【事例①】のⅲ）の場合，時効完成時の甲土地の所有者はBである。そのBから取得時効により甲土地の権利を取得したAと，Bから甲土地を買ったDの関係は，二重譲渡による第一譲受人・第二譲受人の関係に類似しており対抗関係に立つと考えられる。したがって，お互いに所有権を主張するには登記が必要である。

(4) 時効の起算点

上で説明したように，時効完成時を基準として，判例は第三者の登場が時効完成前か完成後かで登記の要否を分けている。そうすると，第三者が時効完成前に登場したか時効完成後に登場したかにより，時効による所有権取得を主張しようとする者の立場は大きく変わる。時効完成前の第三者との関係では登記が不要であることから，時効期間を逆算して計算し，第三者が時効完成前に登場したとすることができれば登記がなくとも自らの所有権取得を主張できることになる。しかし，そうすると判例の時効完成前後で登記の要否を分けるというルールが無に帰する。そこで，判例は，時効期間を逆算して計算することを認めず，時効の基礎となる占有の開始時に起算点を固定している（★最判昭和35・7・27民集14巻10号1871頁）。

(5) 再度の取得時効

【事例①】のⅲ）のAが，登記がなかったためDに対して時効による所有権取得を主張することはできず負けてしまったが，そのまま甲土地の占有を継続した場合を考えてみよう。この場合，判例（★最判昭和36・7・20民集15巻7号1903頁）の考え方によれば，第三者であるDの登記後Aがさらに取得時効の要件を満たす占有を継続すれば再度の取得時効が可能であり，Aは登記なくしてDに対して時効による所有権取得を対抗できる。

【2】 学説

(1) 判例のルールへの批判

判例の5つのルールについては，学説からさまざまな批判がなされている。

判例は時効完成前と完成後で登記の要否を分けているが，このようなルールは時効の遡及効（▷144条）との関係で問題がある。【事例①】のⅱ）の場合，甲土地の所有権はAの時効完成前にCに移っており，時効完成時の甲土地所有者はCであることから，AとCはⅰ）の場合同様「当事者」の関係に立つことになり登記は不要であると説明した。しかし，時効の遡及効からすればAが「当事者」の関係に立つのはCとではなくBとである。【事例①】のⅲ）の場合，時効完成時の甲土地所有者であるBから取得時効により甲土地の権利を取得したAと，Bから甲土地を買ったDの関係は，二重譲渡による第一譲受人・第二譲受人の関係に類似しており対抗関係に立つと説明したが，このような考え方も時効の遡及効と矛盾している。

判例のルールには，時効の主張には援用が必要とされていること（▷145条）との関係でも問題がある。なぜ時効援用の前後ではなく，時効完成時の前後で登記の要否を分けるのだろうか。

さらに，判例のルールに従えば，本来は悪意占有者よりも強く保護すべきはずの善意占有者の方が保護されない結果となる。善意占有者は自己の所有と思って占有しているから，時効が完成したとしてもそれを知らずに登記をしないでいることが多い。これに対して，悪意占有者であれば，時効完成を待って直ちに登記を得て第三者に対しても所有権の取得を対抗できる。【事例②】のような場合も，善意占有者である方が不利となってしまう。Aが善意占有者で10年の時効取得を主張するのであればCは時効完成後の第三者になるためAは登記なくして時効による所有権取得を対抗できないのに対して，Aが悪意占有者で20年の時効取得を主張するのであればCは時効完成前の第三者になるためAは登記なくして時効による所有権取得を対抗できる。より強く保護されるべき善意占有者の方が不利となる点は問題であろう。

(2) 学説の諸相

この問題に関する学説は数多くあるが，登記を尊重する学説，占有を尊重する学説，類型論による学説に大別できる。

登記尊重説は，登記を備えた者を単に占有を継続していただけの時効取得者よりも優先する考え方である。さまざまな考え方があるが，先述の判例が立てたルールを破棄し，時効完成前の第三者との関係でも登記がなければならな

いと考える説，第三者が登記を備えた時点で時効が更新されるとする説などがある。占有尊重説は，時効が占有を基礎とした原始取得であることを徹底する。さまざまな考え方があるが，時効の完成前後を問わず常に登記なくして所有権取得を第三者に対抗できるとする説，時効期間の逆算を認める説などがある。登記尊重説，占有尊重説説いずれの考え方に立っても，先述の判例のルールは破棄されることになる。

　一口に取得時効といっても色々な場合が考えられる。そこで，取得時効が問題となる場面ごとに妥当なルールを立てようという考え方が類型論である。境界を越えて隣人の土地の一部を長期間占有していたという境界紛争型については，隣人から何らかの請求を受けてから取得時効が問題となるため，取得時効を主張しようとする者が登記を備えることは難しい。このような者に登記を求めることは酷であるため，時効完成前後の第三者に対していずれの場合も登記なくして対抗できると考える。境界紛争型に対して二重譲渡型と呼ばれる場合がある。【事例②】が二重譲渡型の典型例である。このような場合，「他人の物」（▷162条1項）だけではなく「自己の物」も時効により取得できるのかという問題もあるが，判例は，時効制度の趣旨から，所有権に基づいて不動産を占有する者についても162条の適用があるとして自己の物の取得時効を肯定している（★最判昭和42・7・21民集21巻6号1643頁）。では，Aが甲土地を時効により取得できるとして，その取得を第三者に対抗するには登記が必要だろうか。類型論の立場では，そもそも登記を怠った第一譲受人（【事例②】のA）が時効による取得を主張することは適切ではないと考える。もっとも，判例は，二重譲渡型か否かは問わず取得時効の要件を満たす占有をすれば取得時効を肯定しており，類型論のような考え方は取っていない。

❖Lec **07** 不動産物権変動における「対抗」の意味【３】 ·····················

> 【事例】　Aが，所有する土地をBに譲渡した。しかし，その所有権移転登記をしていない。その後，次の①〜③にあたる人たちが，「登記がない以上，Bはこの土地の所有権を対抗できない」と主張しているとする。①土地をAから二重に譲り受け，その登記を済ませたC，②Aにお金を貸しており，約束の期日にAから弁済を受けられなかったので，貸金債権の強制執行を申し立てAの一般財産の一部としてこの土地の差し押えをしたD，③土地を何らの権限なく占有しているE。

▶§1　第三者の意義

　不動産の物権変動は，そのときの所有者の意思表示のみによって生じる（▷176条）。Aの意思表示があれば，確定的に所有権がBに移転し，その後Bが新たな所有者となり，Aは所有者ではなくなるはずである。しかし，このような物権変動は，登記をしなければ「第三者」に対抗できない（▷177条）。物権変動を対抗できなければ，Bは新たな所有者としてできるはずのことができないということになる。

　対抗できないのは，「第三者」に対してである。少なくとも，譲渡人Aは，物権変動の当事者であって「第三者」ではない。Aは，意思表示をしたあとに，登記がないからといって，一方的に前言を撤回して譲渡がなかったことにはできないのである。

　問題は，A（あるいはその包括承継人にあたる相続人等）以外の人であれば，すべて「第三者」といえるのかである。民法典の起草者は，そのように考えていたとされている。

　しかし，【事例】③のように，この不動産の不法占有者Eがいるとしよう。譲渡の後，Bは所有権に基づく妨害排除請求権を行使し，Eに対して土地の明渡しを請求することになるだろう。そのときに，Eが，Bの登記の欠缺（けんけつ）〔登記がないこと〕を理由に，Bは「第三者」であるEに対して，所有者として明

渡しを請求できないのだと主張するとする。この主張を認めるべきだろうか。

　誰しも，これを認めるのは不当だと考えるだろう。このような観点からは，「第三者」として，先の物権変動に登記がないことを主張できる地位を，通常の意味の「第三者」，すなわち，当事者とその包括承継人以外の者よりも狭める必要があることになる。

　判例は，古くから，第三者を登記の欠缺を主張する正当の利益を有する者と解釈してきた（★大連判明治41・12・15民録14輯28巻1276頁）。【事例】①のような，二重譲渡の譲受人がこれに該当することは争いがない。微妙なのは，売主Aの債権者である。Dが，売主Aに金を貸して債権者となったという場合，Dが金を貸すという判断をしたのは，Aの一般財産に，既にBに売却された不動産のような価値ある物が含まれていると誤信したからなのかもしれない。そうであれば，債権者にも登記の欠缺を主張する正当な利益がありそうに見える。しかし，判例は，これを否定する。一般財産の評価で勘案した程度では，土地についての利害関係とはいえず，正当な利益があるとは言えないというのである。ただ，【事例】②のように，Dが既に債権の強制執行のために問題の不動産を差し押えている場合には，土地についての正当な利益があるといえるとする（★最判昭和43・11・19民集22巻12号2692頁）。

▶ §2＿ 背信的悪意者論

　先行する物権変動の登記の欠缺ゆえに物権変動を対抗されない「第三者」であることを主張できるか否かについては，もう1つ，主観的な事情も問題となる。例えば【事例】①のC（第2譲受人）のように，不動産についての利害関係からいうと，登記の欠缺を主張する正当な利益があることが明らかな者でも，先行する譲渡があるにもかかわらず，どういうつもりで，譲り受けたのかという主観によって，登記の欠缺を主張させるべきではないということになる場合があり得る。

　【事例】②に似た事案に関連する判例が先例となっている。Cが税務署で，第1譲渡の後，登記未了のBに所有権があることを知り，それを前提に課税を続けてきたにもかかわらず，Aに国税の滞納が生じるや，不動産を差し押え，Bの登記の欠缺を主張するといった特段の事情がある場合には，Cの正当な理

由を否定しうることを明らかにした判例である（★最判昭和31・4・24民集10巻4号417頁およびその再上告審にあたる★最判昭和35・3・31民集14巻4号663頁）。この事案では，Cが所有権の移転を知っていたという事情に加え，いわばそれを利用して課税を行ってきたのに，C側の事情で前言を撤回したという事情が重視されている。信義則に含まれる禁反言に違反する事情であると考えられている。その後，同様に，一般に正当な利益があるはずの不動産についての利害関係人であっても，先行する登記未了の物権変動について悪意であるのみならず，信義則に反する事情がある場合（背信的悪意者という）に，正当な利益を否定し，登記未了の物権変動を対抗させるというルールが判例の基本的な立場となっている。

　ところで，判例には，第三者の認識を踏まえた背信性ではなく，目的物の状況から客観的にみて第三者が知りうべき場合について，第三者性を否定する事案も見られる（★最判平成10・2・13民集52巻1号65頁）。背信的悪意者とはいえない善意者であっても，信義則に照らせば知らないことに過失ありと言える場合について，登記の欠缺を主張できる第三者と認めないという新たなルールを示すものと考えられる。もっとも，多くの学説は，このルールを，背信的悪意者理論と並ぶ一般的なルールとは見ていない。上記の判例のような特殊な事案（未登記地役権の対抗の事案）に限って適用されるものと見られている。

☕カフェ・コンシェルジュ07.1＿＿　信義則と禁反言？

　契約関係に立つ者は，権利の行使にせよ義務の履行にせよ，相手の期待を裏切らないようにしなければならない。これが信義則の基本的な考え方である。そのなかで，禁反言は，当事者の一方が先にした行為によって相手が抱いた期待を裏切ってはならないというルールだと考えてよい。例えば，金貸しが借金の取り立てを忘れて，消滅時効にかかったとする。もちろん，借金をしている人は，その時効を援用すれば，借金を返さずに済む。しかし，時効を援用できるにもかかわらず，あえて，一部の金額を支払ったらどうなるか。金貸し側が，その人が，借金の帳消しを潔しとせず，全額を返すつもりで，まずはその一部の金額を支払ってくれたのだろうと期待することは，当然ともいえる。このような場合，禁反言により，その後になってやっぱり時効を援用するなどということは認められないのだ，ということになりそうである。

❖Lec 08 動産物権変動 ……………………………

> 【事例】 ①Aは所有する有名メーカー製のパソコンをBに譲渡して現実に引き渡した。BはそのパソコンをCに転売し，引き渡した。その後Aが未成年で保護者の同意を得ていなかったとしてBとの売買契約を取り消した。②AはパソコンをBに譲渡した。Bは引越し等の事情で受け取りに行くのが困難であったことから，しばらく買ったパソコンをAに与ってもらうことを依頼し，AもBのために預ることを約束した。しかし，Aは，まもなく，そのパソコンをそのような事情を知らないCに売却し，Cに現実に引き渡してしまった。③パソコンメーカーAが商品である10万台のパソコンを，家電販売店Bに譲渡したが，その後もAがその占有を続け，引渡しは毎月行われるBからの請求分だけを納品することになっていた。しかし，Aは同じ商品をそのような事情を知らないCに売却しこの譲渡について登記を経由した。

▶§1__ 動産物権変動と対抗要件「引渡し」の意義

　動産についても，不動産と同様に，物権変動は意思表示のみによって生じる（▷176条）。この物権変動についても，不動産の物権変動のように，対抗要件を具備しなければ，その物に関する利害関係人である正当な利益を有する第三者に対抗できない（▷177条）というルールは存在するのだろうか。

　すべての動産物権変動について，登記を要求することは無理な話である。例えば，コンビニエンス・ストアでパンを買った場合，登記をしなければパンの所有権を第三者に対抗できないなどという話になると，取引社会が大混乱に陥るだろう。

　しかし，民法は，動産物権変動についても，対抗要件制度を採用している（▷178条）。といっても，あえて登記によるというのではなく，登記に替えて，目的物の引渡しを対抗要件とする，対抗要件制度を採用しているのである（▷178

条）。

　基本的には，引渡しによって移転する占有に一定の公示の作用があるという考え方に基づく。例えば，【事例】①で，Bが有名メーカー製のパソコンを占有しているのを見ると，Bが自ら制作した初代の所有者であるようには見えないだろうが，Bが何らかの形で所有権を適法に譲り受けたから自分のものとして所持しているのだろうという推定が働く。登記を求めるのが困難な動産については，このような占有への信頼を，あたかも不動産の登記名義への信頼のように作用させることにして，これを対抗要件としているのである。

　さらに，この占有への信頼は，その占有を信頼して，善意無過失で買い受けた転得者を保護する即時取得制度（▷192条→❖Lec**09**）によって，補強されている。何らかの理由でAからBへの譲渡が無効であるという場合でも，Bからの転得者は，即時取得によって所有権を取得できることになる。もっとも，即時取得のルールは，本来は，【事例】①のような場合を想定しているわけではなく，【事例】①に引き寄せていうと，AがBに動産を譲渡したわけではないが，Bを信頼して占有を託した場合に，Bが裏切って目的物をCに処分してしまった場合にそのリスクをAに取らせるという発想に由来している。ABの譲渡が無効な場合の転得者保護にも適用があるが，このような沿革から，Bの裏切りが明白になるレベルのCへの引渡し（現実の引渡しが典型）を要件としている。

　問題は，この即時取得が，対抗関係にも影響を与えるということである。【事例】②を見てほしい。AがBに譲渡したにもかかわらず，引渡し未了の間に，Aが同一の動産をCに譲渡し先に引渡しをしてしまったという事案であり，結論的には，Cが優先するということになる。一見，Bが対抗要件を具備していなかったのだから，不動産についての177条で論じられている理論と同様に，譲渡を第2譲受人に対抗できないのだと考えて，178条のみで解決されるように見えるかもしれない。そうであれば，Cが引渡しを受けて即時取得したのだという必要はない。

　しかし，実は，引渡しには，条文上，4つの方法が認められている。現実の引渡しがなくても，Aが，Bに譲渡したときに，以後Bのためにその占有代理人として占有する旨の意思表示をすれば，占有改定の方法で引渡しがあったものと認められる。外形上はAが現実の占有をとどめているのだから，公示の作用はまったく期待できないが，判例は，占有改定も178条の引渡しにあたると考えてきた。これを踏まえると【事例】②では，第1譲受人のBが占有改定の

方法で引渡しを受けたと考えることになる。178条ではBが勝つはずが, やはり事案の結論はCが勝つ。それは, Cが, 既に無権利者となっているAからの譲受人にすぎず, 所有権を承継取得できないものの, Aの現実の占有を信頼して善意無過失で買い受け, さらに現実の引渡しを受けたために, 即時取得制度によって所有権を取得した（新たな権原を取得したという意味で原始取得とされ, 承継取得とは区別されている）といえるからである。

▶ §2__ 動産・債権譲渡特例法の登記の意義

上記のように, 民法の条文は, 動産の物権変動には登記制度がないことを予定している。しかし, 民法の特別法には, 適用される事案を限定しつつ, 動産物権変動に登記制度を導入している法律も存在する。もっとも般的にそのような登記制度を導入しているといえるのは, 平成16(2004)年の改正立法による「動産及び債権の譲渡の対抗要件に関する民法の特例等に関する法律」(以下, 動産・債権譲渡特例法という) である。これにより, 法人による動産の譲渡に限り利用可能な登記制度が存在する。企業間で行われる大規模な動産譲渡では, 現物の現実の引渡しを伴わないことも多いことや, 譲渡担保取引も多く, そのような取引で登記による公示を可能にする趣旨で導入されたものである。

ただし, 動産・債権譲渡特例法の登記には, 2つの点で, 不動産登記とのシステム的な違いがあることに注意が必要である。

まず, 登記の効力は, 「178条の引渡しがあったものとみなす」というだけである。【事例】③で, 同一目的物について先行するBへの譲渡が, 占有改定の方法によって対抗要件を具備しているので, 登記が優先することはない。また, この登記があるからといって, 即時取得の占有開始の要件を充たしているということもなく, Cが即時取得をする余地は, CがAから善意無過失で現実の引渡しを受けるものに限られる。

次に, 登記の内容自体についても不動産登記制度とは異なる制限がある。じつは, 登記される情報のうち, 譲渡された動産を特定するのに必要な情報は, 営業上の秘密の保護といった観点から, 既に登記がされた譲渡の当事者など限られた人 (▷特例法11条2項) にしか公開されていない。新たに譲渡を受けようとする人が, その内容を知るには, 譲渡人に登記事項証明書の交付を受けさせ

てそれを提出させるしかない。譲渡人がそれに応じるかどうかは，交渉次第である。

　もっとも，譲渡人が応じるか否かにかかわらず，新たに譲渡を受けようとする者は，その譲渡人AとBとの間で先行する何らかの譲渡があった事実は登記によって知りうる立場にある。このことから，Bは登記を得ておけば，Cが善意無過失で譲渡を受けそれゆえに即時取得が成立するリスクを避けることができると言われている。

❖Lec **09** 即時取得（善意取得）
──立木などの物権変動・明認方法 ・・・・・・・・・・・・

> 【事例】 Bは，A所有の絵画（甲）をAから買い受け，いったん持ち帰ったが，海外旅行に出ることになったので，Aに預かってほしいと言って甲をAに預けた。ところが，その後Aは甲を友人のCに売却してしまった。Bは甲をCから取り戻せるか。

▶ §1 即時取得

▶▶1 意義

　前に説明したように（❖Lec03▶§3），公信の原則は，真実には権利（たとえば所有権）を有していないのに，有しているかのような公示がある場合，それを信頼して取引に入ってきた者のために，あたかも公示通りの権利が存在するかのごとく扱うものである。「無権利の法理」に対する例外となるが，民法は動産について「占有」を公示にあたるとして，公信の原則を明文で認めている（▷192条）。

　事例では，基本的にBとCとの関係には民法178条が適用されることになる。先に売買契約がなされ，代金を支払ったBに引渡しもされているので，所有権はBに移転していて，その上対抗要件（引渡し）も具備しているので，Bは第三者Cにも対抗することができる。すなわち，Aは完全に無権利者であることになる。そうすると，無権利者のAと有効な取引をしてもCは権利を取得することはできない（無権利の法理）。しかし，Aが無権利者であるかどうかはCにはほとんど分からないことであって，Aと取引をした後になってから，Bから所有権の主張をされ，取り戻されるということになると，安心して取引をすることができなくなる。頻繁に取引が行われる動産の場合にはとりわけ影響が大きい。そこで取引の安全を確保するために，一定の要件の下にCを保護することにしたのである。Cとしては192条に頼るほかないというわけである。

　この192条は，民法では「占有権の効力」（第2章占有権の第2節）の中に規定されているが，これは沿革によるもので，現在では取引安全の制度として捉えて，Cの信頼を保護することがその目的ないし趣旨であると解されている。

民法は，動産について公信の原則を認めた。本文の説明にあるように明文規定(192条)を置いている。これに対して，不動産については公信の原則を定めた規定はない。しかし，その反面公信の原則を認め「ない」とした規定があるわけでもない。そうすると不動産についてはいずれとも決めていないともいえるから，どちらの可能性もあって，たとえば不動産の登記にも公信力を認めるべきだ，公信の原則を不動産についても解釈で認めるべきだといえるだろうか。多くの学者は普通このようには考えないであろう。なぜならば，わが民法は無権利の法理という大原則を承認している以上，これを制限することになる公信の原則を，認めるというのであればそのことを明示する根拠，すなわち条文の形で示す必要があると思われるからである。それを条文という形で示していない以上，解釈としても認めることは困難であろう。

▶▶2 即時取得の成立・効果および盗品・遺失物の特則

(1) 即時取得が成立するためには，以下の要件が必要となる。(a)取引の客体が動産であること，(b)占有者との取引が有効であること，(c)Aが無権利であること，(d)占有の取得が平穏・公然・善意・無過失であること，(e)Cが占有を取得することである。

(a) 動産であること

即時取得が認められる対象は動産である。動産取引の安全を図る趣旨なので不動産には適用されない。さらに，登記や登録がなされた自動車，飛行機などは，判例では登記・登録によって公示されているのでこれらの動産の即時取得は認められないとされている（★最判昭和62・4・24判時1243号24頁）。その反面，未登録の自動車には，登録がないのだから，公示がないものとして，即時取得が認められている（★最判昭和45・12・4民集24巻13号1987頁）。

(b) 占有者との取引行為が有効であること

192条は，「取引行為」による占有取得を必要としている。同条が取引安全の制度であることによるものであり，取引の相手（A）と取引行為をし，かつその取引行為が有効であることが要件となる。そのため取引行為が存在しない相手から占有を取得しても即時取得は成立しない。たとえば，他人の動産がたまたま自宅に置いてあったとして（友人が訪問したときに置き忘れていったなど），それを自分の物であると誤信して占有しても即時取得は成立しない。

さらに売買や贈与などの取引行為がなされたとしても，有効でなければならない。たとえば，意思表示が無効であったり，錯誤・詐欺・強迫や行為能力制限などにより取り消されたときにも，即時取得は適用されない。

(c) Aが無権利であること

占有しているAが無権利ないし無権限であることが必要である。事例では，占有している甲の所有権は完全にBに移転しているので，Aは甲を預かっている（受寄者となる）だけで所有権を有しない無権利者となる。このほか，物を借りている賃借人や，担保として動産を占有している質権者などは無権利とは言いがたいが，無権限といってよく，このような場合も同様に扱われることになる。

(d) 占有の取得が平穏・公然・善意・無過失であること

192条が適用されるためには，その占有の取得が平穏，かつ公然となされることが必要である。しかし取引行為があれば，普通，平穏かつ公然となされるので，この要件は満たされるはずであり，また民法の規定でも「平穏・公然・善意」について推定されている（▷186条1項）。

この「善意」とは，取引相手Aのする，動産占有によって公示される権利が真実には存在しないことについてCが知らないことをいい，「無過失」とは知らないことについてCに過失がないことをいう。この判断は，Cが引渡しを受けたときを基準とする。Aに権利があるとCが信じていれば，Aに権利が存在しないことを知らないことになろう。そうすると188条により，占有者が占有する権利は適法に有するものと推定されるから，占有者に権利があると信じることは無過失であることになるであろう。結局，CはAが権利を有しないことについて善意無過失であることが推定されることになるのである。

(e) 占有を取得すること

Cが動産について占有を「始めた」ことが要件である。その場合，占有の仕方（態様という）にはいくつかある。「現実の引渡し」や「簡易の引渡し」（▷182条）でよく，また一般に「指図による占有移転」（▷184条）も認められている。ここで問題となるのが「占有改定」（▷183条）である。

Cが占有改定（❖Lec**10**参照）の方法によって即時取得が認められるとすると，どうなるのか。事例においては，Aが売却したCに対し占有改定をしたとすると，甲はなおAのところにとどまっているので，たとえBが実際に甲を受け取りに行き，甲を現実に占有することになったとしても，Cが占有改定によって即時取得が成立したということで，取得した所有権に基づきBに対し甲の引渡しを

求めることができることになるであろう。

　この点について学説は，占有改定による即時取得を肯定する説と，これを否定する説に分かれている。判例は，一般外観上従来の占有状態に変更を生じる占有を取得することが必要であり，このような変更が生じない占有改定では足りないとして否定説に立っている（★最判昭和35・2・11民集14巻2号168頁）。つまり占有改定による即時取得は認められない。

✖トピック09.1　折衷説

　この場合に，折衷説という有力な説もある。これは，占有改定によって一応即時取得は成立するが，現実の引渡しを受けることにより確定するというものである。つまりAがCに対し占有改定をした後に，もしAが甲をBに戻してしまったような場合，もはやBに対し甲の引渡しを求めることはできないとする。したがってCの引渡し請求が認められるためには，Cが現実の引渡しを受けて即時取得を確定しなければならないというものである。この折衷説の立場では，占有改定の時にひとまず即時取得が成立するので，その時点に善意・無過失の要件が判断されることになる。そのため占有改定の時には善意・無過失であったが，その後，現実の引渡しを受ける時点では善意・無過失でなくなった場合でも即時取得が成立することになる。肯定説は占有改定のみで即時取得が認められ，現実の引渡しを要しないが，折衷説では占有改定の時に善意・無過失の判断がされるが，現実の引渡しがされるまでは即時取得は確定しないという組み立てとなるのである。

　(2)　即時取得が成立すると，動産の上に行使する権利を取得する。この権利は売買契約の場合の所有権が典型的である。このほか，質権，さらには担保的構成（後述❖Lec**26**）による場合の譲渡担保権の場合もある。

　無権利者AとCが売買契約を結んで即時取得が成立した場合，CはAから所有権を承継するのではなく（Aは無権利者なので），買主であるCにおいて原始取得するものと理解されている。その反面，真の所有者は所有権を喪失することになる。

　(3)　盗品・遺失物の特則

　(a)　真の所有者AからA所有の動産をBが盗み，Bから善意無過失のDがこれを即時取得した場合に，もし192条が適用されるとすれば，Aの意思に基づかないでその占有から離れたというのに，真の所有者は所有権を失うことになる。それでは所有者の保護に欠けると考え，民法は，所有者に一定期間の間，その物を占有する者から取り戻すことを認める。これは，Aが動産を遺失した（落としたり，置き忘れたりなど）場合にもあてはまる。すなわち，盗品の被害者（A）

または遺失物の遺失主は，盗難または遺失の時から2年間，占有者（D）に対してその物の回復を請求することができるとする（▷193条）。

この規定は，盗難および遺失の場合に適用されるものであるから，Aが所有物をBの詐欺により譲渡した場合には適用されない。だまされたとはいえ，Aは自分の意思によって譲り渡しているからである。なお，飼育していた動物の占有取得についても例外がある（▷195条，❖Lec**10**参照）。

（b）この回復請求は，原則として無償でできるが，例外がある。盗品または遺失物を占有者が，競売もしくは公の市場において，または同種の物を販売する商人から善意で買い受けていたときは，盗品の被害者または遺失物の遺失主は，占有者が支払った代価を弁償しなければ，その物を回復する（取り戻す）ことができない（▷194条）とする。

ここでは競売や公の市場，同種の物を販売する商人から動産を善意で買い受けた者を保護する必要性が強いことを考慮し，193条の回復請求を制限して，回復のためには代価を弁償すべきことを義務づけるのである。公の市場といっても一般の店舗と理解してよい。

ただし，占有者が古物商，質屋営業者である場合には，さらに194条の例外として，盗品の被害者または遺失物の遺失主は，1年間に限り無償で取り戻すことができる（▷古物営業20条，質屋22条）。194条（有償）の例外で無償となり，古物や質の市場に盗難品が流通することを防止し，無償にすることで被害の迅速な回復も図れるのである。

▶ §2 立木などの物権変動と明認方法

▶▶1 立木などの物権変動

立木（りゅうぼく）は，土地に付着しており，土地の定着物（▷86条1項）であるが，建物のように土地から独立した不動産ではない。土地の一部であって，その土地所有権に吸収されているといえる。そうすると，土地上にある立木は，一本のときも，樹木が集団となっているときも，地盤たる土地の取引に常に伴うことになる。土地所有者Aが土地をBに売却したら，Bは土地とともに，その土地上にある立木も所有するのである。

ところが，立木を土地から独立させる取引がなされることがある。たとえば

ブランド価値の高い良質の木材を提供する山林の場合に，土地とは切り離して樹木集団をまとめて担保にすることができれば，金融機関から融資を得ることができ，林業にとっては有益となる（吉野杉の事例）。また，未分離の果実，稲立毛（いなたちげ，収穫される前の，立っている稲のこと）の場合も同様に土地から独立して売買されたりする。このような取引を法的に可能にするためには，これらの物の上に物権が承認される必要があり，そのためには第三者に公示する登記ないし登録制度を用意しなければならなくなる。しかし法制度にまで高めるのはハードルが高いであろう。

　そこで，立木を土地から分離独立させ，所有権と抵当権の客体とするために，立木法（「立木ニ関スル法律」明治42年）が制定された。同法によれば，立木登記簿に樹木集団を登記させて公示し，所有権の譲渡や抵当権を設定することができることになる。しかしこのような立木法による登記を経ない立木でも，このような取引が必要となることが多いので，実際には，樹皮を削り，所有者の名前を墨書きし，あるいは樹木の近くの立て札に名前を刻印するという手段が用いられている。これらはすべて明認方法とよばれるもので，判例によって公示方法として承認されている。

▶▶2　明認方法と対抗要件

　明認方法によってなされる物権変動にはいろいろな種類がある。たとえば，Aが所有する土地に立木があるとして，その立木について明認方法を施して，土地から分離・独立させ，Bに譲渡するという仕方である。この場合土地所有者はA，立木の所有者はBとなる。このときに，土地のみをAがCに譲渡した場合，Cが土地の所有権移転登記を経由していても，Bは立木の所有権を，明認方法によってCに対抗することができる。

　また，Aが土地上の立木をAに留保して，その土地をBに譲渡することがある。この場合立木の所有者がA，土地の所有者がBとなる。このとき，Bがその土地を立木とともにCに譲渡して登記も経由した場合，Cは立木の所有権を取得し，Aに主張することができるであろうか。Aは明認方法を施さないかぎり，立木の所有権（の留保）をCに主張することができない（★最判昭和34・8・7民集13巻10号1223頁）との判例があり，この場合明認方法を施していればAは立木所有権をCに主張することができることになる。

❖Lec **10** 占 有 ⋯⋯⋯⋯⋯⋯⋯⋯⋯⋯⋯⋯⋯

▶§1__ 占有制度の意義

> 【事例】 AはBから賃借した甲建物を倉庫として利用していたが，ある日，甲建物の中にCの自転車が勝手に置かれているのを発見した。AはCに対してどのような請求ができるか。

▶▶1 占有と占有権

【1】 占有とは

　占有とは，物を事実上支配していることをいう。その物が占有している者の所有物か否かは関係ない。【事例】のAは甲建物を賃借権という占有を正当化する権利（本権）に基づいて占有しているが，占有を正当化する権利がなくても占有は成立するため，たとえAがBに無断で甲建物を使用していたとしてもAの占有は成立する。

【2】 「占有権」は物権か

　民法物権編の第2章は「占有権」と題されており，占有を取得することによって得られる占有権が，第3章以下に規定されている所有権，地上権，抵当権などと同じ物権の1つとして規定されている。しかし，所有権などの占有を正当化する権利（本権）は物を現実に支配していなくても存在しうる観念的なものであるのに対して，物の現実の支配を離れて存在しえないのが占有権である。占有権が権利か否か，物権か否かをめぐり議論があるのもそのためである。理論的に言えば占有という物の事実上の支配状態を得れば占有権を取得することになるが，実際には占有に与えられるさまざまな効果について180条以下

は規定しているにすぎない。民法自体も「占有権」を「占有」と明確に区別して用いていない。多くの物権法教科書では「占有権」ではなく「占有」という言葉を用いて180条以下について説明しているため，以下でも「占有」という言葉を主に用いて説明することにする。

民法物権編の第2章「占有権」（▷180条以下）には占有に関する実にさまざまな条文が置かれている。これらの規定のうち，即時取得に関する条文（▷192条から194条）については❖Lec**09**で，家畜外動物の取得に関する195条については❖Lec**12**で説明することにして，以下ではそれら以外の条文について順番に説明していくことにする。

> ### ✖トピック10.1＿ 占有の観念化
> 物の現実の支配を離れて成立しえないのが占有であると説明した。しかし，後から説明するように，現実に占有していなくても占有代理人を介しての代理占有（▷181条）が認められている。【事例】の賃貸人Bは賃借人Aの直接的な占有を通じて甲建物を間接的に占有（代理占有）していることになり，占有者としてのさまざまな保護を受けることができる。さらに，相続人が実際に占有を開始していなくても相続によって占有を承継することが認められている。これらは，占有が所有権などと同じように現実の支配を離れた観念的なものになっている場面であると言える。

▶▶2　占有の成立要件

占有は，「自己のためにする意思」をもって物を「所持」することによって取得できる（▷180条）。

物を「所持」していると言えるためには，社会的，客観的に見てある物を事実上支配していると考えられる状態が必要である。【事例】のAは，たとえ常に甲建物にいなくても，他者が容易に立ち入れない状態で甲建物を管理していれば，甲建物を所持していることになる。判例の中には，家屋の所有者が，その家屋の隣家に居住し常に出入り口を監視して容易に他人の侵入を制止できる状態にある場合ならば，その所有者がその家屋に錠をかけて鍵を所持し，または標札や貼紙によって占有中であることを示していなくても家屋を占有しているとしたものがある（★最判昭和27・2・19民集6巻2号95頁）。

「自己のためにする意思」とは，物の所持による利益を自己に帰属させる意思（占有意思）のことである。この意思を自主占有の要件である「所有の意思」

と混同することがないよう気を付けてほしい。占有意思の有無は，占有者の内心の意思によって決まるのではなく，占有を生じさせた原因の性質から客観的に考えて判断される。【事例】のAは賃貸借契約により甲建物の占有を取得しており，占有意思が当然あると考えられる。泥棒も自らが盗んだ物について占有意思を有していると考えられる。占有意思は占有の成立に不要であると解する学説もある。

▶▶3 占有の分類

【1】 代理占有・自己占有

(1) 代理占有とは

占有は，代理人によって取得することもできる（▷181条）。【事例】のBは賃借人Aのする占有を通じて代理占有（間接占有）を取得していることになる。181条の「代理人」にあたる賃借人Aのする占有は自己占有（直接占有）である。

181条の「代理人」は民法総則で学習した代理人とは異なる占有代理人である。民法総則で学習した代理（▷99条以下）では，代理人が本人に代わって法律行為を行いその効果は本人に帰属する。これに対して，代理占有関係においては，代理占有をしている本人だけでなく，占有代理人も直接占有者として独立の占有を取得し保護される。

(2) 代理占有の成立要件

代理占有の成立要件に関する条文はないが，代理占有の成立には，占有代理人の所持，占有代理人が本人のために占有物を所持する意思，本人と占有代理人間の代理占有関係が必要である。

(3) 占有代理人と占有補助者（占有機関）の違い

占有代理人とは異なり独立した占有者として保護されない者がいる。たとえば，賃借人と同居している親族である。この場合は，賃借人を占有者として保護するだけで十分であり，親族をさらに占有者として保護する必要性はない。このように占有に関与しているが，独立の占有者として保護の対象ではない者を占有補助者（占有機関）という。

【事例】のAが会社だとしよう。Aの従業員が甲建物に常駐していたとしても，従業員は独立した占有者としての保護を与える必要はない占有補助者にすぎない。株式会社の代表取締役が会社の代表者として土地を所持している事例について，土地の直接占有者は会社であり，代表取締役は，個人のためにもこ

れを所持するものと認められる特段の事情がないかぎり，独立した占有者では
ない（つまり占有機関にすぎない）とした判例がある（★最判昭和32・2・15民集11
巻2号270頁）。

【2】　自主占有・他主占有

(1)　区別の意義

　所有の意思をもってする占有を自主占有，そうではない占有を他主占有とい
う。所有の意思とは，所有者としての利益を享受しようとする意思のことであ
り，取得時効（▷162条）のためには所有の意思をもって自主占有をすることが
必要である。

　判例によれば，所有の意思の有無は，占有取得の原因たる事実により外形
的・客観的に定められる（★最判昭和45・6・18裁判集民99号375頁）。【事例】のA
は，賃料を払って他人の物を使用するという賃貸借契約に基づいて甲建物を占
有しているから，Aの内心とは関係なくその占有は他主占有である。したがっ
て，いくら長く占有を継続してもAが甲建物の所有権を時効により取得するこ
とはない。

(2)　他主占有から自主占有への転換

　185条は，他主占有が自主占有に転換する2つの場合について規定する。ま
ず，自己に占有をさせた者に対して所有の意思があることを表示した場合であ
るが，これは，【事例】の賃借人Aが賃貸人Bに対して自分はこれから所有者と
して甲建物を占有すると表示したような場合である。もっともこのように言え
ば，Bは甲建物をすぐに返せと言うだろう。実際に問題になるのは，もう1つ
の新たな権原により所有の意思をもって占有を始めた場合である。これは，【事
例】のAがBから甲建物を買い取ったような場合である。売買契約が新権原と
いうことになり，Aの占有は自主占有に転換する。被相続人から承継された他
主占有が相続人の下で自主占有に転換することがあり得るのかという点，つま
り相続が「新権原」となるのかという問題については後述する（→▶§2▶▶2）。

【3】　善意占有・悪意占有

　自らに適法な占有権原があると信じてなされる占有を善意占有，そうではな
い占有を悪意占有という。この区別は，後述する不法占有者と回復者の関係を
理解する際に重要となる（→▶§3）。

▶▶4 占有に関する各種の推定

【1】 占有の態様に関する推定

占有者は所有の意思をもって，善意で平穏かつ公然と占有をするものと推定される（▷186条1項）。この推定は取得時効との関係で重要である。取得時効の要件のうち所有の意思と平穏公然の占有が推定されるほか，10年の短期の取得時効の要件のうち善意の占有が推定される。したがって，短期の取得時効を主張する占有者は自らが善意であったことを立証する必要はなく，相手方が，時効を主張する占有者が悪意であったことの立証責任を負う。これに対して，無過失は推定されないため，短期の取得時効を主張する者が立証する必要がある。善意無過失の要件は占有開始時に満たされていればよい。

186条1項により，即時取得（▷192条）の要件である平穏公然の占有および善意の占有も推定されるが，無過失は推定されない。【3】で説明するように，無過失は188条によって推定される。

【2】 占有継続の推定

前後の2つの時点において占有をした証拠があるときは，占有はその間継続したものと推定される（▷186条2項）。この推定も取得時効との関係で重要である。取得時効を主張しようとする者は，占有開始時とそれから10年または20年経過時点に占有をしていることを証明できれば，その間もずっと占有を継続していたと推定してもらえることになる。

【3】 適法占有の推定

占有者が占有物について行使する権利は，適法に有するものと推定される（▷188条）。もっとも，188条で占有者の所有権や賃借権といった正権原が推定されるわけではない。他人の不動産を占有する正権原があるとの主張については，そのような主張をする者に立証責任があるとするのが判例である（★最判昭和35・3・1民集14巻3号327頁）。したがって，【事例】のAがBから甲建物の明渡しを請求された場合に，Aは自らに賃借権という正権原があることを立証しなければならない。

では，188条にはどのような意義があるのか。即時取得（▷192条）の要件のうち，186条1項で善意は推定されるが無過失は推定されない。無過失は188条により推定されるとするのが判例である（★最判昭和41・6・9民集20巻5号1011頁）。188条から動産の処分権があると称して取引をする者には処分権があることが推定され，そのような者の占有を信頼して動産の譲渡を受けた者の無過失が推

定される。

　不動産について，登記には，反証がない限り，記載されている通りの実体的権利関係が存在するものと推定する効力（登記の推定力）がある（★最判昭和34・1・8民集13巻1号1頁など）。不動産について，登記の推定力は占有の推定力に優先する。国の機関が厳格に管理運用し，真正さを担保するためのさまざまな仕組みが用意されている登記の方が占有よりも事実を反映している蓋然性が強いと考えられるためである。

▶§2　占有の承継・効果・消滅

【事例】　Aの父Bは，甲土地上に建物を建ててそこに数十年にわたって住んでいた。Bが死亡したとき，唯一の相続人であるAは仕事のため海外で暮らしており，すぐに帰国することができなかったが，1年後帰国し，甲土地上に父Bが建てた建物に住み始めた。Aは甲土地を父B所有と信じていたが，実はBはCから甲土地を無償で借り受けていただけであった。Aは，時効により甲土地の所有権を取得したと主張することができるか。

▶▶1　占有の承継

【1】　占有の特定承継

　占有は物の事実上の支配により成立するものであるから，本来は原始取得しかできないはずである。しかし，182条・183条・184条により譲渡による特定承継が認められているほか，判例により相続による包括承継も認められている（占有の相続については→▶▶2）。占有の特定承継には，現実の引渡し（▷182条1項），簡易の引渡し（▷182条2項），占有改定（▷183条），指図による占有移転（▷184条）の4つの態様がある。これらについては，動産物権譲渡の対抗要件および即時取得のところですでに学習したが（❖Lec08および❖Lec09参照），例をあげてそれぞれどのような場合か確認しておこう。

　(1)　現実の引渡し

　現実の引渡しとは，合意により，占有者から直接に現実の占有の移転を受けることである。Aが，Bとの売買契約により，自らが占有している甲動産の現実の占有をBに移転するような場合である。

(2) 簡易の引渡し

AがBから賃貸して占有している甲動産をBから購入した場合で考えてみよう。Aは，Bとの合意により，いったん甲をBに返還することなく占有を継続すれば占有を承継したことになる。これが簡易の引渡しである。182条2項の条文には譲受人だけではなく代理人も出てくるが，譲受人である賃借人Aに占有代理人がいるような場合を想定している。

(3) 占有改定

Aが所有している甲動産をBに売り渡したが，Bに頼まれて預かっている場合で考えてみよう。183条の条文に即して説明すれば，この場合，占有代理人（A）が自己の占有物を以後本人（B）のために占有する意思を表示したときは，本人（B）は，これによって甲についての占有を承継することができる。これまでとは違って，占有改定では，外観上は占有状態に変化がないにもかかわらず新たに占有を取得する者（本人）がいる点が問題である。このことから，判例は占有改定による即時取得を認めていない（★最判昭和35・2・11民集14巻2号168頁，詳しくは❖Lec**09**参照）。

(4) 指図による占有移転

Aから借りた甲動産をBが占有している場合で考えてみよう。Aが，Cに甲を譲渡し，Bに対し，以後Cのために甲を占有すべき旨を命じた場合，Cは甲についての占有を承継する。184条の条文に即して説明すれば，この場合，占有代理人がB，本人がA，第三者がCである。注意したいのは，占有取得のために第三者（C）の承諾は必要だが占有代理人（B）の承諾は必要とされていない点である。

【2】 前主の占有態様の承継

占有を承継した者は，自己の占有のみを主張するか，または自己の占有に前の占有者の占有を併せて主張することができる（▷187条1項）。自分の占有期間だけでは取得時効の要件を満たさない場合，前主（さらには前々主）の占有も合算できる。ただし，前主の占有に瑕疵がある場合は，その瑕疵を引き継ぐこととなる（▷187条2項）。占有の「瑕疵」とは，悪意，善意有過失，暴行強迫（平穏ではないこと），隠秘（公然でないこと）を指す。

短期の取得時効を主張するために前主の占有期間を合算しようとするとき，「占有の開始の時」（▷162条2項）の善意無過失は誰の占有についてかが問題となる。たとえば，甲不動産を8年間占有したAが占有開始時に悪意であった場

合，占有開始時に善意無過失で7年間占有した前主Bの占有を併せて10年の取得時効を主張できるだろうか。判例は，第一占有者が占有開始時に善意無過失であればよいとする（★最判昭和53・3・6民集32巻2号135頁）。占有開始時は善意無過失だった者が途中から悪意に変わった場合でも短期の取得時効は認められている。途中で占有者が変わった場合もそれと同じように考え，占有者のそれぞれの占有開始時に善意無過失は求められていない。

▶▶2　占有の相続

【1】　占有の相続が認められる理由

　相続によっても占有が承継できると解されている。理論的には，特定承継の場合と違い，占有開始時点では占有意思がないと考えられる相続人に占有の相続を認めることには問題があるが，被相続人の占有を承継できないとして相続人の取得時効の主張を一切封じてしまうことは酷である。【事例】のAのようにBと同居しておらず自ら長期にわたって甲土地を占有していない相続人にも取得時効の主張の可能性を認める必要がある。占有の相続が認められれば，相続開始後，相続財産の不法占有者を相続人が占有の訴えにより排除することもできる。

【2】　相続による占有承継への185条の適用の可否

　占有の相続が認められるならば，【事例】において，相続人Aとしては，187条1項に基づき，自己の占有のみを主張することも，自己の占有に被相続人Bの占有を併せて主張することもできる。しかし，Bの占有は，その権原（使用貸借）の客観的性質からして他主占有である。相続人であるAが取得時効を主張するには，相続により他主占有が自主占有に転換する必要がある。他主占有が自主占有に転換するのは185条に規定されている2つの場合であるところ，はたして相続は同条にいう新権原にあたるのか，そして相続を契機として他主占有から自主占有への転換が認められるのかが議論されてきた。判例は，相続があっただけでは他主占有から自主占有の転換はないが（そのように解さなければ土地の所有者に時効を中断する機会がなくなってしまう），相続を契機に相続人が始めた占有について自主占有事情があれば185条による新権原による自主占有と認めうるとした（★最判昭和46・11・30民集25巻8号1437頁）。自主占有事情とは，相続人による事実的支配が外形的・客観的に見て独自の所有の意思に基づくものと解しうる事情である。通常の取得時効の事案において所有の意思は推定され

るが（▷187条1項），この自主占有事情については相続人側に主張立証責任があるとされている（★最判平成8・11・12民集50巻10号2591頁）。相続人の所有の意思の有無を相続という占有取得原因事実だけで決することはできないと考えられるからである。

▶▶3 占有の消滅

占有は，所持の喪失，占有意思の放棄によって消滅する（▷203条本文）。ただし，誰かに占有を奪われた場合に占有回収の訴えが提起されれば，所持を失ったとしても占有は消滅しない（▷同条ただし書）。

代理占有は，本人による占有代理人に占有をさせる意思の放棄，占有代理人による本人に対して以後自己または第三者のために占有物を所持する意思の表明，占有代理人の所持の喪失により消滅することとなっている（▷204条1項）。しかし，占有は代理権の消滅のみによっては消滅しない（▷同条2項）。「代理権」とは代理占有関係のことを意味している。たとえば，賃借人Aと賃貸人Bの間の賃貸借契約が終了したからといって，賃借人Aが直ちに占有を失うわけではない。

▶ §3＿ 占有者の果実収取権・費用償還請求権

【事例】　①　Aは自己の物であると信じて占有していた甲建物をBに賃貸した。しかし，後になって甲建物はCの所有であることが判明し，Cから甲建物およびBへの賃貸により発生した賃料の返還請求を受けた。Aは甲建物だけではなく甲建物の賃料も返還しなければならないのか。
　②　Aは自己の物であると信じて占有していた甲建物について，雨漏りがする屋根を工事業者に頼んで修理してもらい，ついでに甲建物にテラスを作ってもらった。しかし，後に甲建物はCの所有であることが判明し，Cから甲建物の返還請求を受けた。Aは屋根の修繕費用，テラスの増築費用をCに対して請求できるか。

▶▶1 占有者の果実収取権

【1】 善意占有者の場合

189条，190条，191条，196条は，本権を伴わない占有をしていた占有者が，所有者など（回復者）から目的物の返還請求を受けた場合について，どのよう

な権利を有し義務を負うのかを定めている。

善意占有者は，占有物から生ずる果実を取得できる（▷189条1項）。ただし，善意占有者が本権の訴え（所有権などの本権に基づく返還請求）において敗訴したときは，その訴えの提起の時から悪意の占有者とみなされ190条に従って果実等を返還しなければならない（▷189条2項）。果実には，天然果実だけでなく，賃料のような法定果実，さらには占有者自身が使用したことによる使用利益も含まれる。

善意とは，自己に果実収取権を含む本権（所有権,地上権,永小作権,賃借権など）があると信じていることである。【事例①】のAは，自らに甲建物の所有権があると信じていたのであるから，Cに賃料を返還しなくてもよい。善意占有者は，占有物について修繕改良などの資金を投下していると考えられるから，さらに果実の返還まで求めることは酷であると考えられるため，189条のような条文が置かれたのであるが，不当利得に関する703条が善意者であっても現存利益の返還まで求めていることとの関係が問題となる。通説によれば，189条は占有者と回復者の関係に適用される703条の特則である。

【2】　悪意占有者の場合

悪意の占有者は，果実を返還し，かつ，すでに消費し，過失によって損傷し，または収取を怠った果実の代価を償還する義務を負う（▷190条1項）。暴行強迫，隠匿による占有者は悪意の占有者と同様に扱われる（▷同条2項）。悪意とは，自己に果実収取権を含む本権がないことを知っていることである。このような悪意の占有者を保護する必要はなく，果実の返還だけではなく，すでに消費し，過失によって損傷し，または収取を怠った果実の代価まで償還する義務がある。

▶▶2　占有者の費用償還請求権

占有者が占有物を返還する場合，善意か悪意かを問わず占有者は必要費の償還を回復者に請求できる（▷196条1項）。この条文は占有者と回復者の間に契約関係がある場合には適用されず，契約関係がある場合は契約法の規律に従って必要費および有益費は償還される。【事例②】のAが甲建物をBから賃貸していた場合は，必要費および有益費の償還請求は，当事者の契約そして賃貸借に関する608条による。

必要費にあたるのは，【事例②】の屋根の修繕費用のような日常の管理修繕

にかかる費用のほか，公租公課の負担である。占有者が果実を取得したときは，通常の必要費は，占有者の負担に帰することになる（▷196条１項ただし書）。【事例②】のAが甲建物を賃貸して賃料を得ていた場合は，善意占有者であれば法定果実である賃料を自分のものとすることができるが，その代わりに通常の必要費は自らが負担しなければならない。「通常の」必要費とあるので，台風や地震のような災害で壊れた屋根などの修繕費用は占有者の負担とはならないと考えられる。

　占有者が占有物の改良のために支出した有益費については，その価格の増加が現存する場合に限り，回復者の選択に従い，その支出した金額または増価額の償還を請求することができる（▷196条２項）。【事例②】のテラスの増築費用は有益費と考えられる。確かに回復者は改良により価値が高まった物を返還してもらえるが，自己が望んだわけではない改良の費用まですべて回復者に負担させることは酷であるからこのような規定が置かれている。悪意占有者に対しては，裁判所は，回復者の請求により，その償還について相当の期限を許与することができる（▷196条２項ただし書）。

▶▶3　占有者の損害賠償義務

　占有物が占有者の責めに帰すべき事由によって滅失または損傷した場合，悪意の占有者は回復者に対してその損害の全部の賠償をする義務を負うのに対して，善意の占有者はその滅失または損傷によって現に利益を受けている限度において賠償をする義務を負う（▷191条）。悪意の占有者が全額賠償義務を負うのは当然であるから，この条文のポイントはただし書にある。ただし書で善意の占有者であっても他主占有者は全部の賠償をしなければならないとあり，善意の他主占有者は悪意の占有者と同じ扱いがなされる。したがって，現存利益の賠償だけでよいのは善意の自主占有者に限られる。他主占有者（たとえば賃借人）は自分の物ではなく返還義務を負っている物を占有しているから，全額賠償義務を負う。

▶ §4 占有の訴え（占有訴権）

> 【事例】 Aは友人Bから借りていた自転車をコンビニエンスストアの前に停めていたところ，何者かにこれを盗られてしまった。後日，AはCの家の前に借りていた自転車があるのを発見した。Aは直ちにその自転車を取り戻そうと考えたが，そのようなことをしても問題はないのか。

▶▶1 占有の訴えの意義・種類・内容

【1】 占有の訴えとは

占有が侵奪または妨害された場合やそのおそれがある場合には，占有者は占有の訴え（占有訴権）により，占有状態の回復を図ることができる。占有者が所有権などの物権を有していれば，本権の訴えとして物権的請求権に基づいた妨害の排除や予防，返還を請求することができる。しかし，占有の訴えは，たとえ適法な占有権原に基づかない占有についてであっても，現実の目的物の支配状態である占有の維持回復を図るために認められる。

占有訴権の存在意義を簡潔に述べると以下のとおりである。

ある者の本権が侵害されたとしても，本権の証明が困難な場合や誰が権利者かについて争いがある場合などには，占有の訴えにより本権者を保護することができる。

賃借人などのように，債権者にすぎず物権的請求権が行使できない者でも，占有の訴えは提起できる。【事例】のAは自転車の賃借人か使用借人であり，所有権は有していない。しかし，占有者であるから占有回収の訴えにより目的物の返還を求めることができる。

たとえ適法な占有権原に基づかない占有であっても，現在の支配状態を保護することが必要である。【事例】において占有の訴えが認められていなければ，Aは自ら自力救済によって自転車の取戻しを図るだろう。そうすると今度はCの占有が侵害される。たとえ自転車を盗んだのがCだったとしても，現在の占有を保護することも必要である。

【2】 占有の訴えの種類

(1) 占有保持の訴え

　占有者がその占有を妨害されたときに提起できるのが，占有保持の訴えである（▷198条）。物権的な妨害排除請求に対応するものである。

(2) 占有保全の訴え

　占有者がその占有を妨害されるおそれがあるときに提起できるのが，占有回収の訴えである（▷199条）。物権的な妨害予防請求に対応するものである。

(3) 占有回収の訴え

　占有者がその占有を奪われたときに提起できるのが，占有回収の訴えである（▷200条1項）。物権的な返還請求に対応するものである。ただし，本権に基づく返還請求がいかなる場合でも提起できるのに対して，占有回収の訴えはそうではない。占有を「奪われたとき」（▷同条1項）とは，占有者の意思に反して占有を失った場合，つまり強奪された場合や窃取された場合である。占有者の意思に基づいて占有を失った場合，たとえば騙されて売却してしまったというような場合はここに含まれない。また，占有回収の訴えは，占有を侵奪した者の善意の特定承継人に対して提起することができない（▷同条2項）。

【3】　占有の訴えの内容

　占有の訴えが認められる場合，請求権者は，妨害停止・妨害予防・返還のほか損害賠償も請求できる。判例によれば，損害賠償を請求するためには，占有侵害の事実だけではなく，不法行為の要件（▷709条）も満たす必要がある（★大判昭和9・10・19民集13巻1940頁）。

【4】　占有の訴えの提起期間

　占有保持の訴えは，妨害の存する間またはその消滅後1年以内に提起しなければならない（▷201条1項）。占有保全の訴えは，妨害の危険の存する間に提起しなければならない（▷同条2項）。占有回収の訴えは，占有を奪われた時から1年以内に提起しなければならない（▷同条3項）。1年以内と短い期間の間に提起しなければならないとされているのは，占有の訴えは現実の支配状態の回復のためになされるものであり，占有をめぐる争いは迅速に解決される必要があるためである。

▶▶2　占有権と本権の関係

【1】　本権の訴えとの関係

　202条1項は，「占有の訴えは本権の訴えを妨げず，また，本権の訴えは占有

の訴えを妨げない」と規定する。【事例】において，もし盗まれた自転車がA自身の物であれば，Aは占有に基づく返還請求権の行使（占有回収の訴え）だけでなく所有権に基づく返還請求の行使（本権の訴え）もできる。占有者はどちらを選択してもよい。それぞれに制度趣旨があり，それぞれの要件を満たす限りにおいて，侵害を受けた者はどちらの訴えでも提起できる。ただし，民事訴訟法学説においてはこれとは異なる考え方もある。

　さらに，202条2項は，占有の訴えについては，本権に関する理由に基づいて裁判をすることができないと規定している。占有回収の訴えが提起されたのに対して，占有を侵奪した者が目的物は自己の所有物であると反論することは認められないということである。たとえ適法な権原に基づかないものであっても現実の支配状態を保護するのが占有という制度であることからすれば当然と言えるだろう。

　占有の訴えに対して，本権に基づく反訴（▷民訴146条）の提起は認められるか。判例は，占有の訴えに対して，本権に基づく反訴の提起は認められるとする（★最判昭和40・3・4民集19巻2号197頁）。202条2項は占有の訴えの中で本権を防御方法（抗弁）として反論に用いることはできないとするのであり，占有の訴えとは別の訴えである反訴を提起することは禁じていないからである。

【2】　占有の交互侵奪

　【事例】において，Aが借りていた自転車を盗んだのはCだったとしよう。AがCの家の前にある自転車を自ら持ち帰ったとすれば，現在の自転車の占有者であるCからAに対して占有回収の訴えを提起することはできるか。たとえ窃盗者であっても占有者であることに変わりはないこと，そして権利者自身による自力救済は原則として禁止されていることから，Cによる占有回収の訴えの提起は可能である。判例はそのように考えている（★大判大正13・5・22民集3巻224頁）。しかし，自転車を占有する正当な権原はAにあるはずであり，Cからの占有回収の訴えを認めたとしてもAからの返還請求があれば自転車はまたAの元に戻される。そこで，Aが自転車を持ち帰ったのが占有回収の訴えが提起できる侵奪時から1年以内であれば，Cからの占有回収の訴えは認められないと考える説もある。

▸ §5__ 準占有

　「占有権」の章の規定は，準占有つまり「自己のためにする意思をもって財産権の行使をする場合」に準用される（▷205条）。有体物だけではなく，財産権について行使される事実上の支配も保護しようというのである。準占有の対象となる財産権としては，債権，抵当権など民法に規定されている権利のほか，著作権・特許権・商標権などの知的財産，漁業権・鉱業権などがあげられる。

❖Lec **11** 所有権 ……………………………………………

▸§1__ 所有権

> 【事例】 Aは，ある日，自らが所有している甲土地にBが無断で物置小屋を設置しているのを発見した。AはBに対してどのような請求ができるか。

▶▶1 所有権とは

【1】 所有権の意義・内容

　所有権とは，所有者が，法令の制限内において，自由にその所有物を使用，収益，処分することができる権利である（▷206条）。所有権は，最も完全な形の物権であり，物に対する全面的な支配権である。所有者は，物を自ら使用することのほか，収益すること（物から生じる果実の取得），処分すること（譲渡や制限物権の設定などの法律的処分のほか，消費・形状の変更・破壊などの物理的処分も含む）ができる。【事例】のAは，所有する甲土地を自ら使用することができるほか，他人に賃貸して賃料を得ること，他人に売却すること，担保のために抵当権を設定したりすることなどが自由にできる。また，Aは，何の権限もなく無断で甲土地に侵入し物置小屋を作ったBに対して，所有権に基づく物権的請求権（妨害排除請求権）を行使してその撤去を求めることができる（詳しくは❖Lec**02**参照）。

　民法物権編の第3章「所有権」には，所有権の内容と範囲に関する規定（▷206条・207条），相隣関係に関する規定（▷209条から238条）のほか，無主物先占・遺失物拾得・埋蔵物発見・添付などの所有権の取得原因に関する規定（▷239条から248条）も置かれている（無主物先占などについては「❖Lec**12**__所有権の取得」で説明する）。

【2】 近代的所有権の確立

　所有者が有する3つの権能による民法206条の所有権の定義は，ボワソナードが起草した旧民法を通じてフランス民法典に由来するものであると考えら

れる。フランス民法典545条は，所有権を「法律または命令によって禁じられる使用を行わない限り，最も絶対的な態様で物を収益し，かつ，処分する権利」であると定義している。

　封建社会では，領主が土地を所有しているが，土地を実際に耕作する農民も領主の支配を受けつつ土地を所有していると考えられていた。そして，農民の所有権にはさまざまな拘束が伴っていた。このように1つの土地に複数の所有権が成立する関係を否定し，物に対する全面的な支配権として近代的な所有権概念は生まれ，市民革命後に制定された民法の中心に据えられることとなった。所有権を絶対不可侵の権利であるとする所有権絶対の原則は，契約自由の原則，過失責任の原則とともに民法の基本原理となった。

【3】 所有権の性質

(1) 他の物権との違い

　所有権は物に対する全面的で排他的な支配権，最も完全な内容を持つ物権である。制限物権である用益物権が目的物の使用・収益のみをその内容とする権利であり，担保物権が目的物の交換価値（処分から得られる利益）を把握する権利であるのに対して，所有権は使用・収益・処分すべてにわたる権能を分化せずに包含する権利である。そして，占有権とは異なり，目的物に対する現実的な支配を伴わなくても存在しうる観念的なものである。

　所有権が物権として有する性質や所有権に基づく物権的請求権については，本書の冒頭で説明した物権に関する説明を読んでほしい（詳しくは❖Lec01・Lec02参照）。以下では，他の物権とは異なる所有権独自の性質について説明する。

(2) 所有権の弾力性

　所有権の目的物に制限物権が設定されている場合，制限物権が消滅すれば所有者は完全な支配を回復する。このような所有権の性質を所有権の弾力性と呼ぶ。【事例】のAが甲土地にBのために地上権（▷265条）を設定していたとする。地上権が設定されている間は，Aは甲土地の使用や収益を制限されることになるが，設定期間が満了するなどして地上権が消滅すれば，Aは甲土地の完全な支配を回復する。

(3) 所有権の恒久性

　所有権は，他人による時効取得や即時取得などといった原始取得がない限り，恒久的に存在し続ける。制限物権とは異なり，所有権自体が時効にかかって消滅することはない（▷167条2項参照）。このような所有権の性質を所有権の

恒久性と呼ぶ。【事例】のAは，Bが取得時効の要件を備えるとその反射として所有権を失うことはあるが，たとえ甲土地を長期間にわたり利用していなくても甲土地の所有者であり続ける。

▶▶2 所有権の制限

　所有権が絶対不可侵の権利であるとする「所有権絶対の原則」からすれば，所有権を制限することはできないと思える。しかし，所有者は「法令の制限内において」（▷206条）その所有物の使用・収益・処分ができるとされ，法令による制限を受ける。民法は，私権は公共の福祉に適合することを求めている（▷1条1項）。私権とは私法上の権利のことであり，そこには当然に所有権も含まれる。憲法でも，公共の福祉により財産権への制限が認められている（▷憲法29条）。

　所有権の行使を制限する民法の条文としては，権利の濫用（▷1条3項）がある。権利の濫用と判断されれば，たとえば宇奈月温泉事件（★大判昭和10・10・5民集14巻1965頁）のように所有権の行使が制限される場合がある。さらに，土地の所有権を制限するものとして，次に説明する「相隣関係」（▷209条から238条）の条文がある。

　行政法規により所有権が制限されることも多い。建築基準法，都市計画法，都市再開発法，土地区画整理法，土地改良法，農地法，道路法，航空法，河川法，大気汚染防止法，文化財保護法，銃刀法などさまざまな法律によって所有権が制限されている。たとえば，重要文化財について，現状を変更したりその保存に影響を及ぼす行為をしたりしようとするときは，文化庁長官の許可を受けなければならないとされており（▷文化財保護法43条1項），所有者は所有する文化財について自由に処分や変更などができない。上にあげた法律からもわかるように，その公共性という観点から，土地については所有権の制限に関する法律が多い。たとえば，農地および採草放牧地については，所有権を移転したり，地上権，永小作権，質権，使用借権，賃借権などの使用・収益を目的とする権利を設定したり移転したりするには，原則として農業委員会の許可を受けなければならないとされ（▷農地法3条1項），所有者であっても自由に所有地を処分できない。

☕カフェ・コンシェルジュ11.1__ 所有者不明土地問題

　登記簿などを見ても所有者が直ちに判明しない土地，所有者が判明しても所有者に連絡がつかない土地など，いわゆる「所有者不明土地」の増加が問題となっている。平成30(2018)年には所有者不明土地の公共的目的での円滑な利用を実現するため，「所有者不明土地の利用の円滑化等に関する特別措置法」（円滑化等特別措置法）を制定し，国も対応に乗り出した。円滑化等特別措置法は，道路・駐車場，学校その他の教育施設などを整備する事業である「地域福利増進事業」について（▷同２条３項），その実施者は，都道府県知事の裁定に基づいて，特定所有者不明土地の使用権を取得できるとする（▷同10条以下）。

　所有者不明土地の出現の原因の一つには，相続登記がきちんとなされていないという実情がある。そこで，令和３（2021）年の不動産登記法改正により，所有者不明不動産の発生を予防するために，相続登記の申請が義務化されることになった（▷不登法新76条の２第１項）。さらに，申請がなくても，登記官が住民基本台帳ネットワークなどからの情報取得により職権で登記名義人の死亡を登記に符号で表示できるようになった（▷不登法新76条の４）。さらに，同年には，所有者不明土地の発生を防ぐために，「相続等により取得した土地所有権の国庫への帰属に関する法律」（相続土地国庫帰属法）が制定され，相続または相続人に対する遺贈によって取得した土地を国庫に帰属させる制度が作られた。ただし，建物の存する土地，担保権や使用・収益権が設定されている土地，通路など他人による使用が予定される土地は承認の申請ができないとされ，相続人などが国庫に帰属させるために承認の申請をすることができる土地については条件が厳しく設定されている。

☕カフェ・コンシェルジュ11.2__ 動物の所有権

　民法において，動物は権利の客体となる「物」（▷85条）であり，その他の無生物と同様に動産である。民法上は動産にすぎないとしても，命があり人との間に一定の愛情関係を築きうる動物については，他の「物」とは違う観点からの考察が必要であろう。最近では，ペットの飼い主の慰謝料が問題となった裁判例（★東京地判平成16・5・10判タ1156号110頁）のように，「犬をはじめとする動物は，生命を持たない動産とは異なり，個性を有し，自らの意思によって行動するという特徴があり，飼い主とのコミュニケーションを通じて飼い主にとってかけがえのない存在になることがある」と述べる判決も現れている。このような動物については，「動物の愛護及び管理に関する法律」（動物愛護管理法）により，所有者（飼い主）に適正飼養と終生飼養の義務が課せられており（▷同７条１項・４項），所有者であっても「みだりに殺し，傷つけ，又は苦しめること」（▷同２条）はできず，違反すれば動物虐待罪として罰せられることになる（▷同44条）。動物は，所有者であっても自由に使用・収益・処分できない特別な「物」と言える。

▶▶3 土地所有権の及ぶ範囲

土地の所有権は，法令の制限内において，その土地の上下に及ぶ（▷207条）。土地所有者は，土地の表面だけでなく，その上の空間，そして地下の空間にも権利を有している。その範囲は土地所有者が利益を得られる限度と解されている。土地の上の空間にも土地所有権が及んでいるからといって，通常では土地所有者の利用が考えられない高度まで所有権が及んでいるとは考えることは妥当ではない。羽田空港の新飛行ルートができて東京都心の上空を飛行機が飛ぶようになったが，それでは都心のすべての土地所有者の承諾が必要になってしまう。飛行機がどの程度の高度を飛ぶことができるかについては，航空法という法律を調べてみるとよい。

土地の所有権は土地の上下に及んでいるので，土地の上下の空間を利用したい者は土地所有者と区分地上権（▷269条の2）などの用益物権を設定することになる。他人が所有する土地の上に高速道路を通す場合や，地下に地下鉄を通すような場合である（詳しくは❖Lec**14**参照）。

東京など大都市の地下は，地下鉄のトンネルやガス管・上下水道管などが張りめぐらされ，複雑で大混雑している。そこで，より深い地下空間を有効に活用するために制定されたのが「大深度地下の公共的使用に関する特別措置法」である。大深度地下とは，地下室の建設のための利用が通常行われない深さ（地下40メートル以上）および建築物の基礎の設置のための利用が通常行われない深さ（支持地盤上面から10メートル以上）のことである（▷同2条1項）。大深度地下については，首都圏などの対象区域（▷同3条）において，道路，河川，鉄道，電気通信，電気，ガス，上下水道などの公共の利益となる事業（▷同4条）のために認可を得て使用権を設定することができる。土地の所有権は地下にも及んでいるが，大深度地下については，土地所有者の合意を得なくても使用権を設定できる。

☕カフェ・コンシェルジュ11.3__　空き家問題・空き地問題

少子高齢化と人口減少により空き家問題・空き地問題が生じている。所有者が高齢となり利用管理されなくなった家やマンションの住戸や土地が増えている。農林業の担い手の不足により，耕作放棄地や手入れが不十分な山林も増えている。このような空き家や空き

地は十分な管理が行われず，空き家の壁が崩壊して通行人にけがを負わせる，防犯・防災機能が低下する，風景・景観が悪化するなど周辺に悪い影響を及ぼす。地方自治体がさまざまな対策を講じているほか，国も平成27（2015）年に「空家等対策の推進に関する特別措置法」を制定し安全面・衛生面などで問題のある空き家を「特定空家等」として修繕や撤去の指導や勧告を行うなど対策に乗り出している。

▶§2＿ 相隣関係

【事例】　Aは甲土地を買い受けたが，下の図のように甲土地は周りを乙土地に囲まれ公道に接しておらず，Bが所有する乙土地を通らなければ公道に出ることができない。
①　Aは乙土地を通って公道に出ることができるか。その際に自動車でも乙土地を通ることができるか，
②　Bが乙土地をCに売却し，新たな所有者CがAに対して，今後は乙土地を通らないように申入れをしてきた。Aは乙土地の通行を続けることができるか。

▶図表11- 1

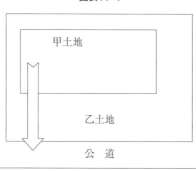

▶▶1　相隣関係とは

　民法は土地所有権を制限する条文として，209条以下で「相隣関係」に関する条文を置いている。その名前が示すように，これらの条文は隣り合ったあるいは近接した土地同士の利用関係を調整するためのものである。以下では，相

隣関係に関する条文を条文の順序で説明するが，特に重要であると考えられる隣地通行権について詳しく説明することとし，その他の条文については簡単な説明にとどめる。

▶▶2　隣地使用権

　土地の所有者は，境界やその付近で障壁や建物を築造・修繕するためなど必要な範囲内で，隣地を使用できる（▷新209条1項本文。使用できる目的については1〜3号。本条は令和3（2021）年の民法改正により修正された）。たとえば，自宅の外壁の塗替えのために隣地の一部も使って足場を組む必要があるときには，隣地を使用する権利がある。ただし，居住者の承諾がなければ，その住家にまで立ち入ることはできない（▷同条同項ただし書）。隣地所有者または隣地使用者が損害を受けたときは，その償金を請求することができる（▷同条4項）。

▶▶3　隣地通行権

【1】　隣地通行権とは

　【事例】の甲土地は他の土地に囲まれており直接公道に出ることができない土地である。このような土地を袋地（ふくろじ）という。袋地の所有者は，公道に至るため，その土地を囲んでいる他の土地（囲繞地；いにょうち）を通行することができる（▷210条1項）。この通行権をかつては「囲繞地通行権」と呼んでいたが，囲繞地という言葉が難しいため，現在は隣地通行権と呼んでいる。袋地から公道に出るには通行地役権などの権利を設定することでも対応可能だが，囲繞地にあたる土地の所有者が設定に応じてくれないこともある。土地の有効利用が阻害されることは社会経済的な損失である。そこで，法律の定める要件を満たせば成立する当然の権利として，隣地通行権が認められている。囲繞地にとっては，一定の範囲でその利用の制限を受ける負担となる。【事例①】では，Aに乙土地を通る隣地通行権が認められる。

　準袋地とは，池沼，河川，水路もしくは海を通らなければ公道に至ることができない土地，崖があって土地と公道とに著しい高低差がある土地のことであり，準袋地についても公道に出るための隣地通行権が認められる（▷210条2項）。

☕カフェ・コンシェルジュ11.4__ 通行地役権との異同

　隣地通行権と混同しやすい権利として，用益物権の一種である地役権（ちえきけん）（▷280条）がある。法定の権利である隣地通行権とは異なり，通行を目的とする地役権については，契約で明示的に設定されるほか，黙示的な設定が認定される場合もある。

　隣地通行権は袋地自体に付着した権利であり，第三者に対抗するために登記を要しない（登記する方法もない）。【事例②】では，乙土地がCに売却されているが，隣地通行権は甲土地に付着しており，囲繞地所有者がCに変わったとしてもAに乙土地を通るための隣地通行権が認められる。Aは登記なくして隣地通行権をCに対抗できる。

　地役権は物権であることから，登記がなければ第三者に対抗できない（▷177条）。【事例②】で問題となっているのが通行地役権であれば登記が必要である。もっとも，判例によれば，問題となっている土地が継続的に通路として使用されていることが客観的に明らかで，かつ第三者がこのことを認識していたときまたは認識できたであろうときは，177条の登記欠缺（けんけつ）を主張する正当な利益を有する者にあたらない（★最判平成10・2・13民集52巻1号65頁）。

　地役権と隣地通行権には，近接した土地相互間の利用関係を調整する機能を持つ点，土地の使用収益権能を全面的に所有者から奪うものでない点，時間的制約のない法律関係である点（永久の地役権設定も可能であると解されている，詳しくは❖Lec**14**参照）で共通性もある。

【2】 隣地通行権の内容

　隣地通行権が成立する場合，通行の場所および方法は，通行権を有する者のために必要であり，かつ，通行する他の土地のために損害が最も少ないものでなければならない（▷211条1項）。場合によっては，通路を開設することもできる（▷同条2項）。法定の通行権であるが，通行される土地にとっては将来にわたって負担となることから，通行できる場所・方法は必要な範囲に限られる。隣地通行権の成立については，袋地となる可能性のある土地の通行の必要性や通行により隣地が受ける不利益など諸事情が総合的に考慮される。現代における自動車の必要性の程度から自動車の通行を前提とする隣地通行権の成立を認める判例（★最判平成18・3・16民集60巻3号735頁）があるため，【事例①】で自動車による乙土地の通行が認められる可能性もある。

　隣地通行権を有する者は，通行する他の土地の損害に対して償金を支払わなければならない（▷212条本文）。ただし，通路の開設のために生じた損害に対するものを除き，1年ごとにその償金を支払うことができる（▷同条ただし書）。

現代社会において土地利用関係は有償の形態をとるべきことが原則であり，他人の土地を通行する際にも有償が原則であると考えられる。

【3】 土地の分割と隣地通行権

　分割によって公道に通じない土地が生じたときは，その土地の所有者は，公道に至るため，他の分割者の所有地のみを通行することができる（▷213条1項前段）。このような場合，償金を支払う必要はない（▷同条同項後段）。土地の一部譲渡によって袋地ができたときも同様である（▷同条2項）。【事例】の甲土地がもともとは乙土地と合わせて一筆の土地でAとBの2人の共有であったが，甲土地と乙土地に分割した結果，Aが取得した甲土地が袋地になったような場合である。あるいは，Aが一筆の土地を甲土地と乙土地に分割してそのうちのいずれかまたは両方の土地を別の者に譲渡したような場合である。

　213条のポイントは，袋地所有者は他の分割者の土地のみを通行できるという点と，無償で通行できるという点である。分割に関係のない周囲の別の土地の方が公道に出るには都合がよいとしてもそちらは通行できない。袋地が生じることがわかって分割や一部譲渡をしたのであるから，それと関係のない周辺の土地に負担を課すことはできず，分割によって生じた残余地を通ることができるだけである。そして，残余地が受けるこのような負担は予期できることであり，共有物分割や一部譲渡の際にその負担を考慮しているはずであるから，無償でかまわないと考えられている。

　このことは，土地の分割により袋地ができた後，袋地と残余地がそれぞれ譲渡された場合にも変わらない。判例は，213条が規定する隣地通行権は，【事例②】のように残余地について特定承継が生じた場合であっても消滅することはなく，袋地所有者は，210条に基づき残余地以外の囲繞地を通行することはできないと解している（★最判平成2・11・20民集44巻8号1037頁）。213条の通行権は袋地に付着した物権的権利で，残余地自体に課せられた物権的負担である。そして，所有者が残余地を第三者に譲渡することによって213条の通行権が消滅すると解するのは，袋地所有者が自己の関知しない偶然の事情によってその法的保護を奪われるという不合理な結果を生ぜしめるし，反対に，残余地以外の囲繞地を通行しうると解するのは，残余地以外の囲繞地の所有者に不測の不利益が及ぶことになって妥当でない。このような判例の考え方に対しては，残余地の所有者が将来にわたって常に無償の隣地通行権の負担を受けるのは酷であるとして，無償の通行権から有償の通行権への転換を認める学説もある。

▶▶4 継続的給付を受けるための設備の設置権に関する規定

令和3（2021）年の民法改正により，電気，ガス，水道の導管など，ライフラインを設置するために，他人の土地を使用することを認めたり，他人が所有するライフラインに関する設備を使用することを認めたりする規定が新設された（▷新213条の2）。土地の所有者は，他の土地に設備を設置したり他人が所有する設備を使用しなければ電気，ガスまたは水道水の供給その他これらに類する継続的給付を受けることができないときは，必要な範囲内で，他の土地に設備を設置したり，他人が所有する設備を使用したりすることができる（▷同条1項）。この場合，設備の設置または使用の場所および方法は，他の土地または他人が所有する設備のために損害が最も少ないものを選ばなければならない（▷同条2項）。このような権利を有する者は，他の土地に設備を設置しまたは他人が所有する設備を使用するために当該他の土地または当該他人が所有する設備がある土地を使用することができる（▷同条4項）。他の土地に設備を設置する者または他人が所有する設備を使用する者は，その土地の損害またはその設備の使用を開始するために生じた損害に対して償金を支払わなければならない（▷同条5項・6項）。償金は，1年ごとに支払うことができる。また，他人が所有する設備を使用する者は，利益を受ける割合に応じて，設置，改築，修繕および維持に要する費用を負担しなければならない（▷同条7項）。土地の分割または土地の一部譲渡により，ライフラインのために他の土地に設備を設置しなければならない場合に関する規定もある（▷新213条の3を読んでおこう）。

▶▶5 水流に関する規定など

そのほか，水流に関する条文（▷214条から222条），境界標・囲障等に関する条文（▷223条から232条）については，条文の解釈上大きな疑義はないこと，実際上あまり重要性がないことなどから，条文を読んでおくだけでよいだろう。ここでは，令和3（2021）年に改正された，隣地から竹木の枝や根が伸びてきた場合に関する新233条についてだけ説明しておこう。

改正前は，隣地の竹木の枝が境界線を越えて伸びてきたときは，勝手にそれを切除することはできず，その竹木の所有者にその枝を切除させることができることになっていた（▷旧233条1項）。それに対して，隣地の竹木の根が境界線を越えて伸びてきたときは，自らその根を切り取ることができるとされていた（▷同2項）。どうしてこのような違いがあったのだろうか。これは，一般的に

枝に比べて根の方が高価であるから根については自ら処分・処理できるとした
のに対して，枝については隣地所有者自身に切除させその者に処分させること
にしたためなどと説明されていたが，あまり合理性のある理由とは言えなかっ
た。そこで，民法改正により，一定の場合には，隣地の竹木の枝が境界線を越
えて伸びてきたときも，自らその枝を切除できることとなった（▷新233条3項）。
一定の場合とは，①竹木の所有者に枝を切除するよう催告したにもかかわらず
竹木の所有者が相当の期間内に切除しないとき，②竹木の所有者を知ることが
できずまたはその所在を知ることができないとき，③急迫の事情があるときで
ある。隣地の所有者が不明であったり行方不明であったりした場合は，この条
文に基づいて自ら枝の切除ができるようになった。隣地の竹木の根が境界線を
越えて伸びてきたときは，従来通り，自ら根を切除できる（▷同条4項）。

▶▶6　境界線付近における建築・工事に関する規定

　建物を築造するには，境界線から50センチメートル以上の距離を保たなけれ
ばならない（▷234条1項）。この規定に違反する者に対しては建築の中止や変更
を求めることができるが，建築に着手した時から1年を経過したか建物が完
成した後は損害賠償請求ができるだけである（▷同条2項）。なぜ境界線に接し
て建物を築造できないのであろうか。日照，通風，火事の際の延焼防止のほか，
プライバシーの確保や外壁などの修繕の際に便利であることなどさまざまな
理由が考えられるが，境界線から50センチメートルは建物が建てられないとい
うことはそれだけ土地利用が制限を受けるということである。
　建築基準法63条（旧65条）は，防火地域または準防火地域内にある建築物で，
外壁が耐火構造のものについては，その外壁を隣地境界線に接して設けること
ができるとする。外壁が耐火構造の建物については境界線に接する建築（接境
建築）を認めることで，土地の有効利用を促している。この条文と民法234条
の関係はどのように考えればよいのか。判例は，建築基準法旧65条は民法234
条1項の特則であるとする特則説の立場をとっている（★最判平成元・9・19民
集43巻8号955頁）。
　その他，境界線付近における建築工事に関する235条から238条の規定につい
ては，条文を読んでおこう。

❖Lec **12**　所有権の取得　⋯⋯⋯⋯⋯⋯⋯⋯⋯⋯⋯⋯

▶ §1＿　無主物先占・遺失物拾得・埋蔵物発見・家畜外動物の取得

【事例】　①　Aは友人たちと川釣りに出かけて，多くの魚を釣り上げた。この魚は誰のものになるか。

②　Aは，道に落ちている財布を見つけて交番に届け出たが，財布の所有者は現れなかった。この財布はどうなるか。

③　工事業者Aは，B所有の土地の整地作業を行っている際に，地中に埋められた金庫とその中に入っていた宝石を発見した。この金庫および宝石は誰のものになるか。

④　Aは，自宅の庭に1匹のイノシシが迷い込んできたので，野生のイノシシだろうと思ってエサをやって世話をし始めた。1か月が経過した頃，そのイノシシの飼い主だというBが現れて，Aにイノシシを返してほしいと言ってきた。AはBにイノシシを返さなくてはならないか。

▶▶1　承継取得・原始取得

　権利取得の態様には，承継取得と原始取得の2つがある（❖Lec**03**参照）。

　承継取得とは，売買契約や贈与契約による取得や相続による取得など，前主の権利に基づいて権利を取得するものである。前主の権利に基づいて設定されていた抵当権などもそのまま承継することになる。承継取得のうち特定の財産上の権利を取得することを特定承継，包括的に前主の権利（そして義務）を引き継ぐことを包括承継と呼ぶ。

　これに対して，原始取得とは，前主の権利に基づかずに新たな権利を取得するものである。したがって，抵当権などが全く設定されていない権利を取得できる。民法が定める原始取得の原因としては，取得時効（▷162条），即時取得（▷192条），家畜外動物の取得（▷195条），無主物先占（▷239条），遺失物拾得（▷240条），埋蔵物発見（▷241条），添付（▷242条から248条）などがある。これらのうち，

以下では，民法の物権編第3章「所有権」に規定されている無主物先占，遺失物拾得，埋蔵物発見，第2章「占有権」に規定されている家畜外動物の取得（即時取得に関する条文の後に規定されているが即時取得とは異なる仕組みである）について説明する。添付については▶§2で詳しく説明する。

▶▶2　無主物先占

　所有者のいない物（無主物）について，民法は動産と不動産に分けて規定を置く。動産は，所有の意思をもって占有することによって，その所有権を取得する（▷239条1項）。【事例①】のように，釣りに行って魚を釣った場合，魚の所有権は釣り上げたAに帰属することになる。これに対して，所有者のいない不動産は国庫に帰属する（▷同条2項）。土地所有者が土地を必要としない場合は放棄すれば当該土地は国庫に帰属すると考えられるが，土地所有権の放棄はどのようにすればできるのかその仕組みに関する条文がないことが問題となっている（相続または相続人に対する遺贈により取得した土地について国庫に帰属させる制度が新設された点については，❖Lec11参照）。

▶▶3　遺失物拾得

　遺失物は，遺失物法の定めるところに従い公告をした後3か月以内にその所有者が判明しないときは，これを拾得した者がその所有権を取得する（▷240条）。遺失物とは，【事例②】の財布のように，占有者がその意思によらずに所持を失った物，つまり落とし物のことである。遺失物を発見した者に所有権を取得できる期待を与えることで，他人の財産を保護することができる。【事例②】のAは交番に落とし物の財布を届け出たが，遺失物法7条所定の公告を行っても遺失者が判明しない場合，Aが財布の所有権を取得できる可能性がある。もし遺失者が見つかった場合には，同法28条の報労金を受け取ることができる。報労金は，物件の価格の100分の5以上100分の20以下に相当する額と定められている。

☕カフェ・コンシェルジュ12.1＿　迷い犬や迷い猫は落とし物？

　「逸走した家畜」は準遺失物とされており（▷遺失法2条1項），準遺失物については民法240条の規定が準用される（▷同3条）。したがって，飼い主からはぐれて保護された犬や猫といったペットの所有権は，遺失物（落とし物）として，公告をした後3か月以内に

所有者が判明しなければ，拾得者が所有権を取得する。「家畜以外の動物」を保護した場合には，民法195条に従うことになる。

　なお，遺失物を速やかに警察署長に提出しなければならないとする遺失物法4条1項の規定は，動物愛護法35条3項に規定する犬および猫について都道府県等に引取りの求めを行った拾得者については適用されない（▷遺失物法4条3項）。都道府県等には所有者の判明しない犬や猫の引取りを拾得者などから求められた場合にはそれらを引き取る義務があるとされる（▷同35条3項）。警察署は動物の飼養や保管について専門的な職員や施設を有していないのに対して，都道府県等は専門的な職員や施設（動物愛護センターなど）を有しているからである。しかし，遺失物法が適用されないことで犬や猫の所有権の所在が不明確になることから，遺失物法35条3項を廃止すべきとの意見もある。

▶▶4　埋蔵物発見

　埋蔵物は，遺失物法の定めるところに従い公告をした後6か月以内にその所有者が判明しないときは，埋蔵物を発見した者がその所有権を取得する（▷241条本文）。したがって，【事例③】の金庫については公告を行いその所有者を探すことになる。他人の所有する物の中から発見された埋蔵物については，これを発見した者およびその物の所有者が等しい割合でその所有権を取得する（▷241条ただし書）。【事例③】で金庫と宝石の所有者が判明しないときは，発見者Aと土地所有者Bが等しい割合で金庫と宝石の所有者となる。

▶▶5　家畜外動物の取得

　家畜以外の動物で他人が飼育していたものを占有する者は，その占有の開始の時に善意であり，かつ，その動物が飼主の占有を離れた時から1か月以内に飼主から回復の請求を受けなかったときは，その動物について行使する権利（所有権）を取得する（▷195条）。家畜とは，その地方では飼育されて生活するのが普通である動物のことであり，場所との関係で相対的に判断される。犬や猫については日本のどのような地域においても家畜であると考えられるが，【事例④】のイノシシは家畜であるとは考えにくい。そうすると，Aは，195条の要件を満たすことでイノシシの所有権を取得できるであろう。ただし，野生のイノシシについては鳥獣保護法で自由に飼育することはできないので，届出などが必要になる。

▶§2＿ 添 付

【事例】　①　Aは，A所有の甲建物でレストランを開業したいというBと，甲建物の賃貸借契約を締結した。Bは，Aの承諾を得て，甲建物の厨房に調理台とオーブンを備えつけ，より多くの容量の電気と水が使えるようにするために電気・水道の引込設備を壁に埋め込むような形で新たに設置した。しかし，設備工事にかかった費用をどうするかについては，賃貸借契約の際に何も取り決めていなかった。さらに，Bは，甲建物の壁紙と床板の貼替えを行い，自らが所有する絵画を壁に飾った。Bが甲建物に取り付けた調理台・オーブン，電気・水道の引込設備，壁紙・床板，絵画の所有権は誰に帰属するか。

②　Aが，自己所有の自転車（5万円相当）に，B所有のエンジン（2万円相当）を取り付けた場合，出来上がったエンジン付き自転車の所有権は誰に帰属するか。

③　A所有の山林から家具職人Bが勝手に木を切り出して材木とし，その材木から家具を製作していたことが判明した。Aは，Bに対して何らかの請求をすることが可能か。

▶▶1　添付とは

　添付とは，複数の物が結び付く「付合」（▷242条・243条），物が元の形が識別できない形で混じり合う「混和」（▷245条），物に人の工作が加わることによって新たな物を生み出す「加工」（▷246条）の総称である。

▶▶2　不動産の付合

【1】　付合とは

　不動産の所有者は，その不動産に従として付合した物の所有権を取得する（▷242条本文）。「従として付合したとき」（▷242条本文）とはどのような場合をいうのかについては，動産の付合（▷243条）と異なり，条文上はっきりしない。動産の付合の場合と同様に，損傷しなければ分離することができなくなった場合または分離するのに過分の費用を要する場合と解されるが，分離復旧が社会経済上不利益となる場合も含まれると解される。附属物が取引上の独立性を失った場合という考え方もある。

　不動産の付合では，不動産に付合する動産の所有権が不動産の所有権に吸収

され失われることになるのであり，後述する動産の付合のように新たな物が生み出されるわけではない。

【2】 242条ただし書

(1) 不動産に付合しない場合

不動産の付合物の所有権は不動産の所有者が取得することになるが，権原によって物を附属させた他人の権利を妨げない（▷242条ただし書）。たとえば，地上権という権原に基づいて土地に立木を植えた場合であれば，立木は土地に付合することなく，地上権者が立木の所有権を保持し続けることになる。

(2) 付合の程度

【事例①】の電気・水道の引込設備，壁紙・床板は，Bが賃借権という権原に基づいて附属させた物である。これらの物は賃借物である甲建物に損傷しなければ分離することができない状態あるいは分離するのに過分の費用を要する状態で附属させられている。これらの物については，たとえ賃借権という権原があっても，附属せしめられた物に賃借人の独立した所有権を認めることができない。このような形の「強い付合」には，242条ただし書の適用の余地がないと考えられる。これに対して，242条ただし書の適用の余地がある付合が「弱い付合」である。地上権者が植えた立木などはそのままの状態でも明認方法などを施せば独立した取引の対象となることから，242条ただし書が適用される「弱い付合」であると考えられる。

(3) 242条ただし書の「権原」と対抗要件

たとえば，A所有の甲土地をBが貸借し立木を植えたが，Aが甲土地をCに売却しCが移転登記を受けた場合，Bは立木について自らの所有権をCに対抗できるだろうか。判例（★最判昭和35・3・1民集14巻3号307頁）の考え方によれば，Bが立木の所有権をCに対抗するには，立木につき対抗要件である明認方法を備えることが必要である（明認方法について詳しくは❖Lec**09**参照）。つまり，242条ただし書の権原を第三者に対抗するには対抗要件が必要ということになる。Bは，賃借権という権原に基づいて立木を植えていることから民法242条ただし書を類推することができ，立木につき独立したBの所有権を観念することができる。しかし，この場合でも，立木所有権の地盤所有権からの分離は，立木が地盤に付合したまま移転する本来の物権変動の効果を立木について制限することになるのであるから，分離を第三者に対抗するためには，少なくとも立木所有権につき対抗要件が必要である。客観的には立木は甲土地の一部と考え

られるため，公示がなければ，第三者Cは立木所有権が賃借人Bにあるということは知り得ないのである。

(4) 賃借人による建物の増改築

判例は，増改築部分に構造上および利用上の独立性がある場合（▷建物区分1条1項参照），つまり増改築部分が区分所有法で区分所有権の対象と認められるような場合には，増改築部分は建物に付合しないと解している（★最判昭和38・10・29民集17巻9号1236頁など）。たとえ賃貸人の承諾があったとしても，そのような構造上および利用上の独立性がなければ増改築部分は建物に付合することになる。【事例①】のサンルームが区分所有権の対象となるほどの独立性があるか否かは不明だが，独立性が認められなければ，電気・水道の引込設備，壁紙・床板と同じよう甲建物に付合すると考えられるだろう。この場合，Aが増改築について承諾したとしても，Bがサンルームの所有権を取得することはない。

もっとも，区分所有権の対象となるような増改築部分に賃借人の区分所有権が認められるような独立性がある場合であっても，賃貸人がした増改築についての承諾は賃借人の独立の区分所有権を認めるという意思までは含んでいないと考えられる点は問題である。また，例外的に増改築部分に独立の賃借人の所有権が認められるとしても，賃貸借契約が終了すれば，賃借人には敷地利用権はないから増改築部分の撤去を賃貸人から求められることになる点にも注意を要する。

☕カフェ・コンシェルジュ12.2＿ 従物か付合物か

【事例①】で賃借人Bにより甲建物の厨房に備え付けられた調理台とオーブン，壁に飾られた絵画は，賃借物である甲建物から損傷しなければ分離することが困難な物ではない。したがって，これらの物は甲建物に付合せず，賃借人Bがそれらの所有権を保持する。しかし，一方でこれらの物は，主物である甲建物に付属せしめられることでその経済的効用を高めている従物（▷87条1項）と考えられる。そうすると，【事例①】で，賃貸人AがCに甲建物を売却すると，売買当事者間で別段の定めがない限り，従物である調理台などの所有権は主物の処分（売買契約）に従ってCに移ることになる（▷87条2項参照）。

ただし，従物は「自己の所有に属する他の物」（▷87条1項）であると規定されている。【事例①】では，調理台などはBにより付属せしめられたもので，Aの所有物ではない。他人の物であっても主物の経済的効用を高めるために従物として用いられている場合をどのよう

に考えるのか。従物にあたる動産については他人物売買となるが，買主が即時取得（▷192条）の要件を満たせばその権利を取得できる可能性があるだろう。不動産の従物の権利関係は不動産登記により公示されると考えるならば，94条2項類推適用という可能性も考えられる。

▶▶3 動産の付合

　所有者を異にする数個の動産が，付合により，損傷しなければ分離することができなくなった場合または分離するのに過分の費用を要する場合は，その合成物の所有権は，主たる動産の所有者に帰属する（▷243条）。【事例②】の場合，主たる動産と考えられる自転車の所有者であるAにエンジン付き自転車の所有権は帰属すると考えられる。ただし，付合した動産について主従の区別をすることができないときは，各動産の所有者は，その付合の時における価格の割合に応じてその合成物を共有することになる（▷244条）。主たる動産か否かは，価格なども考慮しながら総合的に判断される。【事例②】で，自転車の価値に比して非常に高価なエンジンが取り付けられた場合は，ただし書の適用が考えられる。

　243条で注意したいのは，「合成物」の所有権は主たる動産の所有者に帰属すると規定されている点である。不動産の付合では，不動産に付合する動産の所有権が不動産の所有権に吸収され失われる。それに対して，動産同士の付合では，新たな物（合成物）が誕生し，その上に新たな所有権が成立するという仕組みになっている。

☕カフェ・コンシェルジュ12.3＿　不動産同士の付合

　民法は不動産と動産の付合（▷242条），動産同士の付合（▷243条）について規定しているが，不動産同士が付合する場合（たとえば，建物の合体）については規定していない。この点に関して，2つの建物が合体した場合，旧建物の上に存した抵当権は消滅するのかという形で不動産同士の付合が問題となった判例がある（★最判平成6・1・25民集48巻1号18頁）。判例の事案を簡単にすると，甲建物と乙建物が隔壁をはさんで隣接していたが，その隔壁が除去されて1つの建物となった場合，甲建物に設定されていた抵当権はどうなるのかというものである。新たな建物である丙建物ができたと考えると，甲建物は消滅しその上の抵当権も消滅することになる。しかし，これをそのまま認めると，悪用して「抵

当権とばし」と言われる抵当権妨害をすることができてしまう。そこで，判例は，247条2項の考え方を類推適用し，新建物上に甲建物の所有者が有する持分上に甲建物の抵当権は存続するとする。付合した建物について主従の区別をすることができないときは，各建物の所有者は，その付合の時における価格の割合に応じて合成されてできた新たな建物を共有する（動産の付合に関する▷244条参照）。このように考えれば，付合した建物の上に存在していた権利は合成物上の持分の上について存続し続ける（▷247条2項参照）。

▶図表12

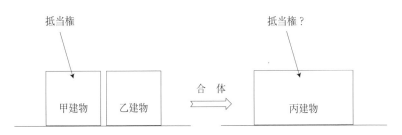

▶▶4 混和

動産の付合に関する規定（▷243条・244条）は，所有者を異にする物が混和して識別することができなくなった場合に準用されている（▷245条）。たとえば，Aの所有する米1升とBが所有する餅米1升が混ざってしまったような場合である。

▶▶5 加工

【1】 加工とは

他人が所有する動産に工作を加え新たな物（加工物）が出来上がった場合，その所有権は材料の所有者が取得する（▷246条1項）。【事例③】の場合，出来上がった家具は，材木の所有者，つまり材木のもととなった立木が生立していた土地の所有者Aの所有となると考えられる。出来上がった家具はAの物であり，Bに対してその返還を求めることができる。すでに売却などがされていた場合には，Aは，Bに対して不当利得返還請求（▷703条・704条）または不法行為に基づく損害賠償請求（▷709条）が可能であると考えられる。

246条1項ただし書によれば，工作によって生じた価値が著しく材料の価格を超える場合には，加工者が加工物の所有権を取得する。【事例③】で，Bが

熟練の家具職人であればこのただし書が適用されることも考えられる。その場合は，Bが家具の所有権を取得することになる。

【2】 加工と付合の違い

　請負人が建物を完成した場合，判例・通説は，①注文者が全部または主たる材料を提供した場合には，完成と同時に建物の所有権は注文者に帰属し，②請負人が全部または主たる材料を提供した場合には，原則として，建物の所有権は請負人に帰属し，引渡しにより注文者に移転すると考えている。材料提供者が誰かを基準としており，請負人が所有者となる場合が多くなる。ただし，③当事者に特約があればそれによる。

　では，AとBが建築請負契約を締結し請負人Bが自己の材料で工事を開始したが途中までしか工事をしなかったため注文者Aが当該契約を解除し，Cに工事の続行を請け負わせCが自己の材料でもって建物を完成した場合，完成した建物は誰に帰属するのか。判例は，このような場合は「動産に動産を単純に付合させるだけでそこに施される工作の価値を無視してもよい場合」ではなく，「材料に対して施される工作が特段の価値を有し，仕上げられた建物の価格が原材料のそれよりも相当程度増加するような場合には，むしろ民法の加工の規定に基づいて所有権の帰属を決定するのが相当」であるとして，動産の付合に関する243条ではなく加工に関する246条2項により問題の解決を図っている（★最判昭和54・1・25民集33巻1号26頁）。Cが提供した材料の価格，完成した建物の価格とBの建築した建前（独立の物になる前の建築部分であり，この段階ではまだ動産である）の価格を比較して，建物の所有権が誰に帰属するかが決まる。

▶▶6 添付の効果

【1】 所有権の消滅

　付合，混和，加工の条文（▷242条から246条まで）により物の所有権が消滅したときは，その物の上に存在する権利も消滅する（▷247条1項）。たとえば，Aの動産が動産売買先取特権（▷311条5号）の目的物となっていたところ，Bの不動産に付合してその所有権が消滅した場合は，Aの動産売買先取特権は消滅する（ただし▷304条により物上代位できる場合がある）。

　さらに，物の所有者が合成物等について単独所有者となったときは，その物の上に存在する権利はその合成物等の上に存在することになり，物の所有者が合成物等の共有者となったときは，その物の上に存在する権利は合成物等の上

の持分について存在し続ける（▷247条2項）。

【2】 償金請求

242条から247条までの規定の適用によって損失を受けた者，つまり添付の規定により自らが所有する物の所有権を失った者は，新たに生じた合成物等の所有者に対して，703条および704条の規定に従い，その償金を請求することができる（▷248条）。【事例③】で，完成した家具の価値が材木より高かったためAが材木の所有権を失ったとする（▷246条1項ただし書参照）。この場合，Aは，248条により，不当利得の規定（▷703・704条）に従って，所有権を取得したBに対して償金請求ができることになる。

添付による所有権取得に関する規定は合成物等について第三者が登場することも考えられるため強行規定と考えられているが，その結果として物を失った者からの償金請求に関する規定は任意規定と解されており，当事者間で248条とは異なる合意をすることが可能である。

❖Lec **13** 共　有 ……………………………………

▶§1　共　有

【事例】　①　A・B・Cの３人は1000万円ずつ出し合って別荘として甲建物を購入した。
　1) 甲建物は誰がどのように使うことができるか。
　2) 台風で甲建物の屋根が壊れてしまった。修理は誰がどのように行うことになるか。また，修理費用は誰がどれだけ負担することになるか。
②　Aが死亡し，A所有の甲建物を子のB・C・Dの３人が相続した。甲建物にはBがAとともに住んでいたが，BはA死亡後も甲建物に住み続けている。
　1) 他の相続人であるCとDは，Bに甲建物から出て行ってもらうことができるか。
　2) Bが勝手に甲建物について単独所有権取得の登記をし，Eに甲建物を売却し登記も移転した。他の相続人であるCとDは，Bへの移転登記の抹消およびEへの移転登記の抹消を求めることができるか。

▶▶1　共有とは

　２人以上の者が１つの物を共同で所有していることを共有と呼ぶ（▷249条以下）。共有が生じる原因はさまざまであり，【事例①】のように複数の者がお金を出し合って１つの物を買うような場合のほか，【事例②】のように共同相続による場合もある。主従が区別できない動産同士が付合した場合や所有者を異にする物が混和して識別することができなくなった場合にも共有状態が生じる（▷244条・245条）。

　なお，令和3（2021）年に行われた，所有者不明土地の発生を防ぐことを目的とする民法・不動産登記法の改正および相続土地国家帰属法の制定により，共有に関しても，共有者が不明であるために共有物の利用がうまく行えない場合に対応するためのさまざまな改正が行われた。以下では，関係箇所でこれらの改正について説明する。

▶▶2 さまざまな共同所有形態

【1】 遺産共有の性質

　共同相続について898条は相続財産は共同相続人の「共有」に属すると規定しているが，この「共有」（＝遺産共有）が，249条以下で規定されている通常の共有と同じ性質のものか，それとも合有と呼ばれる別の共同所有形態かが議論されてきた。判例は一貫して，遺産共有は通常の共有（▷249条以下）と同じ性質を有するとする（★最判昭和30・5・31民集9巻6号793頁）。したがって，物権編の共有に関する規定が原則として遺産共有にも適用される。以下で検討する共有に関する判例の多くも相続が関係する事例である。ただし，共同相続した財産の分割は共有物分割ではなく遺産分割（▷906条）という特別な手続によるなど，相続編に規定された特別な規定に服する場面もある。

【2】 共有・合有・総有

　民法には，共同相続のほかにも，共同所有関係が生じる場合が規定されている。たとえば，組合財産の「共有」（▷668条）である。しかし，この「共有」は，講学上は合有という別の共同所有形態だと考えられている。合有の場合，各共有者に持分（共有者が共有物について有する権利）が認められるが，持分処分権や分割請求権について行使が制限・禁止されている。組合財産に関して，組合員は持分権を処分してもその処分をもって組合および組合と取引をした第三者に対抗することができないほか（▷676条1項），清算前に組合財産の分割を求めることもできない（▷同条3項）。先述した遺産共有についても，相続財産という包括的な特別財産の共同所有であるとして，かつては合有説が有力であった。

　さらに，総有と呼ばれる共同所有形態もある。民法総則で学んだ権利能力なき社団への財産帰属形態，これから学ぶ入会団体への入会財産帰属形態（詳しくは❖Lec**14**参照）がそうである。総有については，各共有者には持分権が認められないと解されてきた。しかし，一口に総有といっても，その内容は場合に応じてはさまざまである。現在では，共有・合有・総有という分類はあくまで理念的なものであり，実際の問題の解決には有用ではないとする見解が有力である。

▶▶3 持分権

　共有者が共有物について有する権利のことを，「持分（もちぶん）」あるいは「持分権」と呼ぶ。条文では，権利そのものではなく，持分権の割合を「持分」と

呼んでいることもある（たとえば，▷249条・250条・253条・261条）。

　持分権の割合は，法律の規定（▷241条ただし書・244条・245条など）があれば
それに従い，合意があればそれに従う。【事例①】であれば，A・B・Cの3人
が別荘購入の際に話し合って，出した金額に応じて持分権の割合を3分の1ず
つと決めればそれに従うことになる。法律の規定も合意もなければ，持分権の
割合は均等であると推定される（▷250条）。

　持分権は単独所有権と同じ性質を有しており，共有者は自らの持分権を自由
に処分できる。また，持分権は共有物の全部に及んでいるから，共有者は共有
物全体を使用することができる（▷249条）。しかし，後述するように，他の共
有者がいるために，持分権の行使は一定の制約を受けることになる。

▶▶4　共有の弾力性

　共有者の一人が持分権を放棄したときまたは相続人なくして死亡したとき
は，その持分権は他の共有者にその持分に応じて帰属する（▷255条）。【事例①】
で，Aが自らの持分権を放棄すれば，BとCの持分権の割合は増加して2分の1
ずつとなる。このような共有の性質を共有の弾力性と呼ぶ。

　では，共有者のうちの一人が死亡し，相続人はいなかったが特別縁故者（▷
958条の3）がいたときはどうなるか。判例によれば，共有者よりも特別縁故者
の方が優先されるため，255条の適用が制限される（★最判平成元・11・24民集43
巻10号1220頁）。【事例①】で，Aが死亡して相続人はいなかったが特別縁故者D
がいた場合，Dへの財産分与（▷958条の3）が行われず甲建物の持分権が残余
することが確定してはじめて255条が適用されることになる。

▶▶5　共有物の管理

【1】　管理・保存・変更

　各共有者は，共有物の全体について，その持分権に応じた使用をすることが
できる（▷新249条1項）。各共有者の持分権は，共有物の全体に及んでいるから
である。

　共有物の管理，つまり変更を伴わない共有者間での共有物の利用改良行為
は，持分価格に応じてその過半数で決する（▷新252条1項。管理に関する事項と
して共有物の管理者を選任することもできる——管理者ができることについては新252
条の2）。【事例①】で，甲建物を誰がどのように使えるかは，AとBが「週末

はAとBが使用し，それ以外はCが使用することができる」と決めれば，Cはそれに従わなければならない。

　では，AとBだけで甲建物を第三者Dに賃貸すると決めることはできるだろうか。この点については，賃借権その他の使用収益を目的とする権利であって，一定の期間（▷602条が規定する短期賃貸借の期間と同一）を超えないものの設定は，管理行為となるとされ（▷新252条4項），持分価格に応じてその過半数で決することになる。令和3（2021）年の民法改正により明確化された点であり，252条は以前に比べて詳細なものとなっている。

　共有者が誰か不明な場合や共有者が行方不明である場合には，過半数の賛成を得られず共有物の管理がうまく行えない。そこで，令和3（2021）年の民法改正により，裁判所が，共有者の請求により，該当の共有者以外の共有者の持分価格に応じてその過半数での管理行為を行える旨の裁判をすることができることとなった（▷新252条2項）。

　共有物の保存行為は各共有者が単独で行うことができる（▷新252条5項）。【事例①】の台風によって壊れた屋根の修理は保存行為にあたるため，A・B・Cがそれぞれ単独で行うことができる。

　共有物の変更は，共有者全員の同意がなければすることができない（▷新251条1項）。共有物は，すべての共有者の権利（持分権）の客体であるからである。変更行為には，共有物を物理的に変更すること（毀損・改変）することのほか，他に処分する行為（第三者に売却したり，共有物全体に抵当権や地上権を設定したりすることなど）も含まれる。ただし，一般的には変更行為にあたる場合でも，共有物の形状や効用に著しい変更を伴わない物理的行為については，全員の同意は必要ない（▷新251条1項括弧書）。軽微な変更についてまで，共有者全員の同意が必要であるとすれば，共有物の適正な管理ができなくなるからである。また，管理行為と同様に，令和3（2021）年の民法改正により，裁判所が，共有者の請求により，該当の共有者以外の同意を得て変更行為を行える旨の裁判をすることができることとなった（▷新251条2項）。

　共有物の管理費用や固定資産税などは，持分権の割合に応じて，各共有者が負担する（▷253条1項）。【事例①】で，屋根の修理はA・B・Cがそれぞれ単独で行うことができるが，その修理費用は持分権の割合に応じて3分の1ずつ負担しなければならない。Aが屋根の修理をして修理費用を立替え，BとCに費用の分担を求めたが1年以内にこれに応じてくれないときは，Aには償金（持

分権を失う対価）を支払って他の共有者の持分権を取得する権利が認められる（▷同条２項）。さらに，共有者のうちの１人が他の共有者に対して有する債権についてはその特定承継人にも行使できるため（▷254条），【事例①】でBが自らの持分権をEに売却すれば，AはBの特定承継人であるEに対して立て替えた修理費用の請求ができる。

【2】　共有物の占有

　【事例②】のBのように共有物を単独で使用している共有者に対し，他の共有者は共有物の明渡しを請求することができるか。判例によれば，共有物の持分の価格が過半数を超える者（多数持分権者）であっても，共有物を単独で占有する他の共有者（少数持分権者）に対し，当然にはその占有する共有物の明渡しを請求することができない（★最判昭和41・5・19民集20巻5号947頁）。なぜなら，単独占有者は，自らの持分権の限度では共有物全体について使用する権原があるからである（▷新249条1項）。単独占有者が共同相続人のうちの１人であり相続開始前から相続財産に属する不動産に居住している事例が多く，単独占有者の居住権の保護という実際的要請もある。

　【事例②】では，少なくとも遺産分割までは，Bに甲建物から出て行ってもらうことは難しい。占有していない他の共有者からの明渡請求を認めれば，請求した他の共有者に持分の範囲を超えた占有を認めることになるので，判例のように考えるしかない。

　上記の判例を前提とすると，共有者のうちの１人から占有を承認された第三者に対しても，他の共有者は共有物の明渡しを請求することはできない。【事例②】のBから甲建物を借りたEがいれば，Eに対する明渡請求もできない。判例は，少数持分権者から共有物を占有使用することを承認された第三者が共有物を現に占有している場合，第三者の占有使用を承認しなかった多数持分権者は，この第三者に対して当然には共有物の明渡しを請求することはできないとする（★最判昭和63・5・20判時1277号116頁）。明渡請求を認めると，第三者が少数持分権者から占有を許諾された者である場合には，結果的に多数持分権者から少数持分権者への明渡請求が認められることになり，上記の昭和41年判決と矛盾することになってしまうからである。

> **✗トピック13.1__ 持分権を超えた占有**
>
> 　他の共有者の同意なく，単独で目的物を占有している共有者を他の占有者が追い出すことはできないとしても，他の共有者の承諾のない単独占有者の持分権を超えた占有は不法占有となり，他の共有者は単独占有者に対して不法行為に基づく損害賠償請求（▷709条）や不当利得返還請求（▷703条）ができるはずである。しかし，被相続人・相続人間（【事例②】で言えばA・B間）で，相続開始後も遺産分割までの間は使用貸借契約（▷593条）があったと推認される場合であれば，このような請求はできないとするのが判例である（★最判平成10・2・26民集52巻1号255頁，ただしこの判例は内縁夫婦の事例）。このような判例の背景には，相続人の居住権保護という要請がある。この点に関連して，平成30（2018）年の民法（相続関係）等の改正により，配偶者短期居住権（▷1037条以下）が認められたことにも注意する必要がある。

▶▶6　第三者との関係（対外関係）

【1】　不法占有者に対する妨害排除請求・返還請求

　【事例①】の甲建物がFにより不法に占有されている場合，不法占有者Fに対する妨害排除請求は誰がどのようにできるか。判例によれば，このような不法占有者や不法行為者に対する請求は共有者のうちの1人が単独ですることができる（★大判大正7・4・19民録24輯731頁）。その根拠は何かをめぐっては以下のような見解がある。

　共有物に関する妨害排除請求や返還請求は252条ただし書の「保存行為」に該当するため単独請求が認められる。持分権は共同行使が原則だが，例外的に保存行為は共有者のうちの1人が単独でできるとする。このような考えの背後には，共有は1個の所有権が複数人に帰属する状態と考える単一説（分量説）という見解がある。

　共有物に関する妨害排除請求や返還請求は各共有者の持分権に基づく請求として単独請求が認められる。条文上の根拠は249条ということになる。このような考えの背後には各共有者の有する持分権をそれぞれ独立した所有権（ただし，他の共有者の持分権により制約を受ける）と理解する複数説（独立所有権説）という見解がある。現在の学説においては，このような立場が有力だと思われるが，共有者が単独で妨害排除請求や返還請求ができる点は先ほどの説でも同じであり結論に差異はない。

【2】 共有不動産に関する不実登記

【事例②】の2）の場合，甲建物について他の相続人であるCとDは，それぞれ単独でBへの移転登記の抹消およびEへの移転登記の抹消を求めることができるか。判例（★最判昭和38・2・22民集17巻1号235頁，詳しくは❖Lec06参照）の考え方によれば，CとDが請求できるのは，Bの持分についてのみの更正（＝一部抹消）登記手続であって，登記の全部抹消を求めることは許されない。少なくともBの持分（相続分と同じ3分の1）については，登記は実体を反映したものであるから，全部抹消は認められない。

これに対して，共有不動産について完全な無権利者名義の登記がなされている場合は，共有者の1人はその持分権に基づき，物権的妨害排除請求として，単独で当該不動産につき登記簿上所有名義を有する者に対しその登記の抹消を請求することができる（★最判昭和31・5・10民集10巻5号487頁）。

【3】 共有者の1人が不実の持分移転登記をした場合

共有者の1人が不実の持分移転登記をした場合はどうなるか。【事例②】において，甲建物についてB・C・Dの共有名義での登記がされていたが，Bの持分についてFに不実の移転登記がなされたとしよう。このような場合について，判例は，不動産共有者の1人は，共有不動産について全く実体上の権利を有しないのに持分移転登記を経由している者に対し，単独でその持分移転登記の抹消登記手続を請求することができるとする（★最判平成15・7・11民集57巻7号787頁）。したがって，Cは単独でFへの持分移転登記の抹消を請求できることになる。しかし，侵害されたのはBの持分権であり，Cの持分権は侵害されていないように思われる。なぜCが単独でBからFへの虚偽の持分移転登記の抹消を請求できるのかについて説明は難しい。

▶▶7 共有物分割

【1】 分割請求自由の原則とその例外

民法の起草者は，共有は早期に解消されるべき状態，過渡的な状態であり，できるだけ単独所有の方が望ましいと考えていた。そこで，各共有者はいつでも共有物の分割を請求できるとの条文を置いた（▷256条1項本文）。ただし，共有者は共有物を分割しないという合意をすることができる（▷同条同項ただし書）。その期間は5年を超えることができないが，不分割の合意を更新することはできる（▷同条2項）。更新期間も5年を超えることができない。

【2】 共有物分割の方法

　共有物分割をどのような方法で行うかについては，共有者で協議して自由に決めることができるが（▷新258条1項），債権者らの保護のために共有者以外の者の参加が認められている（▷260条）。協議による場合，分割の方法に制限はなく，現物分割（共有物を物理的・分量的に分割する方法），代金分割（共有物を売却して，その代金を分割する方法），価格賠償（共有者の1人が目的物全部の所有権を取得することとし，他の共有者は金銭で価格の支払いを受ける方法）のいずれの方法も可能である。最後の価格賠償とは，【事例①】の甲建物のように現物分割が難しい共有物について，Aに甲建物を取得させて，AからBとCに自らの持分を超過する価格を支払わせるという方法である。

　分割の協議が調わない場合または協議をすることができない場合は，共有者は裁判所に分割を請求できる（▷新258条1項）。民法改正前は，協議が調わず裁判所に分割を請求する場合は，原則として現物分割の方法によることが規定されていた。現物分割が不可能か可能であったとしても著しく価格を損なうおそれがある場合には，競売（▷民執195条）を命じてその代金を分割することとなっていた（▷旧258条2項）。このように，現物分割か競売かという選択肢が条文には定められていたが，改正前から，判例は競売以外のかなり自由な分割方法を認めてきた。

　注意しておきたいのは，協議分割とは異なり裁判分割については，裁判所が共有者の意思に基づかずに分割を命じることになる点である。たとえば，【事例①】の甲建物について，Aに甲建物を取得させて，AからBとCに自らの持分を超過する価格を支払わせるという方法を裁判所が命じると，BとCは納得していなかったとしても自らの持分権を失うことになる。さまざまな分割方法が認められるとしても各共有者の権利に配慮して裁判所は分割を命じなくてはならない。判例は，共有物の性質等の事情を総合的に考慮して，共有物を共有者のうちの1人の単独所有とし，この共有者から他の共有者に対して持分の価格を賠償させる方法（全面的価格賠償）も許されるとした（★最判平成8・10・31民集50巻9号2563頁）。しかし，それが認められるのは，「当該共有物を共有者のうちの特定の者に取得させるのが相当であると認められ，かつ，その価格が適正に評価され，当該共有物を取得する者に支払能力があって，他の共有者にはその持分の価格を取得させることとしても共有者間の実質的公平を害しないと認められる特段の事情」がある場合に限ると述べ，共有者間の公平に配慮し

ている。

　このような，柔軟な分割方法を認める裁判実務をふまえて，民法改正により，裁判所は，共有物の現物を分割する方法または共有者に債務を負担させて他の共有者の持分の全部または一部を取得させる方法により共有物の分割を命じることができると規定された（▷新258条2項）。このような方法により共有物を分割することができないときまたは分割によってその価格を著しく減少させるおそれがあるときは競売を命ずることができる点はこれまでと変わらない（▷同条3項）。ただし，このような裁判による分割方法は，共有物の全部またはその持分が相続財産に属する場合において，共同相続人間で当該共有物の全部またはその持分について遺産分割をすべきときは，当該共有物またはその持分について採用することができない（▷新258条の2第1項）。共有物分割訴訟には，民法906条が適用されず，遺産全体を総合的に把握して分割分配することができないことから，共有物の全部またはその持分が相続財産に属する場合は共同相続人の利益を勘案して，遺産分割訴訟によらなければならないとする判例（★最判昭和50・11・7民集29巻10号1525頁）に従うものである。

　なお，分割後，各共有者は，他の共有者が分割によって取得した物について，売主と同様にその持分割合に応じた担保責任を負う（▷261条）。分割は，実質的には共有者間で持分権の売買や交換を行なったのと同じであると考えられているからである。共有物に関する証書について規定する262条，所在等不明共有者の持分の取得・譲渡について規定する新262条の2・新262条の3については，条文を読んでおこう。

▶▶8　準共有

　準共有とは，所有権以外の財産権を複数の者が共同して有することである。249条以下の規定は準共有に準用される（▷新264条本文）。しかし，複数人が登場する債権関係（不可分債権・債務，分割債権・債務，連帯債権・債務）については，債権法の規定が適用されるため，共有に関する規定が登場する余地はほとんどない。また，著作権，特許権などの知的財産権については，ほとんどの場面で特別法の規定に従うことになる（▷著作権法64条・65条，特許法73条など）。

　令和3（2021）年の民法改正により，所有者不明不動産の利用の円滑化を図るため，民法に，裁判所が所有者不明土地管理命令・所有者不明建物管理命令を発して所有者（共有者）が不明の土地などについて管理人を選任する制度が導入された（▷新264条の2～新264条の8）。民法には，不在者の財産管理制度（▷25条以下），相続財産管理制度（▷951条以下）という管理制度があるが，今回創設された制度は，それらの制度の問題点（管理人の選任に時間がかかる，所有者が明らかであるが管理が不適当な場合には対応できないなど）をふまえ，所有者不明不動産の利用の円滑化のために特化したものである。また，所有者が誰かは明らかであるが土地・建物を管理せずに放置している場合にも，管理不全土地管理命令・管理不全建物管理命令を発して管理人を選任する制度も導入された（▷新264条の9～新264条の14）。

▶§2__　建物区分所有

【事例】　Aは，B会社が建築し分譲した新築マンションの1室を購入した。
　①　Aは，自室でペットとして犬を飼うことができるか。
　②　このマンションは居住専用であるにもかかわらず，Aの隣に住むCの住戸はバーとしての営業を行なっており，客と見られる不特定多数の人が出入りしている。AはCにバーの営業をやめさせることはできるか。

▶▶1　建物区分所有とは

　1棟の建物について，2人以上の者が建物内の区分された独立の部分をそれぞれ所有する建物を区分所有建物と呼ぶ。区分所有建物のうち，少なくとも一つの専有部分が居住の用に供されるものをマンションという。民法には区分所有に関する規定が1か条だけあったが，1962年に「建物の区分所有等に関する法律」（区分所有法）が制定されたときに削除された。

　1棟の建物に構造上区分された数個の部分で独立して住居，店舗，事務所または倉庫その他の建物としての用途に供することができるものがあるときに、それぞれを所有権の目的とすることが認められている（▷建物区分1条）。この

所有権の目的とすることができる各部分のことを専有部分という。専有部分以外の部分が共用部分となる（▷同4条1項）。廊下や階段は性質上当然共用部分となるが（法定共用部分），規約により専有部分を共用部分と定めることもできる（規約共用部分）。一部の共有者のみの共用とされる一部共用部分もある（▷同3条）。各住戸にあるバルコニーやベランダは実は共用部分であるが，各住戸の区分所有者だけが使用できる。【事例】のAがマンションの住戸に対して有する所有権が区分所有権であり，Aは区分所有者と呼ばれる。区分所有者のマンションに対する権利は，専有部分についての区分所有権と共用部分についての共有持分権および敷地についての権利（敷地利用権）で構成されている。敷地利用権は所有権であることが多いが，地上権や賃借権の場合もある（その場合はそれらの権利の準共有ということになる）。敷地利用権の持分の割合も，共用部分と同様に定められる。

　共用部分は区分所有者の共有であり（▷建物区分11条1項），区分所有者はその用法に従って使用することができる（▷同13条）。民法249条では各共有者は共有物を持分（持分権の割合）に従って使用できるとすると規定されていたことと比較してみよう。各共有者の持分権の割合は各自が有する専有部分の床面積の割合によることが原則である（▷建物区分14条1項）。この持分権は専有部分の処分に従い，専有部分と分離して処分することはできない（▷同15条）。

　なお，区分所有の登記については，巻末資料③④を参照されたい。

▶▶2　区分所有建物の管理

【1】　区分所有者の団体（管理組合）

　区分所有建物には共用部分が存在することから，区分所有者全員による共同での管理が必要になる。このため，区分所有者は全員で管理のための団体を構成することとされ，区分所有法に従い，集会を開き，規約を定め，管理者を置く（▷建物区分3条）。区分所有建物には，通常，この管理のための団体として管理組合が設立され，集会を開き規約に従ってさまざまな事項を決定する。その決定事項を，管理の責任者である管理者が執行することになる。管理組合は，区分所有者および議決権の各4分の3以上の多数による集会の決議により管理組合法人となることができる（▷同47条1項）。

【2】　管理者

　管理者は，集会の決議によって選任・解任される（▷建物区分25条）。多くの

マンションでは，複数の理事が選ばれ理事会を構成し，その理事の中から選ばれた理事長が管理者となることが規約で定められている（国土交通省作成の標準管理規約35条・38条参照）。管理者は，共用部分を保存し，集会の決議を実行し，規約で定めた行為をする権利を有し義務を負う（▷建物区分26条1項）。管理者は，その職務に関して，区分所有者を代理する（▷同条2項）。管理者の業務は実際には理事会の決定によって行われ，具体的な業務は不動産管理の専門家である

☕カフェ・コンシェルジュ13.2__　自主管理と第三者管理

　わが国では通常，管理組合の理事長が法律上の管理者となる（自主管理）。しかし，マンションに居住する区分所有者が高齢化している場合，投資マンションやリゾートマンションでマンションに常住している区分所有者がほとんどいないような場合，さらには空き住戸が多くある場合など，理事会の役員の選任が難しい場合がある。そこで，最近は，理事長やその他の理事会メンバーを外部のマンション管理の専門家に任せる「第三者管理」の必要性が主張されるようになっている。海外では，第三者管理がマンション管理の主流となっている国が多い。

管理会社に委託して行われている。

【3】　規約

　区分所有建物の管理に関する事項は，基本的には，管理組合の規約（▷建物区分30条）によって定められている。日常の管理にかかる管理費や修繕に備えて積み立てる修繕積立金の金額も規約により定められている。【事例①】でAがペットの犬を飼えるかどうかはマンションの規約や管理規則の定めによる。最近は，ペット飼育を認める規約が増えてきているが，飼うことができる頭数や動物の種類・大きさ，飼い方の決まり（たとえば，廊下やエレベーターではペットをかごに入れるか抱きかかえることなど）が定められていることが多いため，もしこのマンションで犬を飼えるとしても定められたルールに従って飼う必要がある。

【4】　集会

　多くのマンションでは，年に1回，管理組合の集会を開き，そこで予算・決算などさまざまな議事を諮る。集会は管理者が招集する（▷建物区分34条1項）。集会での議事は，区分所有法または規約に別段の定めがない限り，区分所有者および議決権の各過半数によって決する（▷同39条1項）。多くのマンションでは，

区分所有法の定めとは異なり，通常の決議に関しては1住戸1議決権としてその過半数で決することを規約で定めている（▷標準管理規約47条参照）。

【5】 義務違反者への措置

区分所有者は「共同の利益に反する行為」をしてはならない（▷建物区分6条1項）。たとえば，【事例②】のCのように，居住専用マンションでバーを営業することは他の区分所有者にとっても迷惑であり，共同の利益に反する行為になる。この場合，他の区分所有者全員または管理組合法人は，その行為を停止し，その行為の結果を除去し，またはその行為を予防するために必要な措置を執ることを請求することができる（▷同57条1項）。義務違反行為により，共同生活上の障害が著しく，上記の停止などの請求によっては共同生活の維持を図ることが困難なときは，区分所有者および議決権の各4分の3以上の集会決議により，訴えにより，相当期間，当該専有部分の使用禁止を請求することができる（▷同58条1項・2項）。さらに，当該専有部分にかかる区分所有権および敷地利用権の競売手続を請求することもできる（▷同59条）。たとえば，暴力団事務所として使用されていた住戸についてその使用が排除された裁判例がある。【事例②】において，Aは他の区分所有者と共にまずはバーとしての営業の停止をCに求めることになるだろう。

▶▶3 区分所有建物の復旧・建替え

区分所有建物が全部滅失すれば，区分所有関係は消滅し，後は敷地についての共有（または準共有）関係が残るだけである。その場合，建物の再建には，区分所有者全員の合意が必要になる。ただし，被災区分所有建物の再建等に関する特別措置法により，再建が敷地共有者の議決権の5分の4の決議で可能な場合がある。

地震などの災害で区分所有建物が一部滅失した場合や区分所有建物が老朽化した場合の復旧や建替えの決定はどのようにするのか。

建物価格の2分の1以下に相当する部分が一部滅失した場合，その復旧は普通決議（過半数）によって決定される（▷建物区分61条1項・3項）。建物価格の2分の1を超える部分が滅失した時は，特別決議（区分所有者および議決権の各4分の3）によって決する（▷同条5項）。決議に反対した区分所有者は，自己の区分所有権・共用部分の持分権・敷地利用権を決議に賛成した区分所有者に時価で売り渡すことができる（▷同条7項）。

老朽化などの理由により区分所有建物の建替えが必要になった場合，集会において，区分所有者および議決権の各5分の4以上の多数で，建物を取り壊し，かつ，当該建物の敷地もしくはその一部の土地または当該建物の敷地の全部もしくは一部を含む土地に新たに建物を建築する旨の決議をすることができる（▷建物区分62条1項）。この場合には，建替え決議の集会の日より，少なくとも2か月前までに招集通知を発し（▷同条4項），少なくとも1か月前までに説明会を開催しなければならない（▷同条6項）。建替え決議がなされると，建替え決議に賛成しなかった区分所有者には建替えに参加するか否かを回答すべき旨が書面で催促される（▷同63条1項）。

❖Lec **14** 地上権・地役権・永小作権・入会権 ‥‥‥‥‥‥

▶ §**1** 用益物権

> 【事例】 Aの所有する甲土地をBは以下の目的で使用したいと考えている。それぞ
> れどのような権利を設定すればよいか。
> ① 甲土地に建物を建てたい。
> ② Bが所有する乙土地（畑）に水を引くため甲土地に水路を作りたい。
> ③ 甲土地で果樹を栽培したい。

▶▶1 用益物権とは

　用益物権とは，制限物権のうち，他人の土地を使用・収益するために設定されるものをいう。動産・不動産を問わずさまざまな財産に用益物権の設定を認めている国もあるが，わが国の民法に規定されている用益物権は土地についてしか設定できない。民法には，地上権（▷265条以下），永小作権（▷270条以下），地役権（▷280条以下），入会権（▷263条・294条）の４種類の用益物権が規定されている。【事例】では，BがA所有の甲土地を利用するために，建物所有を目的とする①の場合は地上権，乙土地のための利用を目的とする②の場合は地役権，果樹栽培を目的とする③の場合は永小作権を設定することが考えられる。

▶▶2 土地賃借権との違い

　【事例】のBは，地上権などの用益物権を設定することによりA所有の甲土地を利用することができるが，それは土地賃借権の設定によっても可能である。では，用益物権と土地賃借権ではどこが違うのか。ここでは用益物権のうち地上権を取り上げて土地賃借権と比較してみよう。
　① 地上権は譲渡・賃貸を自由に行うことができるが，土地賃借権には制限がある（▷612条）。地上権には抵当権を設定できるが（▷369条２項），土地賃借

権に抵当権を設定することはできない。②土地賃借権については土地を使用に適する状態に置くべき義務が賃貸人である土地所有者にあるが（▷606条），地上権の場合はこのような義務を土地所有者は負わない。③土地所有者に対して地上権設定登記への協力を求める登記請求権が地上権者にはあるが，賃借人にはそのような登記請求権は当然にはない（その旨の特約が必要である）。④土地賃借権の場合は存続期間に50年以下という制限が民法にはあり，かつ，期間の定めがなければ比較的容易に解約することができるのに対して（▷604条・617条），地上権の場合は賃借権のような存続期間を制限する条文はない。

　民法の条文では地上権と土地賃借権について上のような違いが見られるが，その違いは実のところあまり大きくない。土地賃借権は債権とはいえ，登記することにより第三者対抗力を備えることができる（▷605条）。地上権のうち建物所有を目的とするものは，借地権として，建物所有を目的とする土地賃借権とともに，借地借家法の規律に服することになる（▷借地借家2条1項）。また，賃借権の譲渡・賃貸の制限についても，建物所有を目的とする土地賃借権については，かなりの程度緩和されている（▷同19条・20条）。長期にわたる安定的な利用権という視点からすれば，地上権と土地賃借権の差異はほとんどなくなっている。

☕カフェ・コンシェルジュ14.1＿　用益物権の役割の低下

　用益物権は地役権を除き実例が少ない。長期間にわたる土地の利用に際して用益物権ではなく土地賃借権が選択されることが多くなっており，用益物権の役割は低下している。ドイツやフランスなどにおいては，長期間の不動産利用権は用益物権が中心であることと対照的である。民法の起草者は，土地の利用が長期間にわたる場合には地上権や永小作権という用益物権が利用されるであろうと考えていた。しかし，借地借家法により，建物所有を目的とする土地賃借権および建物賃借権についての期間制限に関する604条の適用は排除された。さらに，平成29（2017）年民法（債権法）改正により，借地借家法や農地法という特別法が適用されない事例であっても，太陽光パネル設置などのような長期の賃貸借のニーズがあるとされ，賃貸借期間の存続期間の上限が20年から，永小作権と同じ50年に引き上げられた。民法の起草者が念頭に置いていた期間の長短による用益物権と賃借権のすみ分けはますます困難となった。

▶ § 2__ 地上権

【事例】 Aの所有する甲土地の上にBは高速道路を通したいと考えている。甲土地では地上権者Cが家を建てて住んでいる。Bはどのような権利を設定すればよいか。

▶▶1　地上権とは

　地上権とは，工作物または竹木を所有するために他人の土地を使用することのできる権利である（▷265条）。工作物には，建物のほか，ガソリンタンク・鉄塔・トンネルなども含まれる。竹木の種類には特に制限はないが，果樹を植える目的であれば，地上権ではなく永小作権の設定によることになる。

▶▶2　区分地上権

　地下または地上の空間も，上下の範囲を定めることで地上権の目的とすることができる（▷269条の2第1項）。このような地上権を，区分地上権という。【事例】のように他人が所有する土地の上に高速道路を通す場合や地下に地下鉄を通す場合に用いることができる。土地についてすでに第三者が使用または収益する権利（▷通常の地上権や賃借権など）を有している場合でも，第三者そして第三者の権利を目的とする権利を有する全ての者の承諾があれば，区分地上権を設定することができる（▷同条2項）。【事例】のBは，Cの承諾が得られれば，Aと契約することで区分地上権の設定が可能である。区分地上権の行使に必要があれば，設定行為によりその余の部分の使用に制限を加えることができる（▷同条1項後段）。

▶▶3　地上権の成立

【1】　地上権の取得

　地上権は，地上権設定契約により設定されるが，取得時効による原始取得や相続・遺言・譲渡による承継取得の場合も考えられる。法定の要件を満たせば成立する法定地上権（▷388条）もある（詳しくは❖Lec**19**参照）。

【2】 地上権の対抗

地上権の対抗要件は登記である（▷177条）。建物所有を目的とした地上権については，土地上の建物の登記をもって地上権登記に代えることが可能である（▷借地借家10条1項。同条2項にも注意）。

▶▶4 地上権の効力

【1】 地上権者の権利

地上権者は，設定契約で定めた目的の範囲内で，土地を使用する権利を有する。また，地上権者は物権者であるので，土地所有者の承諾なく，地上権を譲渡したり賃貸したりすることができる。設定契約で，地上権の譲渡・賃貸を禁止することも可能であるが，そのような定めを登記することはできないため（▷不登78条参照），当事者間での債権的効果しか有しないと解される。地上権を目的に抵当権を設定することも可能であるが，実際の例は少ない（▷369条2項）。地上権者間および土地の所有者および地上権者との関係については，相隣関係の規定が準用されている（▷267条）。

【2】 地上権者の義務

用益物権のうち有償でなければならないのは永小作権だけである。永小作権に関する270条には「小作料を支払って」と書かれているのに対して，地上権に関する265条は地代の支払いについて触れていない。条文上では地上権は無償が原則であるが，実際には地代の支払いが約されることが普通である。定期的な地代の支払いが約された場合，274条から276条までの小作料に関する規定（小作料の減免請求禁止，収益困難の場合の永小作権の放棄，小作料不払いの場合の永小作権の消滅請求）が準用されるほか，性質に反しない限り賃貸借に関する規定も準用される（▷266条）。法定地上権の地代については，当事者の請求で裁判所が定める（▷388条ただし書）。

【3】 地上権の存続期間

地上権の存続期間は，設定行為で自由に定めることができる。工作物や竹木の所有を目的とする権利であるため，長期の存続期間が約されることが多い。当事者が設定行為で存続期間を定めなかった場合は，まずは慣習により存続期間が決まる。存続期間の定めがなく地代の支払いも約されていない場合は，地上権者はいつでもその権利を放棄することができる（▷268条1項本文）。ただし，地代の支払いが約されている場合には，1年前に予告をするか，期限の到来し

ていない1年分の地代を支払わなければならない（▷同条同項ただし書）。存続期間の定めがなく慣習もない場合は、裁判所が、当事者の請求で、20年以上50年以下で存続期間を定めることになる（▷同条2項）。

　建物所有を目的とした地上権の存続期間については、存続期間について合意がない場合は30年であり、合意により存続期間を定める場合でも最短の存続期間は30年となる（▷借地借家3条）。

✕トピック14.1__　用益物権の存続期間

　用益物権において存続期間の上限下限につき定めがあるのは永小作権だけである（▷278条）。地役権の存続期間については条文で上限が定められておらず、永久に存続する地役権も設定しうると考えられる。地上権についても、「永久（永代）」という定めができるというのが判例である（★大判明治36・11・16民録9輯1244頁など）。土地の使用収益権能を全面的に所有者から奪うものでない地役権とは異なり、永久の地上権設定は所有者から土地の使用収益権能を永久に奪う可能性がある。しかし、永久の地上権を認めても実際上不都合が出るわけではないとして肯定する学説が多い。

▶▶5　地上権の消滅

　地上権は、物権一般の消滅原因（混同・存続期間の満了など）により消滅するほか、地代支払いの合意があるにもかかわらず、地上権者が引き続き2年以上地代を支払わない場合は、土地所有者は地上権の消滅を請求することができる（▷266条1項・276条）。また、地上権者からの一方的な放棄の意思表示により消滅する場合もある（▷268条1項）。存続期間の定めがなく、存続期間につき別段の慣習もないが、地代の支払いが約されている場合には、1年前に予告をするか、期限の到来していない1年分の地代を支払わなければならない（▷268条1項ただし書）。

　地上権の消滅後、地上権者が土地を所有者に明け渡す場合、設定当時にはなかった工作物や竹木は、地上権者が撤去することができるが、土地所有者が時価相当額を提供してこれを買い取る旨を通知したときは、地上権者は正当な理由がない限りこれに応じなければならない（▷269条1項）。別段の慣習があればそれに従う（▷同条2項）。土地に付属させられた地上物は、地上権者の所有物であり（▷242条ただし書）、これを収去することは地上権者の権利であるが、地上物が土地から切り離されると社会経済的な損失が大きいためである。借地借家

法が適用される地上権については，地上権者に建物買取請求権がある（▷借地借家13条）。

▶§3＿ 地役権

> 【事例】 Aは自己が所有する甲土地に家を建てて住んでいる。甲土地から付近を通る国道に出るにはBが所有する乙土地を通ると近いため，Aは乙土地を通らせてもらおうと考えている。Aはどのような権利を設定すればよいか。

▶▶1 地役権の意義

【1】 地役権とは

　地役権（ちえきけん）とは，設定行為で定めた目的のために他人の土地を自己の土地の便益のため使用することのできる権利である（▷280条）。便益を受ける土地を要役地，便益に供する土地を承役地という。【事例】のAは，甲土地を要役地，乙土地を承役地として，通行を目的とする地役権をBとの合意により設定してもらうとよい。地役権は土地の便益を目的として設定しうるのであり，個人的な便益のために設定することはできない。A自身のためではなく，甲土地の便益のために設定できる。便益の内容については，第2編第3章第1節（相隣関係）の規定のうち強行規定とされるものに反することはできない（▷280条ただし書）。使用目的について特に制限はなく，設定行為で定めればさまざまな目的のために設定しうる。承役地を通行することを可能にする通行地役権，眺望を確保するために承役地を利用する眺望地役権，要役地に水を引くために承役地を利用する用水地役権など，さまざまな地役権が考えられる。

　地役権については，承役地所有者や承役地の地上権者と永小作権者も，地役権者の権利行使を妨げない範囲で承役地の利用が可能であり，権利者の排他的利用を可能にする地上権や永小作権とは異なる。Aは乙土地を独占的に利用できるわけではなく，Bも乙土地を利用できる。

【2】 地役権の性質

　地役権は要役地所有権の従たる権利であり，要役地所有権と運命をともにする。要役地所有権と切り離して，地役権のみを譲渡することはできない（▷281

条）。これを地役権の付従性という。【事例】で地役権設定後に甲土地をAがC に売却すれば，地役権は甲土地所有権とともにCに移転することになる。

　また，地役権の取得・消滅は，共有者全員について一体的に認められる。これを地役権の不可分性という。具体的には，要役地または承役地の共有者のうちの１人が，自己の持分についてのみ，地役権を消滅させることはできない（▷282条１項）。要役地または承役地の分割や一部譲渡に際しては，地役権は原則として各部分に存続する（▷同条２項,ただし書にも注意）。共有者のうちの１人が，地役権を時効により取得した場合は，他の共有者も地役権を取得する（▷284条１項）。地役権の取得時効の更新は，要役地共有者全員に対してしなければならず，時効の完成猶予も全員について完成猶予事由がなければならない（▷284条２項・３項）。要役地共有者のうちの１人に消滅時効の更新または完成猶予がある場合には，他の共有者にもその効力が及ぶ（▷292条）。

▶▶2　地役権の成立

【1】　地役権の取得

　地役権は，通常，要役地所有者と承役地所有者の間の地役権設定契約により設定される。黙示の設定契約もあり得る。地代は地役権の成立に必須の要件とされていない。

　地役権者は他人の土地を自己の土地の便益に供する権利を有する。地役権者は自己の土地の便益のために他人の土地を利用できるとあること（▷280条１項），地役権は要役地所有権に従い共に移転すること（▷281条）から，地役権を設定できるのは要役地の所有者だけであると思われる。しかし，相隣者の間で所有権に準ずる権利を有する地上権者・永小作人は例外的に地役権者になりうる。これに対して，賃借権は債権であるとして賃借人による地役権設定は否定されている（★大判昭和２・４・22民集６巻98頁）。

【2】　地役権の時効取得

　地役権は，継続かつ表現のものに限って時効取得が可能である（▷283条）。所有権以外の財産権の時効取得の要件（▷163条）を備えることも必要である。地役権に限り継続という要件が課されているのは，土地の利用が継続的に続いているときは土地所有者が好意で黙認している場合が多く，そのような場合に時効取得を認めるのは土地所有者にとって酷であることによる。また，表現とは土地の利用が外形上認識できることを意味するが，このような要件が課され

ているのは，自己の土地が他人に利用されていることがわからないと，土地所有者が時効を中断することが困難であるということによる。表現地役権ではない例としては，用水地役権において地中に送水管が埋められている場合があげられる。

では，【事例】において，Aは長年にわたり乙土地を通行することにより通行地役権の時効取得が可能であろうか。判例は，通行地役権の時効取得に関して，継続要件を満たすには，通路の開設が必要であり，その開設は要役地所有者によってなされなければならないとする（★最判昭和30・12・26民集9巻14号2097頁など）。通路開設行為がなければ，承役地所有者が時効中断をすることが困難であるし，通路が開設されていたとしても要役地所有者以外の者が開設していた場合は，要役地所有者は他人が開設した通路を断続的に利用しているにすぎない。このような判例の考え方は厳しすぎるとして，通路の維持管理は要役地所有者がしなければならないが通路は誰が開設したものでもよいとする説が有力である。

【3】 地役権の対抗

地役権の対抗要件は登記である（▷177条）。設定登記には地役権者の氏名・住所は登記しなくてもよいことになっており（▷不登80条2項），地役権について独立の移転登記を考える必要はない。要役地の所有権移転にともなう地役権移転を第三者に対抗するには，要役地の所有権移転登記さえあればよい。

判例では，通行地役権の承役地が譲渡された場合，譲渡時に承役地が要役の所有者によって継続的に通路として使用されていることがその位置，形状，構造等の物理的状況から客観的に明らかであり，かつ，譲受人がそのことを認識していたかまたは認識可能であったときは，譲受人は通行地役権が設定されていることを知らなかったとしても，特段の事情がない限り，地役権設定登記の欠缺を主張するについて正当な利益を有する第三者にあたらないとされた（★最判平成10・2・13民集52巻1号65頁，競売の買受人に関する★最判平成25・2・26民集67巻2号297頁も参照，詳しくは❖Lec**07**参照）。

▶▶3 地役権の効力

【1】 地役権者の権利・義務

地役権者は，承役地を利用することができるが，独占的に承役地を占有したり管理したりする権限はない。地役権者は物権者であるので，物権的請求権を

行使できるが，承役地の返還請求はできず，妨害排除請求ないし妨害予防請求ができるだけである。

　地役権の成立につき地代の支払いは必須の要件となっていない。地代は登記事項になっていないため（▷不登80条1項参照），地代支払いを約したとしても，それは当事者間で債権的効力を持つにすぎない（★大判昭和12・3・10民集16巻255頁）。しかし，土地改良法60条以下などは地役権に対価ある場合を想定している。地役権において無償が原則とされたのは，民法制定当時，土地が相対的に豊かに存在し，しかも地役権の内容が承役地の軽い負担ですむと考えられていたためであり，現代社会においてこのような前提を維持することは困難であろう。

【2】　承役地所有者の権利・義務

　承役地所有者は，地役権者の権利行使を認容あるいは一定の行為をしない義務を負う。また，設定契約やその後の契約により，承役地所有者が自己の費用で地役権行使のために工作物設置義務または工作物修繕義務を負う場合がある。そのような場合には，承役地の特定承継人もその義務を負担することになる（▷286条）。このような義務を負担することがいやであれば，承役地所有者は，いつでも地役権行使に必要な土地の部分を放棄して要役地所有者に移転することができる（▷287条）。

▶▶4　地役権の消滅

　地役権は，物権一般の消滅原因のほか，承役地所有者による委棄（▷287条）により消滅する。地役権は167条2項により20年で時効消滅するが，起算点は，不継続の地役権については最後の行使時，継続の地役権についてはその行使を妨げる事実が生じた時である（▷291条）。時効消滅するのは，地役権者が行使しなかった部分についてのみである（▷293条）。

　承役地の所有権が第三者によって時効取得された場合，あるいは承役地の譲受人が時効取得に必要な占有を継続した場合，地役権は消滅する（▷289条）。289条は「承役地の占有者が取得時効に必要な要件を具備する占有をしたとき」と規定しているが，これは「承役地の占有者が時効取得したとき」と解され，譲受人が取得時効に必要な占有をしたときを除外していると解されている。本条による地役権の消滅については，承役地の所有権が時効取得されることの反射であって，本来の消滅時効ではないと考えることが一般的である。しかし，本条が「承役地の占有者が取得時効に必要な要件を具備する占有をしたとき」

と規定していることから，取得時効でもない。本条の意味をどのように理解するかをめぐっては，抵当権の消滅に関する397条と同様の議論がある。

地役権者がその権利を行使していたり（▷290条参照），承役地の占有者が地役権の存在を容認していたりする場合には地役権は消滅しない。地上権および永小作権については289条に対応する規定がなく，それらの権利を排除する占有継続の結果として所有権が時効取得された場合には，地上権や永小作権は消滅する。しかし，地役権の行使は，必ずしも承役地の占有者の占有を全面的に排除するものではないため，承役地の占有者が地役権の存在を容認していたような場合には消滅しないと解されている。この場合，承役地の占有者は，地役権の付着した土地所有権を時効取得することになる。

▸ §4＿ 永小作権

▶▶1 永小作権とは

永小作権（えいこさくけん）とは，小作料を支払って耕作または牧畜のために他人の土地を使用することのできる権利である（▷270条）。現在では，耕作または牧畜のために他人の土地を使用する場合，永小作権設定契約ではなく賃貸借契約によることが多く，また農地関係には農地法が適用される部分が大きいため，民法の永小作権に関する規定の重要性は低い。また，271条から276条までの規定と異なる慣習がある場合には，慣習が優先される（▷277条）。

永小作権は，地上権と同様に，他人の土地を使用するための用益物権であり，地上権者の工作物・竹木の収去権などの規定が，永小作権について準用されている（▷279条・269条）。地上権同様，抵当権の目的とすることもできる（▷369条2項）。ただし，地上権の場合は地代の支払いが成立要件とされていないのに対して，永小作権の場合は小作料の支払いが成立要件とされている（▷270条）。また，地上権の場合，譲渡・転貸は全く自由だが，永小作権の場合は設定行為でこれらを制限することが可能である（▷273条）。存続期間の制限について，地上権の場合は特に定めがないが，永小作権の場合は20年以上50年以下との制限がある（▷278条1項。2項・3項も読んでおこう）。

☕ カフェ・コンシェルジュ14.2__ 永小作権を廃止すべきか？

　永小作権は，ここ数年間の登記件数はゼロとその利用数が非常に少ないため，農地賃貸借との関係の整理だけでなくその廃止を考える時期に来ている。現在では，耕作または牧畜のために他人の土地を使用する場合，永小作権設定契約ではなく賃貸借契約によることが多く，農地法などもこのこと前提とした規定となっている。農地法は，農地または放牧採草地については賃貸借に関する詳細な規定を置く（▷農地16条以下）。同法により，農地賃貸借は引渡しにより対抗力を得ることができるが（▷同16条1項），永小作権にはこのような保護はない。また，農地法の平成21（2009）年改正により賃貸借の最長期間が50年と修正されたことにより，永小作権の最長存続期間が50年であり長期の耕作に適しているとの特徴も失われた。

▶▶2　永小作権の成立

【1】　永小作権の取得

　永小作権は，永小作権設定契約により設定される。農地や採草放牧地を目的とする永小作権の設定については，農業委員会の許可が必要とされる（▷農地3条1項）。

【2】　永小作権の対抗

　永小作権の対抗要件は登記である（▷177条）。不動産登記法79条に，永小作権の登記に特有な登記事項があげられており，小作料が登記事項になっている。

▶▶3　永小作権の効力

【1】　永小作人の権利

　永小作人は，設定行為において禁じられていない限り，自らの権利を譲渡したり，自らの権利の存続期間内において耕作または牧畜のために他人に当該土地を賃貸したりすることができる（▷272条。ただし農地法3条）。

【2】　永小作人の義務

　「小作料を支払って」とあるように（▷270条），永小作権については小作料の支払いが重要な成立要件になっている。小作料については，不可抗力により収益について損失を受けたときであっても，永小作人は免除・減額を土地所有者

に対して求めることができない（▷274条）。また，永小作人は，土地に対して，回復することのできない損害を生じるような変更を加えることができない（▷271条）。

永小作人の義務については，以上の規定および設定契約で定められたもののほかは，永小作権の性質に反しない限り，民法の賃貸借に関する規定が準用される（▷273条）。

【3】 永小作権の存続期間

永小作権の存続期間は，20年以上50年以下の期間内で，当事者が定めることができる。当事者間でこれより長期の存続期間を定めても，50年とされる（▷278条1項）。更新することは可能であるが，更新時からの存続期間は最長50年とされる（▷同条2項）。また，存続期間について当事者が定めなかった場合は，別段の慣習がある場合を除き，30年となる（▷同条3項）。

▶▶4 永小作権の消滅

永小作権は，物権一般の消滅原因（混同・存続期間の満了など）により消滅するほか，不可抗力により継続して3年以上収益が得られなかった場合または5年以上小作料より少ない収益しか得られなかった場合には，永小作人からの一方的な放棄の意思表示により消滅する（▷275条）。土地所有者からも，永小作人の2年以上にわたる地代不払いがあった場合には，一方的意思表示により消滅させることができる（▷276条）。

▶ §5_ 入会権

▶▶1 入会権とは

入会権（いりあいけん）とは，一定の地域の住民集団が山林や原野などを共同で支配しそこから各人が生活上または農業上の利益を受けることのできる物権である。一定地域の住民集団のことを入会集団（入会団体），入会集団が権利を有する土地のことを入会地，入会集団の構成員を入会権者と呼ぶ。

民法における入会権に関する条文は，263条と294条だけである。263条は共有の性質を有する入会権，294条は共有の性質を有しない入会権について定める。前者は，入会地の所有権が入会集団に帰属する場合の入会権のことを指し，

用益物権の形態をとらない権利である。後者は入会地の所有権が入会集団に帰属しない場合の入会権のことを指し，用益物権の形態をとる。

　古典的な入会権は，各入会権者が自ら使用する目的で薪などを採取するため各自で入会地に入り入会地を共同で使用するというもの（共同利用形態）であったが，社会経済が発展し農村社会が変化するとともに，さまざまな形態の入会権が登場するようになった。入会権者の資格を世帯主および男子孫に限り，部落民以外の男性と結婚した女子孫は離婚して旧姓に復しない限り入会権者としての資格を認めないとする慣習の効力が問題となった判例（★最判平成18・3・17民集60巻3号773頁）があるが，そこでの入会権は，入会集団が入会地を入会集団のうちの1人や第三者に使用させ，その収益を入会集団が得る形態（契約利用形態）をとっていた。

　入会権は，時代の流れとともに解体の過程にあり，「入会林野等に係る権利関係の近代化の助長に関する法律」が解体を進める際の手順を規定している。

▶▶2　慣習の重要性

　入会権が成立するか，入会地につきどのような利用をなしうるか，入会権者の地位の得喪（入会集団の構成員となりうるか否か）などは，各地方の具体的な慣習によることになる。慣習がない場合には，共有の性質を有する入会権については共有の規定が「適用」され，地役権の規定が「準用」される。共有の性質を有する入会権において，入会地は入会集団構成員の共同所有であり，民法には共同所有形態として共有しか規定されていないため，263条では共有の規定を適用するとなっている。ただし，後述するように，入会集団の共同所有形態は共有とは異なる総有であるとされているので，共有に関して認められる分割請求などは構成員に認められない。共有の性質を有しない入会権については，地役権とは異なり，「土地の便益」（▷280条）のための権利ではなく入会集団のための権利であるため，適用ではなく準用の語が用いられている。

▶▶3　入会財産の帰属

　入会集団には法人格がないが，判例が求める要件を満たせば権利能力なき社団であると認められる例もある。共有の性質を有する入会権における入会財産の帰属形態は，権利能力なき社団と同様に，団体的色彩が最も強い共同所有形態である総有であると解されている（★最判昭和41・11・25民集20巻9号1921頁）。

入会権者には持分はなく，したがって持分譲渡や分割請求ということも考えられない。ただし，入会権と一口に言っても，その態様は各地方の慣習によりさまざまであり，持分譲渡が認められたり，入会集団脱退の際に持分相当の対価や補償金が払われたりする例もある。

☕カフェ・コンシェルジュ14.3＿　法務局って何をするところ？

　法務局とは法務省の地方組織の１つであり，その下には地方法務局や支局・出張所が置かれている。法務局は民法をはじめとする様々な法律で定められた制度を基礎で支えている大変重要な組織であるが，法学部生でもその仕事の全容を知っている人は少ないだろう。

　法務局の重要な仕事は登記である。不動産物権変動の対抗要件である不動産登記に関する事務は，不動産の所在地を管轄する法務局や地方法務局などが「登記所」として行っている（▷不動産登記法６条）。不動産登記の申請はオンラインでの電子申請のほかに書面で作成した申請書を提出する書面申請によるが，書面申請の場合は当該不動産を管轄する登記所つまり法務局や地方法務局などの窓口に申請書を提出することによって行う。また，これらの窓口に所定の請求書を提出すれば，誰でも登記事項証明書や登記事項要約書の交付を受けることができる（登記事項証明書については，本書巻末の見本例を参照されたい）。

　不動産登記のほか民法の物権法に関係する登記で法務局が事務を行っているのは，「動産及び債権の譲渡の対抗要件に関する民法の特例等に関する法律」が定める動産譲渡登記および債権譲渡登記である（▷動産債権譲渡特例法５条）。会社などの法人がする動産譲渡や債権譲渡についてこれらの登記がなされると，民法が定める対抗要件（▷178条の引渡し・▷467条の確定日付のある証書）が具備されたものとみなされる。これらの登記に関する日本全国の事務については，東京都中野区にある東京法務局民事行政部動産登録課および債権登録課が行っている。

　商法・会社法で定められた事項を登記する商業登記に関する事務も法務局の重要な仕事の１つであるが（▷商業登記法１条の３），商業登記について詳しくは商法・会社法の授業で学んでほしい。

　登記以外にも法務局は，市区町村が行う戸籍事務（出生届・婚姻届・死亡届など）について全国的に統一された取扱いがなされるよう助言や指導を行ったり，日本国籍を取得したい外国人の帰化申請を受け付けたり，法律が定める一定の目的を達成するために金銭や有価証券・物品などを預かって管理する「供託所」として供託に関する事務を行ったり，実にさまざまな仕事をしている。人権擁護のための啓発活動や，国に利害関係がある訴訟において国の立場で行う訴訟活動（訟務活動）も法務局の仕事である。日本国民の権利保全のための重要な組織である法務局について詳しく知りたい読者は，法務局のホームページ（https://houmukyoku.moj.go.jp/homu/static/index.html）を見てほしい。

➤ **PART__**Ⅱ 担保物権(法)

❖Lec **15** 担保とは何か ·······························

▸ **§1__** 担保物権の意味・種類——典型と非典型

▶▶1 **担保物権の意味**

【事例】 経営者Aに100万円の融資をしたBは、債権の回収を確実なものにしたいと考えているが、それはどのようにして可能となるだろうか。

事例では、Bとしては100万円もの大金を貸したのであるから、Aを信頼しておそらく返済してくれるであろうと思ったはずである。ところが、A自身がいかに立派な経営者であっても、コロナ禍で多くの企業が倒産したように、予想もしない出来事で返済不能となることがある。Bとしてはそのような場合に備えて、あらかじめ自己の債権100万円の回収を確実にする手段を考えておかなければならない。そのための手段が担保であり、民法は大きく分けて2つ用意している。1つは誰か別の人に保証人となってもらって、その人の資力を当てにするという方法である（人的担保）。もう1つは、Bの財産を担保に取る方法である（物的担保）。人的担保は債権総論のところで解説されるのでそちらを参照されたい。本書では物的担保を取り上げる。

まずAがカネを受け取った後は、人が変わったように返済しなくなるということがありうる。その場合どうするか。もしBがお金を貸す時に、たとえばAの所有する高級時計（時価150万円）を担保として受け取っておき、借金返済すればこの時計を返すという方法がある（質権）。この場合、Bは、Aが返済しないかぎり高級時計も返さないと言える（留置的効力という）。Aがその時計を手放したくなければ、借金を返そうとするであろう。その結果債権の回収が確実

となるのである。

　もちろんBは債権者であるから，Aが返済しない場合には，Bは債権者としてAの財産に対し強制執行の手続を取ることができる。かりにAに200万円相当の差押えができる財産があったとして，もし他に債権者がいたらどうなるであろうか。たとえば，Cがすでに400万円の融資をAにしていたら，400万円の債権者Cと100万円の債権者Bがいることになる。強制執行の手続では，債権額に応じて按分して配当されるので，4対1の割合で配当がうけられることになる。つまり5分の4（160万円）がCに，5分の1（40万円）がBに配当される（債権者平等の原則という）。そのためBにとっては100万円のうち60万円が回収できないことになろう。他に債権者がいれば，さらに大きな債権金額となればますます配当が少なくなる危険がある。

　そこで，たとえばAが土地や建物といった不動産を所有していれば，その上に担保物権を設定してもらうという手段がある。よく使われるのが抵当権である。Bが抵当権者となれば，Aが債務を履行しない場合，Bは抵当権を実行し，執行裁判所で不動産を売却（換価という）してもらってその代金から債権を回収することができ，他の債権者に優先して配当を受けられる（▷369条）。これを優先弁済権または優先弁済的効力という。もしBの融資する金額に対し十分な価値のある不動産であれば，多少価値が下がっても確実に回収することができ，加えて他の債権者に優先するので安全確実である。最悪，Aが倒産したとしても，なお安全である。Bに特別の先取特権，質権，抵当権があれば，倒産処理においても破産財団に属する財産につき「別除権」という法的地位が与えられ（▷破産2条9項・10項），それによって破産手続によらないで権利行使できることになっている（▷同65条1項）。これらはいずれも優先弁済効のある担保物権だからである。このようにして，担保物権を利用することでBは安全確実な債権回収の手段を手に入れることができるのである。

▶▶2　担保物権の種類

　民法は，このような担保の手段として4つの担保物権を定めている。留置権，先取特権，質権，そして抵当権であり，これらは講学上「典型担保」（法律上の担保物権）とよばれる。このうち，質権と抵当権は当事者の約定により成立する「約定担保物権」であり，留置権と先取特権は，当事者の約定によらずに法律上当然に成立することから「法定担保物権」である。分類によって，各担保

物権の法的な性格もある程度分かることになるので重要であるが，さらに別の分け方もある。制限物権型と権利移転型である。制限物権型とは，所有権に対し制限物権として成立する担保物権をいい，民法の定める担保物権がそれである。これに対し，権利移転型とはその名の通り権利（所有権）を担保のために移転するものをいう。

権利移転型についていえば，民法制定後，登場してきた多様な形態の担保が背景にあり，その代表的なものとして「譲渡担保」，「所有権留保」などがある。これらは講学上「非典型担保」（法律外の担保物権）と呼ばれ，権利を移転するという特徴がある。譲渡担保では，担保のために目的物の所有権を移転するという形式をとり，債務の弁済により，所有権を戻すことになる。所有権留保では，たとえば自動車の売買において，目的物を引き渡しながら代金はローンで支払うという契約にして，代金完済までその所有権が買主に移転しないで売主に留保されるという合意をする。買主が代金を支払わない場合，Aは売買契約を解除して所有権に基づき自動車の返還を請求し，債権を回収するものである。このように，譲渡担保では権利を移転する形式を取り，所有権留保では権利の移転を留保するという形式を取るが，いずれも権利の移転を利用しているという点で共通し，権利移転型といわれる。

以下ではよく使われる抵当権から解説し，他の典型担保へ，さらには非典型担保へと解説していく。

✕トピック15.1＿ 債権者平等の原則とは

経営破綻によって債務者が破産したり，あるいは債務者の有する財産への強制執行の手続きがなされる場合，たいてい多くの債権者が関与している。債権の成立した原因は，たとえば売買や請負や雇用など様々であり，金額の大きい債権もあれば，時間的に早く成立した債権もある。つまり，債権の成立原因，金額，成立時などが違う。このときにどの債権をどのように扱って後処理をするかは大きな立法課題である。旧民法では，債権担保編に，債務者の財産がすべての債務を弁済するに不足する場合，「債権ノ目的，原因，体様ノ如何ト日附ノ前後」とにかかわらず，その債権額の割合に応じて債権者に配当するという規定があった（▷1条2項本文）。すなわち各債権者の有する債権の目的や原因（貸金なのか売買代金なのかなど），態様，成立した日付けなどを問わない（つまり平等）というものであり，これが「債権者平等の原則」なのであって，したがって金額の平等だけを求めるものではない。もっとも債権者間に「優先ノ

正当ナル原因」があるときは例外であった。この優先の正当な原因が，法律で定めた先取特権や，合意によって設定される抵当権などの担保物権がある場合である。この組み立ては，各種の債権と担保物権との関連を示しているもので，いずれも今の民法には規定がないが，なお原則ならびに例外として今日に生きているといってよい。

▶§2__ 担保物権の性質と効力

▶▶1　担保物権の性質①──総説

　担保物権とされる権利には，基本的に共通するといわれる性質がある。各担保物権の解釈において基準とされることが多く，重要な役割を果たしている。各論でさらに掘り下げられるが，その概略を説明する（すべての担保物権に共通するとはいえない性質もあるので，注意が必要である）。

【1】　付従性

　担保物権は債権を担保するために設定され，あるいは法律で定められている。すなわち担保物権は債権を担保するという「目的」をもつので，この「目的」に基づいてその存在が左右されることになる。具体的には以下のいくつかの内容に分かれる。

　まず被担保債権が成立するのでなければ，担保物権は成立しない（成立における付従性）。たとえば，被担保債権がまだ成立していなかった，あるいは取り消された，あるいは無効とされたときには，担保物権は成立しないことになる。また被担保債権が弁済や時効などにより消滅すれば，担保物権も消滅する（消滅における付従性）。さらに担保の目的物の価値が被担保債権額より超えていても，担保目的物から回収できる範囲は被担保債権額の範囲に制限される（内容における付従性）。そして被担保債権が移転すれば，担保物権もこれに伴って移転する（帰属における付従性）。これは随伴性ともよばれ，こちらの表現のほうがより一般的である。

　もっとも実際には解釈や立法によりこれらの性質は制限されることがあることに注意しなければならない。たとえば，根抵当権については，元本確定まで個々の債権が成立し，あるいは消滅しても，根抵当権自体は成立し，存続し

続けるので，消滅における付従性は大幅に緩和されている（▷398条の2）。

【2】　不可分性

　担保物権の不可分性とは，債権の全額の弁済を受けるまで目的物の全部についてその権利を行使することができる（▷296条）ことをいう。同条は，留置権に関する規定であるが，先取特権（▷305条），質権（▷350条），抵当権（▷372条）に準用されている。権利者からすれば，債権金額がわずかであっても，なお権利行使できるので有用である。

【3】　物上代位性

　物上代位性とは，担保目的物の売却，賃貸，滅失，損傷によって債務者が受ける金銭その他の物に対しても担保物権の効力が及ぶという性質をいう（▷304条）。先取特権につき規定されたこの304条は，質権（▷350条），抵当権（▷372条）に準用されている。優先弁済効をもつ担保物権に共通する性質であり，留置権にはない。後に詳しく述べるが，通説的には，担保物権がその目的物の価値を把握する権利であることから，その価値の代替物である金銭などにも効力が及ぶとされている。

▶▶2　担保物権の性質②──物権としての優先的効力

　担保物権も物権であるから，物権としての性質や効力も有する。物権の排他性，絶対性を有するので，とりわけ質権（不動産質や動産質）や抵当権については公示の原則に服して177条・178条の対抗要件を具備する必要がある。もっとも留置権および多くの先取特権はその例外となる。

　物権としての優先的効力とは，物権相互の優先関係の問題である（❖Lec**02** ▶§1）。抵当権を例に取ると，先に成立した抵当権は後に成立した抵当権に優先するのが原則であるが，この順位は登記の前後による（▷373条）ので，たとえ時間的に先に設定された抵当権であっても，登記した時点が後である場合には後れることになる。時間順ではなく，登記の先後が基準となる。

　なお，同一の目的不動産に同じ内容の抵当権が複数成立することは可能であり，物権の排他性に矛盾することはない。たとえば，1000万円の土地に，Aに対し400万円の融資をしたBのために抵当権が設定され，その後，CもAに対し200万円の融資をして抵当権が設定された場合，Aが債務不履行となれば，Bは抵当権実行により価格通りに売却された場合，1000万円からBに400万円が配当され，次にCに200万円が配当されることになる。ここではBが先の順位でC

が後の順位という権利に順序がつくので，物権同士が衝突するわけではないのである。

【1】　優先弁済的効力

担保物権は，債務者が債務を履行しないとき，担保目的物の価値から，他の債権者に優先して被担保債権の弁済を受けることができる。これを優先弁済的効力というが，先に述べたように，「債権者平等の原則」の例外をなすものである。

この優先弁済的効力が認められる先取特権，質権，抵当権について，各担保権者は民事執行法の手続きにもとづいてその権利が実現される。具体的には担保の目的物を競売によって換価し，得られる換価金から優先弁済を受けることになる。さらに，担保不動産の「収益」から優先弁済を受けることができる「収益執行手続」も設けられた（平成15年の担保法改正）。これは不動産の賃料などの収益から債権回収をはかるというものである（▷民執180条2号）。これに対し，留置権は優先弁済的効力がない。留置的効力によって債務の弁済を促すという効力が認められるにすぎないのである。

非典型担保である譲渡担保，所有権留保などについては，いずれも権利移転型であることから，他の債権者が関与・介入することが少なくなる。たとえば，甲土地の所有者AがBから融資を受けるために担保として甲土地の所有権をBに移転する形にして，返済したら所有権を戻してもらうという譲渡担保契約を結んだ場合，その甲土地に対し他の債権者が関与する余地はきわめて少ないことになる。甲土地の登記がB名義へと移転することになるからである。そのためAの財産に対して他の債権者が差し押さえてくる可能性はほとんどない。そのため譲渡担保権者であるBは甲土地から優先的に弁済を受ける立場に立つことになる（詳しくは「譲渡担保」の項を参照）。

【2】　留置的効力

債務者が債務を完済するまで，目的物を債権者のもとにとどめ，これを留置することができるというのが留置的効力である。つまり債権者は債務者から物の引渡しを求められても拒絶できるということになるので，債務者に心理的圧迫を加え，間接的に債務の弁済を強制するのである。留置権には留置的効力があり（▷295条），優先弁済的効力をもつ質権（▷342条）にも，留置的効力が与え

られる（▷347条）。

【3】 収益的効力

　質権の1つである不動産質には，使用および収益が認められている（▷356条）。収益的効力という。目的物の使用収益は本来所有権の内容である（▷206条）が，占有担保である不動産質に認められている。とはいえ不動産質が設定された債権者は収益できるかわりに利息を請求できない（▷358条）ので，収益的効力があるといっても実は十分なものではない。

❖Lec **16** 抵当権【1】──総説 ･･･････････････

【事例】 ① Aは，自分が経営する食堂の改装のために資金を得たいと思っている。B金融機関に相談したら担保はありますかと聞かれた。食堂はAの所有する建物であり，その下にある土地もAが所有している。これは担保に使えるであろうか。そして担保として提供してもAは食堂を営業し続けられるのであろうか。
② Aは，B金融機関のために自己の所有する不動産（食堂兼住居）に抵当権を設定して融資を得た。その後，食堂の営業のために新たに大型冷蔵庫甲を設置していたところ，Aは債務不履行となりBは抵当権を実行してCが買受人となった。Cは甲の所有権も取得したか。

▶§1__ 抵当権の意義・性質・効力

【事例①】では，Aは不動産を有していて，さらに食堂を経営しているので，これを継続することが不可欠となる。そこでそのために利用できる担保物権が抵当権である。抵当権は不動産を目的物とすることができ，その占有を他に移転することがないからである。民法は，このことを次のように定義する。抵当権とは，債務者（または第三者）が占有を移さないで債務の担保に供した不動産について，他の債権者に優先して弁済を受けることができるとされる（▷369条1項）。事例ではB金融機関から融資を受けるAが債務者となり，債権者Bのために所有する土地と建物を債務の担保として提供するのである。不動産を担保として提供する債務者（または第三者）とは，基本的に不動産の所有者である。なお債務者以外の第三者も，自己の不動産を担保として提供することができ，この第三者を「物上保証人」という。

したがって抵当権者Bは土地建物を占有することはない。Aはなお食堂を営業し続けられるのであり，その営業利益からBに借金を返済することができる。

すなわち【事例①】ではBは，Aの食堂を自ら経営することもないのであるから，Bとしては投資を回収するために十分な担保価値がその不動産にあるかどうかだけ考えればよいのである。このように「非占有担保」であること，そして比較的財産的価値の高い不動産について所有者が融資を得る一方で「占有」を続けて営業を継続できることから，まさにそれゆえに抵当権は担保の女王とも言われるのである。

そしてAが債務を弁済できなくなったときにはBは抵当権に基づいて不動産を換価することができ（抵当権の実行），その売却代金（換価金）から弁済を受けることになる。もしもB以外に他の債権者がいたとしても，担保権のない一般債権者であれば，その債権者に優先して，担保不動産から弁済を受けられるのである（優先弁済的効力という）。このように目的不動産を売却処分し，その換価代金（交換価値）を把握することができるという意味で，抵当権は目的物の交換価値を把握する権利であると言われることがある。また抵当権は，債権者と抵当不動産の所有者（債務者または物上保証人）との間で結ばれる抵当権設定契約によって生ずる。すなわち当事者の合意によって生ずるので「約定担保」という。

以上のように抵当権は「非占有担保」かつ「約定担保」であることがその特徴となる。この点，同様に「約定担保」である質権と大きく異なるのが，占有が移るかどうかという点である。たとえば時計を質屋に持っていき，これを担保として預け，お金を借りることは古くから行われてきた。債権者に占有が移るので質権は「占有担保」である。不動産に質権を設定するときにも，不動産の占有は債権者に移転し，質権者は不動産を使用収益することもできる（▷356条）。この点は質権者には有利になるかもしれないが，その一方で質権者は不動産を管理する費用を負担し（▷357条），利息も取れない（▷358条）のであるから，必ずしもそうとはいえない。実際不動産質は多く使われてはいないようである。

次に抵当権の目的物は不動産であるから土地・建物がその対象となる。例外的に地上権や永小作権も目的とすることができる（▷同条2項）が実際にはその例は少ない。

▶ §2 抵当権の効力──担保競売・担保不動産収益執行

債務者が債務の弁済をしないで債務不履行となったときには，抵当権者は抵

　抵当権を定義するときに，目的物の交換価値を把握する権利であるという表現がされることがある。最高裁の判決にも登場することがあり，これを簡単に「価値権」とも言われる。しかし「交換価値」という用語は民法の条文のどこにも見当たらない。これはもともと経済学の理論に由来するものであって，民法制定当時にはなかった概念だからである。これはかつて著名な学者がドイツ法の影響を強く受けてわが国に輸入してきた学説によるものであり，当時の状況，とくに法制度としての抵当制度のレベルがまだ実務の要請に応えられるものではなかったことによるものといえよう。というのは，民法制定当時の抵当権はもっぱら債権を担保することを目的としていたから，その後の経済，とくに高度に発達していく資本主義経済では，不動産への投資を流動化する要請は強くなるので，古い制度では十分に対応できるものではなかったからである。そこで当時の法制度を改めていくために，解釈や立法の指針として構想されたものと思われる（「近代的抵当権論」ともいう）。これまでその後の学説に批判されることもあったが，現在もなお影響力がある。

当権を実行することができる。その手続は民事執行法上の「担保権の実行としての競売等」の規定（▷民執180条以下）によることになる。その場合，担保不動産競売と担保不動産収益執行の2つの手段を選択できる（▷民執180条）。前者の競売では不動産を売却・換価するもので，その換価代金が各債権者に配当されることになる。

　後者の収益執行とは，不動産から生ずる収益（たとえば賃料）を被担保債権の弁済にあてるもので，平成15年（2003）の改正法（平成15年法律第134号）によって新設された。もともとバブル経済崩壊などにより不動産市場が低迷し，不動産を競売にかけても売却することが難しくなったことがあり，優良なテナントの入るビルやマンションなどではむしろ管理をした上で賃料を債権の回収にあてる方法が考えられたのである。後述する物上代位（▷304条・372条）によって賃料債権を差し押さえる方法とは別の回収方法として民事執行法に規定されたものである。

▶§3＿＿　抵当権の効力の及ぶ範囲——付加物・従物・果実

【1】　意義
　抵当権は，実行されると基本的に競売手続において売却され，そこで代金を

納付した買受人が目的不動産の所有権を取得する。建物，あるいは土地の所有権を取得することになる。一方，その建物や土地は，抵当権設定の前でも後でも，時間の経過のうちに，様々な物が付着し，あるいは追加されることがある。住居の庭であれば花や果樹や樹木が植えられた家庭菜園ができ，温泉旅館を経営する土地であれば露天風呂を作るために岩石を敷き詰め，雨風をしのぐ屋根が設営されたりする。建物内にエレベーターが設置され，あるいは平屋建てが増築されて2階建てになることがある。このような場合，土地建物の所有権を取得した買受人はどの範囲まで自己の所有とすることができるのだろうか。この問題は抵当権の効力がどの範囲まで及ぶのかという問題となる。まず，土地を目的とする抵当権は，その土地上にある建物には及ばない。このことは，370条の規定が「抵当地の上に存する建物を除き」としているので明らかである。つまり土地と建物は別個の不動産であるから，土地の抵当権と建物の抵当権はそれぞれ別個に設定しなければならない。そこで土地の抵当権は地上建物以外の物について，どこまで及ぶかが問われる。この点につき，民法では，抵当権の効力は，抵当不動産の付加一体物（付加物ともいう）に及ぶ（▷370条本文）と定めている。それではこの「付加一体物」とは何であろうか。

【2】 付加一体物（付加物）

　民法上，付加一体物に似たようなものとして，「付合物」（▷242条）と「従物」（▷87条）という概念がある。付合物は，たとえば，土地の石垣や建物の屋根瓦などであり，「その不動産に従として付合した物」であるから，不動産の所有者はその部分について所有権を取得する（▷242条本文）。そうであればその不動産に設定された抵当権はその部分についても効力が及ぶことになるはずである。付合した時期が抵当権設定の前か後かによって結論が変わることはない。言い換えれば，抵当権の効力が及ぶ範囲は，不動産所有権の及ぶ範囲と同じということになる。たとえば露天風呂に敷き詰められた岩石部分はその土地に付合しているといえるし，増築された2階部分も建物に付合しているといえるので，それらの不動産に設定された抵当権も効力が及ぶことになる。

　もっとも他人が権原によって附属させた場合，たとえば土地の賃借人が植えた樹木などについては土地の抵当権の効力は及ばない（▷242条ただし書き）。

　不動産の「従物」についてはどうか。従物とは，ある物の所有者がその物の常用に供するため，自己の所有する他の物を附属させた物である（たとえば建物に附属した畳・建具，家具，障子などであり，土地であれば取り外し可能な庭石，石

灯籠など）。そして87条2項により，従物は「主物の処分に従う」ので，主物である不動産について抵当権の設定という処分（設定的処分）がなされれば，抵当権は従物に及ぶとも解される。これに対し，370条を根拠として，従物は「付加一体物」に入るとする学説もある。

　判例は，87条2項により，抵当権設定当時において抵当建物の常用に供されていた従物（畳・建具，そして湯屋営業用器具一式）に抵当権の効力が及ぶとした（大連判大正8・3・15民録25輯473頁）。ところが，後の最高裁は，抵当宅地上の石灯籠，取り外しのできる庭石は宅地の従物であり，植木と取り外し困難な庭石は宅地の構成部分であるとして，抵当権設定当時に存在した従物および構成部分に抵当権の効力が及ぶとした。ここでは370条を根拠としている（最判昭和44・3・28民録23巻3号699頁）。

　抵当権設定後に附属された従物はどうか。【事例②】の冷蔵庫は抵当権設定後に設置されている。判例は認めるものも認めないものもあり，明確ではないが，いずれの学説も認めている。370条は，設定行為に別段の定めがある場合を除いて，付加一体物に抵当権の効力が及ぶとするものである。抵当権設定の時以後も経済活動はなされるので，付加物にも変動があるのが通常であるから，当事者が抵当権の効力が及ばないとする特約がないかぎり，食堂の営業という経済活動のために原則として及ぶと解してよいであろう。【事例②】では冷蔵庫に及ぶことになる。

【3】　果実

　抵当権は非占有担保であるから，目的不動産の利用によって生ずる利益，たとえば土地に生育する樹木から生ずる天然果実（梨，リンゴなど。▷88条），土地を賃貸して生ずる賃料といった法定果実については，目的不動産の所有者が原則として収受できるのであるから，抵当権者のもとには入らない。つまり抵当権の効力はこれらの果実には及ばないことになる。そのため，平成15年改正前においては，天然果実は目的不動産の差押えがあった後にはじめて効力が及ぶとされ（▷371条旧規定），法定果実については物上代位の規定（▷372条・304条）によって効力が及ぶものとされていた。ところが，平成15（2003）年改正により担保不動産収益執行制度が民事執行法に導入されたため，賃料などの収益に抵当権の効力を及ぼす根拠が必要となり，民法371条が改正されたのである。そこで，被担保債権の債務不履行を前提として，天然果実はもとより，法定果実に対しても抵当権の効力が及ぶものとされた。

❖Lec **17** 抵当権【2】──物上代位 ‥‥‥‥‥‥‥

【事例】　①　Aは，Bに対する債権を担保する目的でBが所有する甲建物に抵当権の設定を受けた。ところが，甲建物はCの放火による火災で焼失してしまった。Aの甲建物上の抵当権はどうなるか。

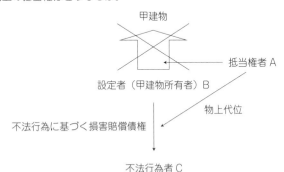

　②　Aは，Bに対する債権を担保する目的でBが所有する甲建物に抵当権の設定を受けた。Aの抵当権設定登記後，Bは甲建物をCに賃貸した。Cとの賃貸借契約の後，Bは，債権者Dに対し，担保目的でCに対する賃料債権を包括的に譲渡する契約をした。この時点で，債権譲渡の通知はCにはされていなかったが，その後Bの信用状態が悪化したため，DはBから預かっていた譲渡通知書をCに送付して，Cから未払い賃料(Cは，譲渡通知前から賃料を払っていなかった)を取り立てようとした。AとDの間においては，法律上のどのような点が問題となるか。

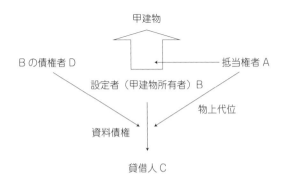

▶ §1__ 物上代位の意義

▶▶1 物上代位とは

　物上代位とは，抵当権の目的物の売却，賃貸，滅失または損傷によって抵当権の目的物の所有者が受けることになる金銭その他の物に対しても，抵当権の効力を及ぼすことができる制度である（▷372条・304条）。【事例①】では，Aの抵当権は目的物である甲建物の滅失により消滅するはずだが，他方で，甲建物の所有者（抵当権設定者）であるBは不法行為者Cに対して不法行為に基づく損害賠償債権を取得する。そこで，民法は，抵当権の目的物の所有者だけが利益を享受することがないように，抵当権を消滅させずに，目的物の価値変形物や代位物・代償物（【事例①】ではBのCに対する不法行為に基づく損害賠償債権）にもその効力を及ぼすことを認めた。抵当権の効力を及ぼすことができるということは，物上代位した債権についても他の債権者に先立って優先的効力を主張でき，そこから優先的に債権の回収を図ることができるということである。

　民法は，まず先取特権に関する物上代位について規定する304条を置き，抵当権についてはその条文を372条で準用している。304条は先取特権に関する規定であるから，同条を抵当権に準用するにあたっては，いくつか注意すべき点がある。まず，先取特権は債務者の財産しか目的としないのに対して，抵当権では物上保証人が設定者となる場合があり，また抵当不動産を買い受けた第三取得者が登場する場合も考えられる。そうすると，304条の「債務者」は「抵当目的物の所有者」と読み替えなければならない。物上代位できるのは「目的物の売却，賃貸，滅失又は損傷」により抵当不動産所有者が取得する債権であるが，これも抵当権にそのまま準用してよいのかが問題となる。この問題については，次の「物上代位の目的債権」のところで検討しよう。

▶▶2 なぜ抵当権者には物上代位が認められるか

　なぜ抵当権者に物上代位が認められるのかをめぐっては，古くから2つの学説が対立してきた。物上代位権をどのような権利ととらえるかは，これから検討するさまざまな問題について影響を及ぼすため，ここで簡単に見ておこう。

　物上代位権は抵当権者の保護のために法律によって特別に認められた権利

であるとする学説（特権説）がある。これに対して，抵当権は目的物の交換価値を把握できる権利であることから，物上代位権は交換価値の実現ないしは変形物である物上代位の目的物に対して当然認められるべき権利であるとする学説（価値権説）もある。

▶ §2__ 物上代位の目的債権

▶▶▶1　損害賠償債権・保険金債権

　372条が準用する304条は物上代位の目的について，「目的物の売却，賃貸，滅失又は損傷によって債務者が受けるべき金銭その他の物」とする。「金銭その他の物」が物上代位の目的となると規定されているが，その「払渡し又は引渡し」前，つまり債権の段階で差押えが必要とされている。以下で物上代位の目的物ではなく目的債権として説明を行うのはそのためである。

　【事例①】のように不法行為により目的物が滅失した場合に，設定者が不法行為者に対して取得する不法行為に基づく損害賠償債権は，抵当権の滅失により受けるべき金銭として物上代位の目的となる。したがって，【事例①】の抵当権者Aは，甲建物所有者Bが放火した不法行為者Cに対して取得した損害賠償債権に物上代位できる。

　では，【事例①】において甲建物に火災保険がかけられていて，設定者であるBが保険会社に対して保険金を請求できる場合，抵当権者Aは火災保険金請求権（火災保険金債権）に物上代位することができるだろうか。保険金請求権は，保険契約に基づく保険金支払いの対価と考えると，抵当権の目的物である甲建物の交換価値の実現や変形物と考えることは難しい。しかし，判例は保険金請求権にも当然に抵当権の効力が及ぶと解している（★大判大正12・4・7民集2巻209頁）。理論的には議論の余地があるが，抵当権の実効性確保という点，抵当権不動産の所有者のみが利益を享受することは妥当ではない点から，この判例の結論に多くの学説は賛成している。ただし，実際は，抵当権者が目的物につき将来の保険金請求権に質権（債権質）を取得することが一般的であり，保険金請求権への物上代位はあまり問題とならない。

▶▶2　売買代金債権

　抵当権設定者が抵当不動産を第三者に売却した場合，その売買代金債権に抵当権者は物上代位することができるだろうか。372条が準用する304条では目的物の「売却」によって受けるべき金銭その他の物と規定されているから，条文上は当然に売買代金債権にも物上代位できそうである。しかし，304条は先取特権に関する規定であり，先取特権の場合は対象財産が債務者の財産に限られており，対象財産が売却されると先取特権の効力を及ぼすことができない。そのために先取特権者が売買代金債権に物上代位できる必要がある。しかし，抵当権については，抵当目的物が第三者に譲渡されてもその効力が及ぶため，抵当権者が売買代金債権に物上代位できるとする必要性は乏しい。このように抵当権に基づく売買代金債権への物上代位は実益に乏しいと考えられるため，売買代金債権への物上代位を否定する学説が多い。

✕トピック17.1＿　買戻代金債権への物上代位

　抵当権について売買代金債権への物上代位を認めることは実益に乏しいと書いたが，売買代金債権に類似する買戻代金債権への物上代位については別の考慮が必要である。たとえば，AがBに買戻特約（▷579条）付きで甲土地を売却し，買戻特約の登記がされたとする。579条で買戻しを行うと，つまり売買契約を解除すると，解除の遡及効により売買契約後に買主の下で設定された抵当権は遡及的に消滅する。買主Bが甲土地上にCのための抵当権を設定した後，売主Aが買戻しを行うと，抵当権より先に買戻特約は登記されていたから，Cのための抵当権は遡及的に消滅する。他方で，買主Bは買戻代金債権を取得する。このような場合について，判例は，買戻代金債権は目的物の価値変形物として目的物の売却または滅失によって債務者が受けるべき金銭にあたるとして，抵当権者が買戻代金債権に物上代位できると解している（★最判平成11・11・30民集53巻8号1965頁）。

▶▶3　賃料債権

　抵当不動産が賃貸物件である場合，その賃料債権に抵当権者は物上代位することができるだろうか。【事例②】のように，抵当不動産の所有者が抵当不動産を第三者に賃貸した場合である。372条が準用する304条では目的物の「賃貸」によって受けるべき金銭その他の物と規定されているから，条文上は当然賃料債権にも物上代位できそうである。しかし，物上代位は目的物の価値変形物や

代位物・代償物に対して行えるのであり，賃料や地代などの抵当不動産の収益の対価には物上代位することはできないのではないか。抵当権に基づく賃料債権への物上代位の可否については，かつて抵当権の本質論との関係で議論があった。抵当権は，その実行までは，目的不動産を設定者（抵当不動産の所有者）が占有し使用収益できる権利（非占有担保物権）である。収益の対価である賃料については，抵当権者の物上代位を認めるべきではないとの学説が有力に主張されていた。

　しかし，判例は，①抵当権は目的物に対する占有を設定者の下にとどめ，設定者が目的物を自ら使用したり第三者に使用させたりすることを許す性質の担保権（非占有担保物権）であるが，抵当権のこのような性質は先取特権と異なるものではないこと，②設定者が目的物を第三者に使用させることによって対価を取得した場合に対価について抵当権を行使することができるとしても，設定者の目的物使用を妨げることにはならないことから，賃料債権にも物上代位できると解している（★最判平成元・10・27民集43巻9号1070頁）。

　抵当権は，被担保債権について不履行があったとき，不履行後に生じた抵当不動産の果実に及ぶとされている（▷371条）。したがって，法定果実である賃料債権に物上代位できるとしても，被担保債権の債務不履行の後であると解される。このように解することで，抵当不動産の所有者の収益を抵当権者がすべて吸い上げるということがなくなる。平成15（2003）年担保法改正により371条が改正される前は，賃料の物上代位を否定する学説からは，賃料債権への物上代位を認めると賃貸人（抵当不動産の所有者）が賃料を受け取ることができない結果，管理修繕のための費用を得ることができず不動産の荒廃を招くとの批判がなされていたが，債務不履行後の果実に限定することでそのようなおそれがなくなった。なお，抵当権の実行方法として，担保不動産競売（▷民事執行180条1号）に加えて，賃貸物件の賃料からの収取を図る担保不動産収益執行（▷同条2号）という方法が認められており，賃料については，物上代位と並ぶ制度が存在する。そこでは目的不動産の維持管理に必要な費用を差し引いた額から抵当権者は配当を受けることができる。

✕トピック17.2＿ 転貸賃料債権への物上代位の可否

　判例は，抵当権に基づく転貸賃料（転貸料）債権への物上代位については否定して

いる（★最判平成12・4・14民集54巻4号1552頁）。物上代位できるのは抵当不動産の所有者が受けるべき金銭その他の物であるが，転貸料を受け取るのは転貸人（賃借人）であり抵当不動産の所有者である賃貸人ではないからである。転貸賃料債権への物上代位を認めると，正常な転貸借における賃借人（転貸人）の利益を不当に害することにもなる。ただし，賃借人（転貸人）を抵当不動産の所有者と同視できるような場合には例外的に転貸賃料債権への物上代位も許されるとする。たとえば，抵当不動産の所有者が経営する会社が賃借人（転貸人）となっているような場合である。

▶ §3__ 物上代位における差押え

▶▶1 差押えの意義

　先述したように，抵当権に基づく物上代位には，払渡しまたは引渡し前，つまり債権の段階での差押えが必要とされている。【事例①】で言えば，BがCから損害賠償金を受け取る前の段階，つまり不法行為に基づく損害賠償債権の段階で差押えが必要である。この差押えは，債権についての担保権の実行に際して要求される差押えと同じものである（▷民事執行193条1項後段）。

　では，なぜ差押えが必要なのだろうか。この問題を考える際には，先ほど説明したなぜ抵当権者に物上代位が認められるのかをめぐる学説の立場の違いが影響してくる。物上代位権は交換価値の実現ないしは変形物である物上代位の目的物に対して当然認められるべき権利であるとする価値権説によれば，目的物がなくなってもその代位物の上に抵当権は存在し続けることになる。しかし，代位物が目的物の所有者の財産に混入してしまうと，どこに抵当権が及んでいるかわからなくなるため，それを防ぐために差押えが必要であると解する（特定説維持説）。このような学説によれば，特定性さえ維持できれば，抵当権者自らが差し押さえなくても他の一般債権者の差押えでかまわないことになる。

　これに対して，物上代位権は抵当権者の保護のために法律によって特別に認められた権利であるとする特権説の立場から，差押えの必要性を説明する見解がある。目的物の消滅により物権である抵当権は当然に消滅するが，法律によって抵当権者を保護するために特別に物上代位が認められたと解する説である。このような学説によれば，抵当権者が目的債権について優先権（物

上代位権）を主張するためには自ら差押えることが必要となる（優先権保全説）。抵当権者が差押えをしない間に物上代位の目的債権について第三者（譲受人・質権者・差押債権者）が登場すると，抵当権者はこれらの第三者に物上代位権を対抗できないとされ，差押えが第三者に対する対抗要件ととらえられている。

▶▶2 判例の見解

目的債権の払渡しまたは引渡し前の差押えを求めた趣旨について，当初の判例は特定性維持説に立っていたが，その後の判例（★大連判大正12・4・7民集2巻209頁）は優先権保全説をとった。優先権保全説によれば，抵当権者自らが差押えをすることが必要であり，差押えは抵当権者の優先権（物上代位権）を第三者に公示する役割を有するため第三者への対抗要件となる。

現在の判例は，第三債務者保護説という見解を採用している（★最判平成10・1・30民集52巻1号1頁など）。物上代位の目的債権には抵当権の効力が及んでいることから，第三債務者（物上代位の目的となる債権の債務者）は設定者に弁済をしても弁済による目的債権の消滅の効果を抵当権者に対抗できないという不安定な地位に置かれる可能性がある。【事例①】および【事例②】のCのように，抵当権者Aか設定者（甲建物所有者）Bのどちらに弁済すべきかわからない立場にある第三債務者を保護するために差押えが必要である。差押えは物上代位権行使の要件であり，第三債務者は差押命令の送達を受ける前には設定者に弁済をすればよく，目的債権の消滅の効果を抵当権者にも対抗することができることになる。

なお，先取特権の代金債権への物上代位について，判例は差押えが要求された趣旨を抵当権における差押えの趣旨とは異なるものととらえている。判例によれば，先取特権についての差押えは，物上代位の目的債権の特定性が保持されることで物上代位権の効力を保全せしめるとともに，目的債権の弁済をした第三債務者または目的債権の譲受人などが不測の損害を被ることを防止するために要求される（★最判昭和60・7・19民集39巻5号1326頁）。

▶▶3 「払渡し又は引渡し」

【1】 「払渡し又は引渡し」の意義

物上代位の目的債権の債務者（第三債務者）による弁済が「払渡し又は引渡し」

（▷372条が準用する304条）となることについては，特に問題はないだろう。判例は，第三債務者が目的債権を受働債権として相殺の意思表示をする場合についても，相殺は債権の消滅をもたらすことで弁済と同視しうるとして，抵当権者は相殺の意思表示以降は物上代位できなくなるとする（★最判平成13・3・13民集55巻2号363頁）。

【2】 「払渡し又は引渡し」に債権譲渡は含まれるか

　先ほど説明した抵当権に基づく物上代位における差押えの意義に関する判例（★前出・最判平成10・1・30）は，第三債務者保護説の立場から，372条が準用する304条の「払渡し又は引渡し」に債権譲渡は含まれないとしている。したがって，【事例②】のように，物上代位の目的となる賃料債権が譲渡され第三者対抗要件を備えた後でも，抵当権者Aは自ら目的債権を差し押さえれば物上代位権を行使することができる。このように解しても第三債務者の利益は害されないし，抵当権の効力が物上代位の目的債権に及ぶことは抵当権設定登記により公示されているというのである。かつての判例（優先権保全説）では，抵当権者が差押えをしない間に物上代位の目的債権について第三者（譲受人・質権者・差押債権者）が登場すると，抵当権者はこれらの第三者に物上代位権を対抗できないとされていたことと大きな違いがある。しかし，実際面においても，このように解さないと，【事例②】（★前出・最判平成10・1・30の事案をもとに作成）のように，抵当権者の差押え前に債権を将来発生する賃料債権も含めて包括的に譲渡するなどして容易に抵当権者の物上代位権を行使できなくすることができてしまう。

　このような372条が準用する304条の「払渡し又は引渡し」に債権譲渡は含まれないとする判例の立場は，債権の譲受人ではなく差押債権者に対する関係においてもあてはまる（★最判平成9・2・25判時1606号44頁）。【事例②】のDが債権の譲受人ではなく賃料債権を差し押さえた債権者だとしても，抵当権者Aは抵当権設定登記により自らの優先権（物上代位権）を対抗でき，Dの差押え後であってもA自ら差し押さえることで目的債権について物上代位権を行使できる。目的債権についての質権設定も同様に解されており，目的債権についての債権譲渡，質権設定，差押えはいずれも払渡しまたは引渡しにあたらないことになる。目的債権についての債権譲渡，質権設定，差押えが行われて，それらについて対抗要件が具備されたとしても，抵当権者は目的債権を自ら差し押さえて物上代位権を行使できるのである。

【3】 抵当権に基づく物上代位と転付命令の優劣

　転付命令とは，差押債権者の申立てにより，支払いに代えて券面額で差し押さえられた金銭債権を差押債権者に転付する命令のことであり（▷民事執行159条），いわば裁判所が命じる債権譲渡である。このような転付命令と抵当権に基づく物上代位との優劣に関して，判例はどのような考え方をとっているのか。判例は，転付命令が第三債務者に送達された後では抵当権者は目的債権に物上代位できないとする（★最判平成14・3・12民集56巻3号555頁）。【事例②】のDへの債権譲渡が裁判所の命じる転付命令だったとすれば，抵当権者Aはもはや目的債権に物上代位することはできなくなる。

　債権譲渡後の物上代位を認める判例とは異なる判断をした理由については，転付命令の民事執行法上の取扱いにより説明されている。転付命令が第三債務者に送達される時までの間に転付命令の目的債権について他の債権者が差押えなどをしたときは，転付命令は効力を生じない（▷民事執行159条3項）。しかし転付命令が確定すれば，転付命令が第三債務者に送達された時に，差押債権者の債権および執行費用は券面額で確定的に弁済されたものとみなされる（▷同160条）。このことから，抵当権者は目的債権に物上代位できなくなる。

【4】 抵当権に基づく賃料債権への物上代位と賃借人の相殺の優劣

　抵当不動産の賃借人が抵当権設定登記の後に賃貸人に対して取得した債権を自働債権とする賃料債権との相殺をもって賃料債権に物上代位権の行使としての差押えをした抵当権者に対抗することはできるだろうか。次のような事例で考えてみよう。Aは，Bに対する債権を担保する目的でBが所有する甲建物に抵当権の設定を受けた。Aの抵当権設定登記後，Bは甲建物をCに賃貸したが，賃貸借契約時にCは保証金として1000万円をBに預託した。その後，BとCは保証金を毎月の賃料と相殺する合意をした。抵当権者Aが物上代位権の行使として賃料債権を差し押さえてCに賃料債権を取り立てようとしたのに対して，Cが相殺を主張することはできるか。

　この問題を考える際には，差押えと相殺の優劣に関する判例を知っておく必要がある。詳しくは債権総論で学ぶが，判例は，債権が差押えられた場合に，第三債務者が債務者に対して反対債権を有していたときは，その債権が差押え後に取得されたものでない限り，当該債権および被差押債権の弁済期の前後を問わず両者が相殺適状に達しさえすれば，第三債務者は，差押え後においても，右反対債権を自働債権として被差押債権と相殺することができると述べ，い

わゆる無制限説の立場をとっている（★最大判昭和45・6・24民集24巻6号587頁）。判例は，相殺の担保的機能を重視し，差押え前に存在していた反対債権による相殺を認め，相殺が差押えに優先することを認めている。もちろん自働債権および受働債権がともに弁済期にあることは必要である。

　これに対して，抵当権に基づく賃料債権への物上代位と賃借人の相殺の優劣について，判例は抵当権者が物上代位権を行使して賃料債権の差押えをした後は，抵当不動産の賃借人は，抵当権設定登記の後に賃貸人に対して取得した債権を自働債権とする賃料債権との相殺をもって，抵当権者に対抗することはできないとする（★前出・最判平成13・3・13）。差押えと相殺の優劣に関する判例のような相殺合意が常に優先するとすれば，反対債権を賃借人が有している場合，相殺合意をしておけば抵当権者の物上代位権は無に帰することになってしまうからである。

> **✕トピック17.3__　抵当権に基づく賃料債権への物上代位と敷金との相殺の優劣**
>
> 　抵当権者が賃料債権に物上代位したが，その賃料債権について，上のような保証金債権ではなく敷金返還請求権で充当された場合はどうなるか。判例は，賃貸借契約が終了して目的物が明け渡されたときは，賃料債権は敷金の充当によりその限度で消滅するとする（★最判平成14・3・28民集56巻3号689頁）。敷金契約が締結されると，賃料債権は敷金の充当を予定したものになるというのがその理由である。賃貸目的物の明渡しにより，賃借人は，敷金から残存する賃料などが当然に控除されて残存額について敷金の返還請求ができる。敷金額を超える賃料の残額がない限り，物上代位できる賃料債権自体がなくなってしまう。判例は，敷金の性質に基づいて，抵当権に基づく賃料債権への物上代位と賃借人の相殺の優劣に関する事例とは違う判断をしたのである。

❖Lec **18** 抵当権【３】 ──抵当権侵害ほか ………

▶ §**1**＿ 抵当権侵害

> 【事例】 Aは，Bから融資を受ける目的で，Aが所有する家屋についてBのために
> 抵当権を設定したが，Aは弁済期になっても債務を履行しない。そこでBはやむな
> く抵当権を実行しようとしていた。次の２つの場合，Bは何ができるか。
> ① そのときに，A自身がその家屋の一部を取り壊し始めた。
> ② 抵当権が設定された後に，Cがその家屋の賃借人であると言って，高額な立退
> 料を要求し，あれこれと文句をつけてきた。これでは抵当権を実行しても買い手が
> 現れるか，難しい状況にもなっていた。

▶▶1 抵当権の特徴

　抵当権も物権の１つであるから，物権に認められる効力，たとえば物権的請
求権が行使できるはずである。ある土地に他人の車が勝手に止められていたと
きは，土地の所有者はその車を土地から出すようにとその所有者に請求できる
であろう。しかし，その土地に抵当権が設定されていたら，抵当権者は同じよ
うに車を出せと請求できるのであろうか。

　所有権は目的物の使用・収益・処分権能を内容としている（▷206条）が，抵
当権はこれと同じではない。抵当権は，目的物の占有を移転しない担保，すな
わち「非占有担保」であって，被担保債権の弁済が得られない場合に目的物を
換価して，金銭に換え，そこから他の債権者に優先して弁済を受けられる権利
である（▷369条１項）。このことから通説ならびに判例は，抵当権を目的物の交
換価値を支配する権利（価値権）であるという。そのため抵当権は目的物の使
用収益を内容としない（使用収益権限を持たない）ので，所有者は目的物を使用
収益することができるのである。また所有者は，それが通常の使用や営業の範
囲内であれば，耕作したり，他人に賃貸し，あるいは譲渡することも可能なの
である。質権ならば，目的物を占有し（▷342・344条），不動産質ならば使用収

益が許される（▷356条）のと対照的である。そこで，このような抵当権の法的性質から，所有権や地上権などの物権に基づく物権的請求権とは異なる解釈をする必要が生ずる。

▶▶2　抵当権侵害

【1】　【事例①】のように目的物である家屋を損壊する行為はどうであろうか。古くから，抵当山林の事例において，債務者または第三者が抵当山林を通常の用益の範囲を超えて不当に伐採することは，抵当権の侵害に当たるとされて，その伐採の禁止を求めることができ，さらに伐採された木材の搬出をも禁止することができるとされてきた（★大判昭和7・4・20新聞3407号15頁）。このような場合には，抵当権に基づく妨害排除請求権や妨害予防請求権を行使できることになる。【事例①】においても，目的物の毀損行為であるから，通常の用益の範囲を超えるもので同様と考えられる。したがって抵当権者は妨害排除請求権を行使して家屋の損壊を禁止するよう請求することができよう。そして物権的請求権であるから，侵害行為をなした者に故意・過失は要件とはされない。

> ✕トピック18.1＿　不可分性の原則
>
> 　抵当山林の伐採の事例において，たとえば抵当権の被担保債権額が400万円であるとして，山林全体の価値が1000万円であるとする。伐採により山林全体の価値が100万円下落したとしよう。しかし残りの山林の価値が900万円あるから，抵当権を実行しても400万円の債権の回収はできるであろう。これで担保の目的は十分に達成できる。そうすると抵当権の侵害というためには，山林の残余価値が被担保債権額の400万円を下回らなければならないということになりそうである。
>
> 　たしかに現在の被担保債権額からすればそういえるかもしれない。しかし抵当権には不可分性の原則があるので，たとえ被担保債権額が少なくなっても目的物の全体に対して抵当権の効力が及ぶのだから，目的物のどの部分からも優先弁済に充てられるはずである。わずかな滅失や毀損の部分にも抵当権は及んでいるのであれば，抵当権の侵害というためには，伐採により被担保債権額を下回る必要はないという議論も有力となる。
>
> 　以上の議論は不可分性の原則から考えるか，被担保債権を前提にする担保権から考えるかの違いといえるかもしれない。学習が進んで先に行けばこのような議論にも踏み込みたい。

【2】　先に述べたように，非占有担保の抵当権には使用収益権限が含まれてい

ないので，抵当不動産の所有者は抵当権の設定後もなお目的物を使用収益でき
るのであるから，自ら使用することはもちろん，賃貸借により第三者が使用し
ていても，それが通常の範囲内であれば抵当権の侵害になることはない。とこ
ろが，古くからその賃貸借を利用し，多くは債務者や所有者と結託して悪質な
賃借人や転借人あるいは転々借人などが関与してきた。中には暴力団関係者も
いて，そうした場合，執行実務では売却価額が低下していくことが多かったの
で，事実上抵当権の実行が難しくなり，債権の回収が困難になる事態が生じて
きた。このようなものを「濫用的短期賃貸借」という。

　事例の②はこのような場合であって，家屋を占有しているCに対し，抵当権
に基づいて明渡し（妨害排除請求）を求められるか，が問題となる。長く議論
が続いてきたが，この点について，占有権原の設定（賃貸借契約）に競売手続
を妨害する目的があり，その占有により抵当不動産の交換価値の実現が妨げら
れて抵当権の行使が困難となるような場合，抵当権に基づく妨害排除請求とし
て，その状態の排除を求めることができるとの趣旨の判決が出ている（★最判
平成17・3・10民集59巻2号356頁）。

☕カフェ・コンシェルジュ18.1__ 短期賃貸借制度の廃止に至る経緯──執行妨害・占有屋・競売屋

　かつてバブル経済が崩壊した時代があった。ちなみにバブルとは泡のことであり，バブ
ル経済とは1980年代後半から1990年代初頭にかけて土地などの資産価値が高騰した時代
をいい，その後金融引き締めなどから投機熱が冷め市場価格が一気に急落した状況をバブ
ル経済崩壊という。この時期，抵当権を実行して，競売により不良債権を回収しようとし
たところ，競売手続を妨害する動きが広く見られた。たとえば，競売手続が開始してまも
なく短期賃借権が設定され，第三者が占有したその建物に，「○○組管理物件　電話番号○
○○○○」や，「告，本物件に，何人たりとも立ち入りを厳禁する　○○一家△△組」のよ
うな暴力団が関わっているかのような張り紙や，有名な広域暴力団の代紋を記載した張り
紙を掲げていたりして，連絡すると高額な立退料を要求されたりする。そこまで露骨でな
くても，これに類するような占有状態があり，占有屋や競売屋と称されるものがあったが，
このような状態では不動産を買いたくても買受けを躊躇することになり，その結果売却
が進まなくなる。一般に執行妨害というものである。悪質なものは当時でも競売等妨害罪
（▷刑法96条の3第1項，現在では96条の3および96条の4）として処罰されたが，民事上
の対策も検討され，民事執行法の改正につながった。ただ，当時の民法には短期賃貸借制度
（▷改正前の395条）があった。これは，賃借権の登記が抵当権設定後にされても，抵当権に
対抗することができるとする規定で，これが悪用される手段となっていた。平成15年の制

度改正により，抵当権使用者の引渡しの猶予という制度(▷現行395条)に生まれ変わっている(次の号 3 参照)。とはいえ占有権限を持たない抵当権者がそもそも明渡しを求められるのかは大きな問題であり，本文で述べた最高裁判例の役割は今もなお重要である。

▸§2__ 抵当権と利用権調整・明渡し猶予

【1】 前に説明したように，抵当権は，所有者から目的不動産の占有を移さない「非占有担保」であるから，抵当権者に使用収益権限が移らない。そのことにより，所有者は抵当権を設定しても，なお従前通り不動産を利用し続けることができる。これは金融機関から融資を得ながら抵当不動産の利用を継続し，それにより収益を上げたい債務者・所有者には有益である。もっとも，債務者が債務を履行せず，借金を返済できなかったら，抵当権者は抵当権を実行することができ，競売手続の結果不動産の買受人が所有権を取得する。元の所有者は不動産を明け渡さねばならなくなり，最終的には所有者の使用収益は奪われることになる。

　ところで，この買受人が登場する最終段階では，その不動産につき第三者が賃借権や地上権の設定を受けていて，抵当不動産を利用・用益していたらどうなるのであろうか。これは抵当権と利用権との調整をどうするかという問題である。

　さらに，土地に地上建物が存在するとして，その土地上に抵当権が設定されたとき，または建物に抵当権が設定されたとき，抵当権が実行された場合に，土地と建物の所有者が異なることが予想される。もし当初，土地と建物の所有者が同一人である場合，法的権原なく他人の土地上に建物が存立することになるが，この場合どう取り扱うか。これは後述の法定地上権の問題である（→❖ Lec**19**)。

【2】 抵当権と利用権との調整をどうするかという問題は，具体的には抵当権が実行された場合にその不動産上の賃借権・地上権という利用権を対抗することができるか，という問題であり，物権変動の基本原則である177条が適用される。すなわち，抵当権の対抗要件である登記と利用権の対抗要件の先後関係による。

(1)　抵当権を設定する以前から，他人に利用・用益させていた場合，その利用権が対抗要件を備えていたかによる。登記（▷賃借権605条，地上権177条）のほか，借地権（賃借権と地上権）について建物登記（▷借地借家10条，旧建物保護法1条），賃借された建物の引渡し（▷借地借家31条，旧借家1条），農地の引渡し（▷農地法16条）などである。これらの対抗要件を備えていれば，その後に抵当権が設定され登記が備えられても先になる。したがって利用権を対抗することができるのだから，抵当権が実行され，買受人に所有権が移転しても利用権はなお存続するのである。

　(2)　抵当権が設定され，対抗要件が備えられても，なお抵当不動産の所有者は他人に用益させることができる。抵当権者といえどもこれは妨げられない。しかし，いったん対抗要件で優先する抵当権が実行されると，たとえその利用権に対抗要件が備えられていても，抵当権に対抗することはできない。これを受けて民事執行法は，抵当権に対抗できない利用権は競売の結果，消滅する扱いになるとされている（消除主義という。▷民執59条2項，同条は同188条により抵当権の実行について準用される）。

　しかし，かつて短期賃借権（▷602条，建物3年，一般の土地5年）についてはこの例外が定められていたので，抵当権の設定登記後に対抗要件を備えた短期賃借権は対抗することができたのである。これは抵当権がいったん設定されるとことごとくその後の賃借権は抵当権実行により消滅することになると，不動産の利用が進まなくなることを懸念して，ある程度の利用を確保するために設けられたものである。ところが，前述のように抵当権の実行を妨害するような濫用的な短期賃借権が横行し大きな問題となっていたため，平成15年に改正法が成立した。すなわち短期賃貸借を保護する制度を廃止し，その代わりに明渡しを猶予する期間を設けるという制度に変更された。これは，抵当権の目的である建物の使用収益をする賃借人が，抵当権に対抗することができない場合に，競売による買受けの時から6か月間経過するまで建物の引渡しが猶予されるものである（▷改正後の395条）。

▶§3__　賃借権対抗力付与制度

　▶§2で述べたように，短期賃貸借制度が廃止されたことにより，抵当権設

定およびその登記以後，およそ一切の利用権はことごとく対抗できないことになる。そのために，利用権者はいつ抵当権が実行されて，利用権が消滅させられるのか分からないという状況になった。これでは目的不動産の安定的な使用および収益を十分にはかることは難しくなるであろう。そこで，抵当権に対抗できない賃借権に対抗力を備えさせる方法を，抵当権者の同意を要件として作り出されたのが387条である。すなわち，登記をした賃借権は，その登記の前に登記をした抵当権者全員が同意をし，かつ，その同意の登記があれば，同意をした抵当権者に対抗することができるとするものである。もっとも抵当権者全員の同意を取り付けなければならず，一人でも同意しない抵当権者がいれば387条は適用されない。そのかわり，同意を得て同条の手続をふめば，同意したすべての抵当権者に対抗できることになる。その結果，抵当権を実行されても消滅することはない。

　同条は，登記をした賃借権について適用されるから，借地借家法の定める対抗要件（建物では「引渡し」，土地では「地上建物の登記」）では足りず，賃借権の登記が必要となる。

❖Lec **19** 抵当権【４】——法定地上権 ‥‥‥‥‥‥

【事例】 ① 更地に抵当権を設定する際に，土地抵当権者の建築承認があった場合，新築建物のために法定地上権の成立は認められるか。
② 土地とその上の建物に共同抵当権が設定されたが，その後，地上建物が取り壊されて新たな建物が再築された場合，再築建物のために法定地上権は成立するか。

▸§1__ 法定地上権制度の意義

　土地およびその上に存する建物が同一の所有者に属している場合に，その土地または建物について抵当権が設定され，抵当権の実行により土地・地上建物の所有者を異にするに至ったとき，地上建物の存立を図るために，当該建物に地上権の発生が認められることがある（▷388条）。これが法定地上権の制度である。

　法定地上権は，当事者の約定によらず，法律上の要件を満たすことにより，当然にその発生が認められる権利である。したがって，法定地上権の成立を検討するにあたっては，その成立要件がとりわけ重要な意味をもっている。【事例①】では，この点が問われている。

☕カフェ・コンシェルジュ19.1__ 法定地上権制度の根底にある考え方

　法定地上権制度は，土地と建物を別個独立の権利の客体として扱うわが国において認められた諸外国に例のない特有の制度であり，歴史的沿革を踏まえて理解することが必要である。

　わが国では，地上建物は土地の定着物と位置づけられているが（▷86条1項），伝統的に西欧のような煉瓦作りなどの堅固な建物ではなく木造建築が多かったこと，土地に接着しているとはいいながらも移築曳航が可能で定着性に欠ける部分が少なくないこと，また，商慣習として土地とは分離して売買されたり，質権や抵当権の目的とされていたこと（いわゆる質入れ・書き入れ）などから，土地に付合（▷242条）することなく別個独立の不動

153

産として取り扱われてきた。このような歴史的慣行を踏まえて，民法は，土地に抵当権を設定しても，土地抵当権の効力は地上建物には及ばないと規定した（▷370条）。

　しかし，一方，建物が築造されている土地に抵当権を設定する場合に，将来行われるかもしれない抵当権実行に備えて，抵当権設定者が地上建物につき自己のために借地権などの利用権を設定することを民法は認めていない（混同による自己借地の否定：▷179条・520条。なお，▷借地借家15条参照）。そのため，抵当権実行後の土地買受人との関係では，地上建物の所有者は新たに利用権の設定を受けない限り不法占拠者となり，地上建物の収去・土地明渡しを迫られることになる。このことは，抵当権設定者が自己所有の土地と建物のうち，地上建物についてだけ抵当権を設定し，抵当権実行の結果，買受人が地上建物の所有者となった場合も同様の問題が生じる。

　このような不都合を回避し，地上建物の存立を図るとともに，国民上の社会経済に資するためには，法律上の特別の手当てが必要となる。そこで，民法388条は，土地と建物が同一の所有者に属する場合において，その土地または建物（あるいは両者）に抵当権が設定され，抵当権実行により土地と地上建物の所有者が異なるに至ったときは，抵当権設定者は抵当権実行の際に地上権を設定したものとみなした。これが法定地上権の制度である。

▶ §2　法定地上権の成立要件

【1】　総説

　法定地上権が成立するための要件として，民法は，次の4つの要件を要求している。このうち，法定地上権の成否をめぐっては，土地と地上建物の「同一所有者」要件を中心に争われることが多く，判例および学説の議論もこの点に集中している。【事例①】は，これに関わる事例問題である。

① 抵当権設定当時，土地上に建物が存在すること
② 抵当権設定当時，土地と地上建物が同一所有者に属すること
③ 土地と地上建物の一方（または双方）に抵当権が設定されていること
④ 競売の結果，土地と地上建物の別異の所有者に帰属するに至ったこと

【2】　更地に対する抵当権設定と法定地上権の成否

　建物が築造されていない土地（更地）に抵当権を設定する場合，その後，抵当地上に設定者が地上建物を築造しても，法定地上権は認められない。問題は，抵当権の設定時に，抵当権者の建築承認があった場合である。

　法定地上権制度の根拠は，建物収去による社会経済上の不利益の防止と抵当

権設定者における地上建物のための土地利用の存続の意思にあるとされるが，法定地上権の成否の判断にあたっては，土地抵当権者は現実に土地をみて地上建物の存在を了知し，これを前提として評価するのが通例であり，法定地上権の発生に対する抵当権者の予測可能性という点も無視することはできない。

この点につき，判例は，古くから，更地に抵当権を設定する際に，設定者である土地所有者と抵当権者との間で，将来その土地上に建物を築造したときは競売の時に地上権を設定したものとみなすとの合意がなされていても，設定者は土地買受人に対して法定地上権を主張しえないとしている（★大判大正7・12・6民録24輯2302頁）。抵当権者が常に買受人となるわけではなく，土地所有権を競売によって取得しようとする抵当権者以外の第三者にとって法定地上権の成立は当事者意思の予測を超えるものというのが，その理由である。

このような判例の立場は最高裁の時代になっても踏襲されており，法定地上権の成立に関する判例の態度はきわめて厳格である。例えば，抵当権設定当時，抵当権の目的である土地が更地であって，建物が存在しないときは，後日，抵当地上に建物が築造されても，建物所有者のために法定地上権は成立しない（★最判昭和36・2・10民集15巻2号219頁）。この場合，判例は，抵当権者が抵当地上の建物の築造をあらかじめ承認していたとしても，抵当権者が抵当地を更地として評価し，抵当権を設定していることが明らかである以上，法定地上権の成立は認められないとしている（同旨の判例として，★最判昭和47・11・2判時690号42頁，★最判昭和52・2・27判時809号42頁）。また，更地に抵当権が設定された後に地上建物が築造され，その後，土地と地上建物が同一人に帰属するに至った場合でも，判例は，法定地上権は成立しないという（★最判昭和44・2・22判時552号45頁）。このような建物が抵当地上に存続することは，抵当権の実行を著しく困難にし，競売を阻害する要因となるからである。

なお，法定地上権が成立しない場合における地上建物の処遇については，後述する一括競売の制度（▷389条）が民法に用意されている点にも留意が必要である。

【3】　地上建物の取り壊し・再築と法定地上権の成否

ところで，法定地上権が成立するためには，抵当権設定当時，土地と地上建物が同一所有者に属することが必要とされるが，土地に抵当権を設定した当時，地上に建物が存在していれば，後にその建物が改築されるとか，滅失して再築された場合であっても，法定地上権は成立するというのが判例である（★大判

昭和10・8・10民集14巻1549頁，★大判昭和13・5・25民集17巻1100頁）。ただし，その場合の法定地上権の内容は，改築・再築前の建物が標準となるとしている。問題は，土地とその上の建物に共同抵当権が設定されたが，その後，地上建物が取り壊されて新たな建物が再築された場合において，再築建物のために法定地上権は成立するかである。冒頭の【事例②】は，この問題を取り扱うものである。

この問題につき，判例の中には，近い将来，非堅固な地上建物が取り壊され，新たに堅固な建物が築造されることを予定して土地の担保評価をしたときは，土地所有者である抵当権設定者は土地買受人に対して堅固な建物の所有を目的とする法定地上権の成立を主張しうるとしたものがある（★最判昭和52・10・11民集31巻6号785頁）。

近時の判例には，所有者が土地および地上建物に共同抵当権を設定した後，地上建物が取り壊され，抵当地上に新たな建物が築造されたという事案で，新建物の所有者が土地の所有者と同一であり，かつ，新建物が築造された時点での土地の抵当権者が新建物について土地の抵当権と同順位の共同抵当権の設定を受けるなどの特段の事情があれば格別，そのような特段の事情がない限り，新建物のために法定地上権は成立しないとしている（★最判平成3・2・14民集51巻2号375頁）。その際，判例は理論的根拠として全体的価値考慮説の考え方を挙げて，その立場から法定地上権の成否を判断すべきものとしている。これに対し，個別価値考慮説の立場からは，判例に反対する見解も有力である。

ただ，判例の立場に立って法定地上権の成立を否定するにしても，判例が例外的に法定地上権の成立を肯定する「特段の事情」が何であるかについては，さらに検討の余地があり，今後の議論の展開を待たなければならない（なお，★最判平成9・6・5民集51巻5号2116頁参照）。

☕カフェ・コンシェルジュ19.2　 法的構成としての全体価値考慮説と個別価値考慮説

再築建物のための法定地上権の成否をめぐっては，全体価値考慮説と個別価値考慮説という法的構成の見解の対立がある。

全体価値考慮説というのは，土地および地上建物に共同抵当権が設定された場合，抵当権者は土地および建物全体の担保価値を把握しており，建物が取り壊されたときは，土地について法定地上権の制約のない更地としての担保価値を把握しようとするのが抵当権設定者の合理的な意思である。抵当権が設定されない新建物のために法定地上権の成立を認めるとすれば，その土地は法定地上権の価値相当分だけ減少した土地の価値に限定される

ことになって，土地抵当権設定者に不測の損害を与える結果となり，抵当権設定者の合理的な意思に反することになるというのが，判例の考え方である。ただ，このように解すると，建物を保護するという公益的要請に反する結果となることもありうるが，判例は，抵当権設定当事者の合理的意思に反してまでも，この公益的要請を重視すべきであるとはいえないとしている。

　これに対し，個別価値考慮説は，土地および地上建物に共同抵当権が設定された場合，この共同抵当権は，土地抵当権により法定地上権の負担のある土地としての価値（底地価格）を，また，建物抵当権により法定地上権付き建物の価値（建物価格＋借地権価格）を，それぞれ個別に把握している。従って，その後，地上建物が取り壊されて建物が再築された場合であっても，法定地上権の負担のある土地として取り扱われる，というのが個別価値考慮説の考え方である。執行妨害を目的とした建物の再築による法定地上権の主張については，権利濫用の法理により法定地上権は認められないとすることで対応可能であり，個別価値考慮説をとる学説も少なくない。

▶ §3＿　法定地上権の内容と対抗要件

　地上建物の存立維持のために法定地上権が認められる場合，法定地上権の及ぶ土地の範囲は，地上建物を利用するのに必要な範囲である（★大判大正 9・5・5 民録26輯1005頁）。その存続期間は，当事者の協議によって定まる。当事者の協議が整わないときは，借地借家法 3 条により定まる。地代については，当事者の請求により裁判所が定める（▷388条）。

　法定地上権も物権の一種であるから，第三者に対しては権利を主張するには対抗要件を必要する（▷177条）。この場合，民法177条による地上権の登記のほか，借地借家法10条 1 項による地上建物の登記でもよい。

　これに対し，法定地上権が発生しないとされた場合，抵当地上の建物については，抵当権の効力が及ばず（▷370条），したがって，抵当権実行前においてこれを抵当権者が当然に排除することはできない。ただ，競売をスムーズに行うために，民法は抵当権者に抵当地上の建物を抵当地とともに競売に付し，売却することを認めている（一括競売制度。▷389条 1 項本文）。この場合，地上建物の競売による売却代金については，抵当権者には優先権はなく，建物所有権を失う借地権者が受領することになる（▷389条 1 項ただし書）。

❖Lec **20** 抵当権【5】——抵当権の処分と消滅 ……

▸§1__ 抵当不動産の第三取得者の保護

【事例】 Aは，金融機関から融資を受けようと思い，知人を通じて融資の引受先を探していたところ，B銀行が融資に応じてくれることになった。早速，AはBとの間で，令和2年4月15日，融資金額3000万円，金利年15％，弁済期日令和3年4月14日の条件で，金銭消費貸借契約を締結するとともに，その貸金債務を担保するために，自己所有の甲地に抵当権を設定した。ところが，その後，Aは，さらに資金調達の必要が生じ，甲地をCへ売却することで話がまとまった。このことを前提として，次の①～③を検討しなさい。
　① Cは甲地の購入にあたり，Aとの間でどのような合意をする必要があるか。また，どのような点に留意すればよいか。
　② Cが甲地を取得しようとする場合，どのような方法によって甲地の抵当権を消滅させることができるか。
　③ 甲地が実際に第三者Cへ売却された場合，Bは，Aに対する貸金債権の弁済期到来後，Cに対して抵当権を実行することができるか。

▶▶1　抵当不動産の譲渡と第三取得者

　抵当権は物権の一種であり，当事者以外の第三者に対しても効力を有する。そのため，抵当不動産の売買にあたっては，売主において抵当債務を弁済し，抵当権を抹消したうえで，買主に引き渡されるのが通常である。そうでなければ，買主は抵当債務者でないにもかかわらず，弁済期到来後，抵当権の実行を受け，競売の結果，抵当不動産の所有権を失うことになりかねない。冒頭の事例は，この問題を扱うものである。

　【事例①】では，抵当不動産の取引において物権と債権が交錯する領域の問題であり，買主Cが第三取得者として注意すべき事項とは何かが問われている。抵当不動産の売買において，買主が目的不動産の所有権を取得できないと，売主は買主より売買契約上の担保責任（▷567条1項）を追及されることになる。

158

このようなリスクを負う買主を保護し，取引の安全を図るために，民法は，一方で，抵当権設定の登記がある抵当不動産の買主に，抵当権を消滅させるための制度として，代価弁済（▷378条）と抵当権抹消請求（▷379条以下）を定めるとともに，他方で，抵当権抹消請求の手続が終わるまで，売買代金の支払拒絶（▷577条1項）を認めている。【事例②および③】は，第三取得者の保護のための制度として，こうした制度の理解を問うものである。

▶▶2 代価弁済

代価弁済は，抵当不動産につき所有権を取得した第三取得者または地上権を買い受けた地上権取得者が抵当権者の請求に応じて抵当権者にその代価を支払ったとき，抵当権は第三取得者または地上権取得者のために消滅するという制度である。この制度は，本条に「抵当権者の請求に応じて」とあるように，主導権は抵当権者にあり，抵当権者が抵当不動産の競売手続を回避して被担保債権の回収を図るために設けられたものである。通常，抵当権者は，弁済期到来後，抵当不動産の値上がりを待って抵当権を実行するが，それでも近い将来の値上がりも見込めないようなとき，抵当権者において抵当不動産の競売手続を回避して被担保債権の回収を図るために，この制度が利用される。

抵当権者の請求に応じて行われるのが代価弁済であるから，代価弁済の請求がないのに，抵当不動産の第三取得者または地上権取得者が代価弁済として代価相当額を抵当権者に弁済しても，それは第三者弁済としての効果（▷474条）が生じるにすぎない。

代価弁済において，抵当不動産の第三取得者・地上権取得者は，代価の全額を抵当権者に支払うことを要する。代価が抵当権の被担保債権額を超えるときは，第三取得者または地上権取得者は，被担保債権額に相当する代価の一部を支払えばよく，残額は抵当権設定者に支払うことになる。

代価弁済がなされると，抵当権者と第三取得者または地上権取得者との間で抵当権消滅の効果が生じる。第三取得者・地上権取得者が代価弁済による抵当権の消滅を第三者に対抗するためには，不動産登記法の定めるところに従い，代価弁済がなされたことを付記登記（▷不登4条2項）により公示することを要する。

▶▶3 抵当権消滅請求

　抵当権消滅請求は，抵当不動産を取得した第三取得者が，抵当権や質権者，先取特権者などの抵当不動産上に登記を有するすべての債権者に対し，抵当不動産の代価または指定した金額（抵当権消滅請求金）を支払うことにより抵当権を消滅させる旨の通知を書面でもって送付し（抵当権消滅請求の通知），債権者がこれを承諾すれば（▷384条のみなし承諾を含む），抵当権消滅請求金を債権の順位に従い，債権者に払い渡しまたは供託することによって抵当権を消滅させる制度である。抵当権者の地位の安定を図りつつ，第三取得者の権利保護と抵当不動産の流通促進を図ったのが，この制度の趣旨である。

　抵当権消滅請求制度は，これを活用することにより，抵当権の実行を渋って不動産流通を阻害している不動産の塩漬け状態を解消するだけでなく，後順位抵当権者がいわゆるごね得で登記の抹消を拒み，任意売却がスムーズに行われないという場合に，これを排除し，困難な事態を改善させることができると期待されている。

　抵当権消滅請求をなしうるのは，抵当不動産につき所有権を取得した者（第三取得者）である（▷383条参照）。第三取得者の抵当不動産に対する所有権取得は，有償である必要はなく，無償取得でもよい。これは，第三取得者が提供する抵当権消滅金は所有権取得の代価である必要はないからである。この点で，抵当権消滅請求は，抵当不動産の有償取得を要件とする代価弁済と異なる。

　抵当不動産の第三取得者による抵当権消滅請求は，以下のような手順で行われる。

　抵当権消滅請求が成功するか否かは，第三取得者が提示する抵当権消滅請求金額（▷383条3号）にある。債権者のうち1人でも第三取得者からの申出額に納得できず，競売申立てを選択すれば，抵当権消滅請求は功を奏しない。抵当権消滅請求を成功させるためには，競売の落札価格よりは高めで一般の取引価格よりは低めの金額を狙って提示することが鍵となる。実際，一般の取引価格より低い価額が抵当権消滅請求金額として指定されることが多い。抵当不動産の競売における買受け可能価額より抵当権消滅請求金額が低いと予想されるときは，債権者は抵当権消滅請求を拒否して抵当不動産競売を申し立てることになる。ただ，抵当不動産の競売では無剰余措置（▷民執188条・63条）の適用があるから，自らに利益もない債権者がむやみに抵当権消滅請求を妨害することはできない。

▶図表20　抵当権消滅請求制度と手続

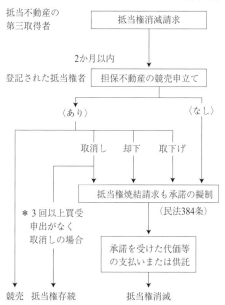

抵当不動産の
第三取得者

| 抵当権消滅請求 |

各債権者に抵当権消滅請求書,
不動産登記簿謄本の送達
(民法383条)
[抵当権消滅請求書の記載事項]

2か月以内

登記された抵当権者

| 担保不動産の競売申立て |

〈あり〉　　　　　　〈なし〉

取消し　却下　取下げ

| 抵当権焼結請求も承諾の擬制 |

(民法384条)

＊3回以上買受
申出がなく
取消しの場合

| 承諾を受けた代価等
の支払いまたは供託 |

競売　抵当権存続　　　抵当権消滅

①取得原因・年月日,譲渡人,
　および取得者の氏名・住所,
　抵当不動産の性質・所在,代価,
　その他取得者の負担
②債権者が2か月以内に抵当権
　を実行して競売の申立てをしな
　いときは第三取得者が①の代価
　で債権の順位に従って弁済また
　は供託すること

＊民事執行法63条3項,68条の3第3項,および183条1項5号の謄本が提出されて同条2項の規定
により取り消される場合には,競売申立てをした債権者に取消しの責任はなく,承諾は擬制されな
い。

　第三取得者は,抵当権消滅請求をしても,それが功を奏するかどうか分から
ないので,抵当権消滅請求の手続を終わるまで,その代金の支払いを拒むこ
とができる(▷557条1項)。これが前述の売買代金の支払拒絶である。この場合,
抵当不動産の売主は,売買代金の供託を請求することができ(▷578条),買主(第
三取得者)が供託に応じないときは,買主はもはや代金支払拒絶権を行使しえ
ないと解されている。

━ カフェ・コンシェルジュ20.1＿　滌除制度から抵当権消滅請求制度へ

　平成15年の担保・執行法の改正(平成15年法律134号)前にも類似の制度が存在し,当
初は滌除(てきじょ)と呼ばれていた。滌除制度は,元来,抵当権と用益権との調和を企
図し,抵当権を著しく害しない程度で抵当不動産の第三取得者の地位を保護し,抵当不動
産の取引を円滑にする目的で,民法典制定の当初から規定されたものであった。滌除は,
第三取得者が買受代金または自ら抵当不動産を適宜評価して指定した金額(これを滌除金

額という）を抵当権者に申し出て，抵当権者がこれを承諾して受領するときは，これによって抵当権が消滅するというもので，第三取得者のみならず，抵当権者にとっても抵当権実行に要する手間を免れ，迅速な債権回収ができるという利点があった。わが国の滌除制度は，フランス民法のpurgeの制度（▷仏民2474条・2476-2487条）にその範を求めたものである。

　しかし，実際には，この制度が主として抵当不動産につき所有権を取得した第三取得者によって抵当権を廉価に消滅させようとする目的で利用されることが多く，また，それが抵当権者に対する不当な脅威威圧となることが指摘されてきた。滌除の申出は，抵当権者にとっては脅威であり，滌除金額に不満な抵当権者は直ちに増加競売を申し出なければならず，増加競売で滌除金額の1割増しの高値で買い取る者がいないときには，抵当権者自身が1割増しの価額で買い受ける義務を負うというものであった。しかも，増加競売の申立てには，滌除金額に1割増しの保証金を裁判所に提供することを要した。また，滌除の目的は，抵当不動産の第三取得者の保護にあるといわれながらも，増加競売によって別の第三者が所有者になる可能性もあり，確実に第三取得者が所有権を取得できる制度とはなっていなかった。

　平成15年の担保・執行法の改正は，従来の滌除が抱えていた増加競売の申立てや保証金の提供などの問題点を改善し，名称も新たに抵当権消滅請求とした。主な改正点は，①抵当権消滅請求権者の限定，②抵当権実行通知義務の廃止，③抵当権消滅請求をできる時期の見直し，④増加競売の廃止，⑤抵当権者の競売申立ての取下げ等の効果の新設，および，⑥取下げに対する承諾要件の廃止である。倒産法制においても，民法と同様の担保権消滅請求制度が認められており（▷破産186条，会社更生104条，民事再生148条），債務者の更生を支えつつ，抵当不動産の流通を図る仕組みが設けられている。

▶§2＿　抵当権の処分

【事例】　Aは，自己所有の甲不動産（時価8000万円相当の土地）を担保に，B銀行とC銀行からそれぞれ融資を受け，B銀行（債権額6000万円）のために1番抵当権，C銀行（債権額2000万円）のために2番抵当権を設定している。
　①　この事例において，Aは，さらに資金調達のために，D銀行から2000万円の融資を受けようと考えている。この場合，どのような方法が考えられるか。
　②　この事例において，Aは，D銀行から2000万円の融資を受け，D銀行のために3番抵当権を設定したが，D銀行はこのままでは競売による配当を期待できないことから，先順位抵当権者（B・C）の協力を得て，貸付債権の回収を図ろうとしている。この場合，どのような方法が考えられるか。

抵当権は，物の交換価値を把握し，その物から優先的に弁済を受ける権利であり，優先弁済の順位が重要な意味をもつ。民法は，同一目的物に抵当権が設定された場合において，抵当権の順位は原則として抵当権設定登記の前後によるとしている（▷373条）。抵当権の順位によって弁済の優先度は異なるので，抵当権の順位は非常に重要である。【事例①および②】は，この問題を取り扱うものである。

抵当権の順位について，民法は，一定の場合に変更を認めている。それが「抵当権の譲渡・放棄」であり，「抵当権の順位の譲渡・放棄」である（▷376条・377条）。これらは合意した当事者間において相対的にその効果が生じるとするものであり，処分の利益を受ける者が一般債権者か，それとも後順位抵当権者かという点に違いがあるものの，その要件および効果はほぼ共通している。また，民法は，抵当権の順位変更の効果が絶対的な効力を生じ，合意の当事者間間のみならず，利害関係者の全員において及ぶことも認めている。これが「抵当権の順位の変更」である（▷374条）。抵当権の順位の変更は，昭和46年の民法の一部改正により導入された制度である。これらは多かれ少なかれ，抵当権と被担保債権との付従性を緩和し，抵当権の処分を認めるものといえる。冒頭の【事例①と②】は，これを取り扱うものである。

このほか，民法は，交換価値を把握する抵当権について，その財産的価値に着眼して，抵当権者が自らの抵当権を担保にして，資金調達を図ることを認めている。これが「転抵当」である（▷376条・377条）。転抵当は，被担保債権の譲渡ないし質入と同様，抵当権者による投下資本の回収という側面をもっている。これも抵当権の処分の1つという。

▶▶2　抵当権の譲渡・放棄

【事例①】では，「抵当権の譲渡・放棄」が問題となる。抵当権者が同一の債務者に対する他の一般債権者の利益のために，その抵当権を譲渡または放棄することを，抵当権の譲渡・放棄という（▷376条1項後段）。抵当権の譲渡の場合，処分者の優先弁済枠が受益者の債権額の限度で受益者の優先弁済枠になり，処分者の優先弁済の受領可能額はその残額部分に減少する。これに対し，抵当権の放棄の場合には，処分者の優先弁済枠を処分者と受益者が債権額に応じていわば準共有することになる。競売配当の際には，放棄者が元々持っていた優先

弁済額が放棄者と受益者との債権額に比例按分して配当されることになる。

【事例①】によると，Aの甲不動産の余剰担保価値（8000万円）は零（ゼロ）に等しいので，このままではD銀行が新たな融資に応じることは期待できない。しかし，AがD銀行のために3番抵当権を設定するのではなく，B銀行の協力を得て，B銀行がD銀行のために自己の抵当権を譲渡するならば，B銀行はその限度で無担保債権者となるが，D銀行はB銀行の優先弁済権の範囲内で優先配当が受けられることになる（①D200万円，②B400万円）。これが，抵当権の譲渡である。

これに対し，AがD銀行から融資を受けるにあたり，B銀行の協力を得て，B銀行がD銀行の利益のために優先弁済権を放棄するのが，抵当権の放棄である。この場合，D銀行はB銀行の優先弁済権を債権額の割合に応じて準共有することになるので，B銀行に配当されるべき600万円がB銀行とD銀行の債権額に比例して分配される（B450万円，D150万円）。

抵当権の譲渡・放棄は，第三者の利益に影響を与えないから，抵当権設定者や後順位抵当権者の承諾は必要としないが，これも不動産物権変動であるから（▷177条），転抵当の場合と同様，対抗要件として登記が必要である（▷376条2項。付記登記による）。主たる債務者，保証人，抵当権設定者およびこれらの者の承継人に対抗するためには，主たる債務者へ通知またはその承諾が必要である（▷377条2項）。

▶▶3　抵当権の順位の譲渡・放棄

【事例②】では，「抵当権の順位の譲渡・放棄」が問題となる。抵当権者が同一の債務者に対する他の後順位抵当権者の利益のために，その抵当権の順位を譲渡または放棄することをいう（▷376条1項後段）。前述の抵当権の順位・放棄との違いは，抵当権の順位の譲渡・放棄の場合，処分の利益を受けるD銀行が後順位抵当権者（【事例②】では3番抵当権者）であるという点にある。したがって，この点に注意すれば，要件や効果，対抗要件の具備については，抵当権の順位・放棄の場合に準じて考えればよい。

▶▶4　抵当権の順位の変更

抵当権の順位について，民法は，抵当権の順位変更の効果が絶対的な効力を生じ，合意の当事者間のみならず，利害関係者の全員において及ぶことも認

めている。これが「抵当権の順位の変更」である（▷374条）。前述したように，抵当権の順位の変更は，昭和46年の民法の一部改正により導入された制度である。抵当権の順位の変更は，抵当権の順位を各抵当権者の合意によって変更することをいうが，抵当権者間だけでなく，根抵当権者や抵当権の仮登記権利者などとも，関係者全員の同意により順位の変更が可能である。

　例えば，【事例②】における抵当権の順位を，D・B・C，あるいは，D・C・Bに変更する場合である。この場合，各債権者への配当は，前者では，D200万円，B600万円，C0円，後者では，200万円，C200万円，B400万円となる。

　抵当権の順位の変更は，抵当権の帰属自体に変更を生じるから，各抵当権者の合意が必要である（▷374条1項本文）。また，これを自由に認めると他に不測の損害を及ぼすことがあるので，利害関係人（▷376条の抵当権処分の利益を受けている者や被担保債権の差押債権者など）の承諾も必要である（▷374条1項ただし書）。抵当権の順位の変更については，権利関係を明確にするために，登記を必要とし，この場合の登記は単なる対抗要件ではなく，効力発生要件とされている（▷374条2項）。

▶§3＿ 抵当権の消滅

【事例①】　都内で事業を営むBは，新たに工場を建設するため，郊外で手頃な土地を探していたところ，取引先などからAが所有する甲土地を紹介された。早速，甲土地の登記簿などを確認したところ，甲土地には，今から25年くらい前に，AがCのDに対する貸金債務を保証するために設定した抵当権の登記があることが判明した。BがAに確認したところ，CもDも行方が知れず，具体的な事情は分からないとの回答であった。Bは，周辺の交通事情や環境を調査し，立地もよいことから，A所有の甲土地を購入する計画している。

　この場合，Bが甲土地を購入するにあたり，甲土地の抵当権を消滅させる方法としてはどのような手段が考えられるか。

【事例②】　Aは，甲土地の所有者であるが，隣地のB所有の乙地との境界線が不明で，長い間，甲地の一部かBにより無断使用されているのを知らないでいた。一方，Bは，乙土地から越境して使用している甲土地の一部を自己所有の土地と誤認し，10年以上の長きにわたり占有してきた。その後，C銀行はAに融資を行い，その貸金債権を担保するため，A所有の甲土地に抵当権を設定し，その旨の登記をした。

この場合，Bは，C銀行に対し，甲土地の時効取得を主張して，甲土地の抵当権消滅および抵当権設定登記の抹消を主張することができるか。

▶▶1　抵当権の消滅原因

　抵当権は，物権共通の消滅原因（目的物の滅失，取得時効の完成，混同など）や担保物権共通の消滅原因（被担保債権の弁済や時効消滅，担保権実行による競売など）によって消滅する。固有の消滅原因として，前述の代価弁済や抵当権消滅請求により消滅するほか，抵当権自体の時効消滅や抵当権の目的物の時効取得によっても，抵当権は消滅する。冒頭の【事例①および②】は，この問題を取り扱うものである。ここでは，抵当権と時効との関係を中心に，【事例①，②】を検討することにしよう。

▶▶2　抵当権の消滅と時効

　抵当権は，時効によりいつ消滅するか。この問題については，一応，抵当権の付従性という性質から，被担保債権が時効によって消滅すれば，これにより抵当権も消滅する（▷改正民法166条1項1号・2号，民法369条）。また，これ以外にも，抵当権それ自体の時効消滅（▷396条），抵当不動産の時効取得による抵当権の消滅（▷397条）が考えられる。抵当権の消滅が時効制度との関係で問題となるのは，抵当権それ自体の消滅時効（【事例①】）よりも，抵当権が設定されている不動産の所有権が第三者により時効取得される場合である（【事例②】）。取引実務でも，後者の問題についてはとくに議論されており，判例および学説の見解も分かれている。

　議論の前提として確認しておかなければならないのは，取得時効の効果は，占有開始の起算点に遡る（▷144条）とともに，原始取得であるという点である（▷397条）。原始取得は，前主の地位を承継することなく，新たに所有者として完全な所有権を取得する原因となるものである。したがって，抵当権の設定された甲地の所有権を時効取得した者は，当該抵当権の負担のない完全な所有権を占有開始の起算点に遡って取得することになる。

▶▶3　抵当権自体の時効消滅

　【事例①】は，抵当権自体の時効消滅が争われる事案に関するものである。

この場合，Bとしては，まず，甲土地に設定してある抵当権が担保する債権（被担保債権：DのCに対する貸金債権）が現在も存在するかどうかを確かめる必要がある。CがDにすでに完済しているのであれば，BはAを通じて，Dに対して抵当権消滅を理由に抵当権設定登記の抹消を求めることができる（▷369条）。Dの所在が不明で共同申請できないような場合には，休眠抵当権の抹消登記手続を行うことになる（▷不動産登記70条3項）。

　次に，CもDも所在が分からず，DのCに対する貸金債権の残高状況や存否が確認できない状況である場合も考えられる。このような場合，当該債権が時効によって消滅しているかどうかを検討することも必要である（改正民法166条1項）。債権の時効消滅は，単に時の経過によって当然に生じるわけではなく，一定の期間経過後，当事者が積極的に消滅時効を援用し，債権が時効によって消滅したことを主張しなければならない（▷145条）。この場合，以下の点に注意が必要である。

　消滅時効の援用ができる当事者の範囲について，判例は，「時効によって直接に利益を受ける者」という法律構成を用いている。一般に，時効消滅に対する期待が保護に値するといえる者にのみ援用が認められるとしている。第三者の債務を担保するために自己の所有する不動産に抵当権を設定する者（物上保証人）や当該物上保証人から抵当物件を譲り受けた者（第三取得者）は，自ら債務を負うものではないが，「時効によって直接に利益を受ける者」といえるかが問題となる。

　判例は，他人の債務のために自己の所有物件につき質権または抵当権を設定したいわゆる物上保証人も被担保債権の消滅によって直接利益を受ける者というのを妨げないから，民法145条にいう「当事者」にあたるものと解するのが相当であると判示し，物上保証人に消滅時効の援用権を認めた（★最判昭和42・10・27民集21巻8号2110頁）。また，判例は，抵当権は抵当目的物に対する物的担保であり，抵当目的物を譲り受けた第三取得者は当該目的物について抵当権者から物的担保の責任を追及される立場にあり，元の物上保証人と同様の責任を負うことになるので，被担保債権が消滅すれば自己の負担する抵当権を消滅させることができるという利益を有している。そのため，判例は，抵当不動産の第三取得者についても民法145条の「当事者」にあたるとし，被担保債権の消滅時効の援用権を認めている（★最判昭和48・12・14民集27巻11号1586頁）。

　被担保債権が時効によって消滅しているとすれば，付従性により抵当権も消

滅する運命にある。これにより，物上保証人または抵当不動産の第三取得者は抵当権の抹消登記を請求することができる。しかし，甲土地を抵当地として担保されているDの被担保債権について，Dからの裁判上の請求やCによる承認など時効中断が生じている場合には（▷改正民法147条以下），被担保債権の消滅時効を援用することはできない。このような場合，Bは抵当不動産の第三取得者として，抵当権自体の消滅を主張する余地がないかどうか，この点を検討する必要がある。

民法396条は，「抵当権は，債務者及び抵当権設定者に対しては，その担保する債権と同時でなければ，時効によって消滅しない。」と規定する。これによれば，債務者本人および物上保証人との関係では，被担保債権が消滅することなくして抵当権だけが時効で消滅することはない。また，同条の反対解釈から，第三取得者との関係では，抵当権は被担保債権とは別に消滅時効にかかるものとされている（★大判昭和15・11・26民集19巻2100頁）。

一方，抵当権の時効消滅につき，民法は，消滅時効に関する通則規定において，「債権又は所有権以外の財産権は，20年間行使しないときは，消滅する」と規定している（▷改正民法166条2項）。これによれば，抵当権は20年間の権利不行使により時効消滅することになる。上記の大審院判決によれば，抵当不動産の第三取得者の抵当権にかかる消滅時効の起算点は，主債務者の弁済期が到来した時から進行するとしている。

冒頭の【事例①】の甲地に付された抵当権は，25年前に設定されたものである。被担保債権の弁済期から20年余りを経過しているとすれば，被担保債権の存否とは別個に，抵当権それ自体の消滅時効を援用して（▷397条・145条），BまたはAはDに対し，抵当権設定登記の抹消登記手続を求めることができる。さらに，【事例①】において，Bは，物上保証人Aから抵当不動産である甲土地を譲り受けようとする者であり，抵当不動産の第三取得者である。抵当権付きの状態で土地を取得することは，危険を伴う。そのため，抵当不動産を取得しようとする第三者には，抵当権消滅請求が認められている（▷379条以下）。また，これに関連して，抵当不動産の買主は，抵当権消滅請求の手続が終わるまで代金の支払いを拒絶することができる（▷改正民法577条）。

ただ，法解釈のあり方として，一方で，抵当不動産につき抵当権の消滅時効の援用を認め，他方で，抵当権消滅請求権の行使を許し，抵当権の負担のない完全な所有権の取得を図ることについては，果たして妥当なものなのかどう

か，民法の体系上，整合性ある解釈が求められる。

▶▶4　抵当不動産の時効取得

　民法は，不動産所有権の時効取得について，総則に通則規定を設けているが（▷162条・163条），これとは別に，取得時効の対象となる不動産に抵当権が設定されていた場合について，特別の規定を設けている（▷397条）。両者の関係につき，判例・学説は，次の3つの類型を意識しながら議論してきた。

　第1は，所有者Aが債権者Bのために抵当権設定をし，その旨の登記をしている甲不動産につき，その後，第三者Cがその甲不動産を自主占有を開始し，取得時効が完成する場合である。この場合，古い判例は，抵当権に対する承認を理由に民法397条の適用を否定し，抵当権は消滅しないとした（★大判昭和13・2・12判決全集5輯6号8頁，★大判昭和15・8・12民集19巻1338頁）。しかし，その後の判例は，このような場合にも民法397条の適用がありえて，Cが甲不動産につき取得時効に必要な要件を具備する占有をしたときは，甲不動産の抵当権はこれによって消滅することを認めた（★最判昭和43・12・24民集22巻13号3366頁）。

　第2は，Cがすでに自主占有している甲不動産につき，その後，登記上の所有名義人Aが債権者Bのために抵当権を設定し，その旨の登記を経由したが，さらにCにおいて時効取得に必要な自主占有を継続し，時効が完成した場合である。この場合，判例は，民法162条を根拠に，Cに取得時効が成立するとBの抵当権は消滅するとしている（Cが無権原占有者の場合につき★最判平成15・10・31判時1846号7頁，Cが第三取得者の場合につき★大判大正9・7・16民録26輯1108頁など）。判例は，この場合の問題を総じて民法162条の問題として捉え，抵当権者の利益との調和は占有者による抵当権の承認ないし認容の有無により図られると考えている。

　第3は，A所有の甲不動産につき，Cが自主占有を開始し，取得時効が完成したが，その所有権取得登記を経由しないでいる間に，Aの債権者Bが甲不動産に抵当権の設定を受け，その旨の登記を経由し，その後さらにCが占有を継続し，再度の取得時効が完成した場合である。この場合，判例は，占有者が抵当権の存在を容認していたなどの特段の事情がない限り，占有者は当該不動産を時効取得し，その結果，抵当権は消滅するとしている（★最判平成24・3・16民集66巻5号2321頁）。

　第1から第3の事案を通じて，抵当不動産の第三取得者が抵当権設定者と同

視できるかについては，判例・学説に争いがある。従前の判例は，民法397条は抵当不動産に所有権を有しない者の占有による取得時効の場合に関する規定であり，債務者や物上保証人のように抵当不動産につき所有権を有する者には適用されず，また，これらと同様の地位にある抵当不動産の第三取得者にも適用されないと解している（前掲★大判昭和15・8・12など）。学説でも，古い判例と同様の立場をとる見解が多い。

　この問題の考え方としては，①抵当権それ自体が，不行使を根拠に改正民法166条2項（▷改正前民法167条2項）によって時効消滅することを否定し，②しかし，抵当権は被担保債権が消滅しない限り時の経過によっては消滅しないとの厳格な結論に陥ることなく，③一方で，民法397条に積極的な意味をもたせつつ，④他方で，抵当権の存在につき，悪意・有過失の第三取得者と善意・無過失の第三取得者ではそれなりの保護のあり様を変えるという立場もありえよう。時効によって取得される権利の内容は，時効の基礎となった占有の内容に応じて定まるとすれば，取得時効の成立によって当然に抵当権が消滅するわけでななく，最終的には占有の内容・態様などにより，取得時効の効果は判断されることになるといえよう。

❖Lec **21** 抵当権【6】──共同抵当・根抵当 ⋯⋯⋯

▸§1＿ 共同抵当

【事例】 Aは，自分が債権者Bに対して負っている5000万円の借入債務を担保するために，自己所有の土地（時価8000万円相当）と地上建物（時価2000万円相当）のうえに抵当権を設定した。このことを前提に，次の①および②の場合につき，後順位抵当権者C・Dが取得する配当額を算出しなさい。
① A所有の土地につき2番抵当権者C（債権総額5000万円），地上建物につき2番抵当権者D（債権総額1500万円）が存在し，Bが土地と地上建物の双方につき競売を申し立て，同時に配当が行われる場合（下記表21-1）
② 上記事例①において，Bが土地についてのみ競売を申し立て，土地の売却代金だけが配当される場合（下記表21-2）

【1】 共同抵当の意義

　同一の債権を担保するために，2つ以上の不動産上に抵当権を設定することがある。これを「共同抵当」という（▷392条）。共同抵当は，担保価値の集積や一部の抵当不動産の価値の下落の場合の危険の分散のため，わが国では広く利用されている（なお，▷370条参照）。抵当権が設定されると，対抗力を得るために，その旨の登記がなされるが（民法177条・373条），共同抵当の場合，「共同担保目録」が登記所に備え付けられる。冒頭の事例は，共同抵当における実行手続と配当方法が問題とされる典型的な事案である。

【2】 共同抵当における配当──同時配当と異時配当

　共同抵当の場合における配当方法として，民法は，「同時配当」と「異時配当」の2つを定めている（▷392条）。例えば，債務者に対する同一の債権を担保するために，債務者所有の土地と地上建物の双方に抵当権が設定されている場合，抵当権者は，土地と建物の双方につき競売を申し立て，双方の売却代金から優先弁済を受けてもよく，また，土地のみにつき競売を申し立て，土地の

売却代金から優先弁済を受けてもかまわない。

　しかし，このような選択を自由に認めると，当該抵当不動産に設定されている後順位抵当権者は，先順位抵当権者の優先弁済の受け方によって配当を受けられないといった恐れが生じ，大きな不利益を被ることがある。そこで，民法は，共同抵当における抵当権実行の配当について，一定のルールを定めた。それが，民法392条が定める同時配当と異時配当である。

　【事例①】は，同時配当に関する事案である。同時配当は，先順位抵当権者が土地と建物の双方につき各不動産から競売を申し立て，同時に配当が行われる場合，先順位抵当権者は，各不動産からその価額（売却代金）の割合に応じて配当を受ける（▷392条1項）。これが，共同抵当における配当の基本原則である。

　これに対し，【事例②】は，異時配当に関する事案である。先順位抵当権者が土地についてのみ競売を申し立て，土地の売却代金だけが配当される場合，先順位抵当権者は，債権全額の配当を受けることができるが，土地の後順位抵当権者は同時配当の場合に比べて不利益を受ける。この不利益を是正し，当事者間の利益を調整するために，民法は，同時配当の場合であれば先順位抵当権者が建物から受けるべき配当額の限度で，後順位抵当権者は先順位抵当権者に代位して，建物につき競売を申し立て，配当を受けることができる（▷392条2項）。この場合，後順位抵当権者が代位により配当を受けようとするときは，代位する先順位抵当権者の抵当権の登記に代位の付記登記をしなければならない（▷393条）。

▶ §2＿ 根抵当

【事例】　A所有の不動産につき，Aの債権者Bは極度額5000万円の根抵当権を有している。このことを前提に，次の①および②の場合を検討するとともに，図表1・2を完成させて，根抵当権の効力を説明しなさい。
　①　元本確定前に，根抵当権者Bが設定者Aの承諾をえて，極度額5000万円の根抵当権を極度額4000万円と1000万円の2個の根抵当権に分割したうえで，後者をCに譲渡した。元本の確定時，Bの債権額は2000万円，Cの債権額は8000万円であった。競売の結果，Aの抵当不動産は7000万円でDに売却された。
　②　元本確定前に，根抵当権者Bが設定者Aの承諾をえて，極度額5000万円の根

抵当権の一部をCに譲渡した。元本の確定時，Bの債権額は2000万円，Cの債権額は8000万円であった。競売の結果，Aの抵当不動産は7000万円でDに売却された。

▶▶1　根抵当権の意義

【1】　根抵当権とは

　抵当権の設定にあたり，「一定の範囲に属する不特定の債権を極度額の限度において担保する抵当権」を用いることがある。このような抵当権を根抵当権という（▷398条の2第1項）。根抵当権は，古くから根抵当取引として，わが国では利用されてきたが，制定当初の民法典にはこれを直接に規律する明文の規定もなく，解釈に委ねられた。そのため，根抵当権とは何かをめぐり，解釈上の疑義や紛争も少なくなかった。そこで，こうした疑義や紛争を立法的に解決するため，昭和46年，民法の一部を改正する法律（昭和46年法律99号）により，根抵当権に関する規定が設けられることになった（▷398条の2～398条の22追加）。

　根抵当権の基本的な特徴は，設定に際して被担保債権を特定しないこと，換言すれば，個々に発生する債権のうち，どの債権が担保されているかが特定していないことにある。根抵当権の確定により担保される債権が確定するが，それまでは個々の債権の発生・消滅により影響を受けない。このような付従性を否定ないし緩和された抵当権が根抵当権である。冒頭の【事例①と②】では，根抵当権における元本確定の前後を通じて，根抵当権の基本的な効力が問われている。

【2】　根抵当権によって担保される債権

　まず，上記の事例を検討する前に，法律知識を整理しておこう。根抵当権の被担保債権としては，次の4種類が認められている。図表21①の（ア）と（イ）は当事者間の直接の取引によるものであり，根抵当権の基本となる被担保債権である。図表21②の（ア）と（イ）は，当事者間の直接取引以外によるものである。このほか，本来ならば普通抵当権で担保できる特定債権であっても，①または②との債権とともに被担保債権とすることができる（図表21③）。

▶▶2　根抵当権の基本的特徴

　次に，根抵当権の基本的特徴を整理しておこう。民法は，元本の確定をもっ

図表21　根抵当権における被担保債権の範囲

①	根抵当権者と債務者との取引によって生じる債権	
一定の範囲に属する不特定の債権 (ｱ)　特定の継続的取引契約によって生じる債権 (ｲ)　一定の種類の取引によって生じる債権		(例)
		平成○年○月○日石油販売特約店契約
		売買取引，銀行取引
②	根抵当権者と債務者との取引に基づかない債権	
(ｱ)　特定の原因に基づき債務者との間に継続して生じる債権 (ｲ)　手形・小切手上の請求権（回り手形・小切手）		甲工場の排液による損害賠償請求権
		手形債権・小切手債権
③	本来ならば普通抵当権で担保できる特定債権	
上記①または②との債権とともに被担保債権とすることができる。③の債権だけを根抵当権の被担保債権とすることはできない。		平成○年○月○日貸付金

て根抵当権の性格が大きく変更される転回点と構成し，確定の前後に応じて根抵当権の取扱いを異にする規定を設けている。

　根抵当権の元本の確定前においては，根抵当権の担保すべき債権が存在しなくても根抵当権は存在しうるし，また，根抵当権の担保すべき債権が譲渡されても，根抵当権の移転は生じない。この結果，元本の確定前においては根抵当権と債権との関係が希薄となり，根抵当権の独立性がある程度強化されて，根抵当権の変更（例えば，被担保債権の範囲の変更）や根抵当権の処分（例えば，根抵当権の譲渡）が可能となる。

　これに対し，担保すべき元本の確定により，根抵当権の基本的特質は失われ，確定時に元本の存する特定の債権のみを担保し，これ以後に発生する債権を担保することがなくなるものとして構成されている。確定後の根抵当権は，被担保債権に対する附従性や随伴性を備えることになって，被担保債権の譲渡や代位弁済に伴い根抵当権も移転することになる。

▶▶3　根抵当権の譲渡

　前記の【事例①】は，元本確定前の根抵当権の譲渡をめぐる問題を検討する問題である。民法典が定める根抵当権は，元本の確定前において担保物権に共通な付従性を著しく緩和したこと，および，被担保債権に対する随伴性を否定したことを特徴としている。したがって，確定前の根抵当権の被担保債権については，債権譲渡や代位弁済により債権を取得した場合であっても，その債権につき根抵当権を行なうことができない（▷398条の3第1項）。これは，現行

の根抵当立法が元本確定前における根抵当権について，これを被担保債権と切り離して絶対的に譲渡し移転することを認めていないからである（▷398条の12・13）。そのため，根抵当権付債権の譲受人や代位弁済者が取得した債権を根抵当権で担保するためには，根抵当権者から根抵当権の譲渡を受けるとともに，債権譲渡あるいは代位弁済に基づき取得した債権を特定債権として根抵当権の被担保債権の範囲に追加し，その旨の変更登記をする必要がある。

　確定前の根抵当権は，転抵当の場合を除き，抵当権の処分として，普通抵当権の場合のように，譲渡・放棄，順位の譲渡・放棄は認められていないが（▷398条11第1項），これらと同様の効果をえるものとして，根抵当権の譲渡が認められている。元本確定前の根抵当権は，風呂桶が根抵当権で，その風呂桶に入る水が被担保債権として譬えられるように，カラの風呂桶のまま根抵当権を譲渡できるというのが根抵当権の特徴である。根抵当権者は，水は移さないが，風呂桶だけを売ることが可能であり，風呂桶を買った新しい根抵当権の譲受人はその風呂桶に自分の水を入れ，それによって自己の債権を担保させることができる。これが根抵当権の譲渡である。

　民法は，根抵当権の譲渡として，全部譲渡（▷398条の12第1項），分割譲渡（▷398条の12第2項），および，一部譲渡（▷398条の13）を定めている。【事例①】は，この問題を取り扱っている。

　元本確定前に，根抵当権者が設定者の承諾をえて，自己の根抵当権を被担保債権と切り離して第三者に譲渡するのが，「根抵当権の全部譲渡」である（▷398条の12第1項）。根抵当権の全部譲渡があった場合，譲渡人の債権は無担保債権となる。譲受人の債務者に対する債権で被担保債権の範囲に属するものは，根抵当権によって担保される。この場合，登記が第三者対抗要件である。元本の確定に利益を持つ者に対しては，元本確定前にその旨の登記をしなければ，根抵当権の譲渡の効力を主張することができない。

　根抵当権の全部譲渡は，債務者が借換えにより根抵当権者を変更する場合や法人成りにより根抵当権者個人が会社組織になった場合などにおいて，従前の順位を維持するために利用される。根抵当権の全部譲渡には，一般に，設定者と譲渡人との合意により，被担保債権の範囲の変更や債務者の変更を伴うことが多い。

　これに対し，元本確定前に，根抵当権者が設定者の承諾をえて，確定前の1個の根抵当権を2個の根抵当権に分割して，その1個を譲受人に譲渡すること

を，「根抵当権の分割譲渡」という（▷398条の12第2項）。分割譲渡によって生じた2個の根抵当権は，同順位となる。また，元本確定前に，根抵当権者が確定前の根抵当権を分割することなく1個のままで譲渡人である根抵当権者と譲受人とが共有することが，「根抵当権の一部譲渡」である（▷398条の13）。根抵当権の一部譲渡は，譲渡人と譲受人との間の合意で成立し，設定者の承諾をえて効力が生じる。各共有者が取得した債権で，根抵当権の債権の範囲に属するものは，すべてその根抵当権で担保される。共有根抵当権者の関係は，優先の定めをしなければ，元本確定時の債権額に応じて配当を受けることになる（▷398条の14第1項）。元本確定前にこれと異なる割合を定め，あるいは，一方が他方に優先して弁済を受けるべきことを定めたときは，それによる（▷同第2項）。この特約については，登記が必要である（▷不登法88条2項4号）。

❖Lec **22** 質権 ⋯⋯⋯⋯⋯⋯⋯⋯⋯⋯⋯⋯⋯

> 【事例①】　Aは生活に困窮し，Bから金銭を借り受けるにあたり，自己所有のカメラを質物としてBに提供し，引き渡した。その後，Aは，貸金債務をまだ弁済していないにもかかわらず，仕事の必要から質物であるカメラの一時使用を申し出て，Bからカメラの返還を受けた。しばらくして，BはAに質物であるカメラの引き渡しを請求するが，Aは何かと理由をいって引き渡そうとしない。この場合，BはAに対し，再度，質物であるカメラの引渡しを請求できるか。
> 【事例②】　上記事例①で，Aが一時返還を受けたカメラを，お金の必要に迫られて，事情を知らないCに売却し，引き渡してしまった。この場合，BはCに対し，質物であることを理由にカメラの返還を求めることはできるか。
> 【事例③】　Bの質蔵に強盗が入り，BがAから貸金債権の担保のために質物として保管していたカメラが盗まれた。後日，この犯行はCによるものであることが判明したが，盗取されたカメラの所在は不明のままであった。事件から1年ほど経ったところで，DがCから盗取されたカメラを購入し，所持していることが判明した。所轄警察署の取り調べでは，Dは盗品であるとは知らないでCから購入したと話している。
>
> 　この場合，BはDに対し，質物であるカメラの返還を求めることができるか。また，Aは，Dに対してどのような請求が可能か。

▶§1__ 質権の意義・性質

　債務者（または第三者）が債務の担保のために物またはその他の財産を債権者に提供し，弁済期が到来しても債務が弁済されなければ，債権者が担保物を競売するなどして，売却代金から他の債権者に優先して弁済を受けることがある。このような担保方法を質権と呼んでいる（▷342条）。冒頭の【事例①②および③】は，この質権に関する問題を取り扱うものである。

質権は，抵当権が不動産に設定されるのを原則とする（▷369条1項）のとは異なり，譲渡可能なもので，法律上担保に供することが禁止されていなければ（例えば，▷881条，国健保法67条。なお，恩給法11条1項ただし書参照），動産や不動産だけでなく，各種の債権やその他の財産権（例えば，預金債権，敷金返還請求権，特許権など）についても設定することができる（▷362条）。したがって，冒頭の事例のように，Bが生活に困窮し，Aから金銭を借り受けるにあたり（▷改正民法587条以下参照），自己の所有物であるカメラを質物としてAに提供することは可能である。

　この質権について，民法は，各種の質権に共通する規定を最初に配置したうえで，質権の目的に即して，動産質・不動産質・権利質に関する規定を設けている。規定の仕方は，動産質（▷352条）の規定を基本に，これを不動産質（▷356条）と債権質（▷362条）に及ぼす形をとっている。

▶ §2__ 質権の効力

　設例を考える前に，質権の効力について，以下，簡単に整理をしておこう。

【1】 被担保債権の範囲

　質権は，別段の定めのない限り，元本，利息，利息，違約金，質権発生の費用，質物保存の費用，および損害賠償債権に及ぶ（▷346条）。この点，抵当権では，被担保債権の範囲は満期となりたる最後の2年分に限定されているが（▷375条），質権では，被担保債権の範囲に制限はない。質権では，後順位に担保権が設定されるとか，第三取得者が現れることが少ないからである。

　動産質の場合，質権の効力は従物にも及ぶほか（87条2項），質権権者が果実を取得し，優先して弁済にあてることができる（▷350条・297条）。質権者が設定者の承諾をえて質物を賃貸する場合には，賃料などの法定果実も対象となる（▷350条・298条2項）。債権質の場合も同様，質入れされた元本債権のほか，利息債権や保証債権などにもその効力を及ぼす。

　これに対し，不動産質の場合，目的物の使用・収益が認められるが（▷356条・359条）。その反面，管理の費用や租税などの支払い義務がある（▷357条・359条）。また，質権者は利息を請求できない（▷358条。ただし，当事者間に特約のあるとき，または，質権の目的不動産につき担保不動産収益執行が開始されたときは，利息の請求

図表22　動産質・不動産質・権利質の比較

	動産質	不動産質	権利質
要物性	あり（民法342条，344条）。占有改定では質権不成立。		（証書の交付に関する旧規定363条削除）
目的物	禁制品を除く，譲渡可能な動産（民法343条，352条）。	譲渡可能な不動産（民法343条，356条）。	譲渡可能な財産権（民法343条，361条）。
流質契約の禁止	設定行為または弁済期前の契約により弁済として質物の所有権を取得することを禁（民法349条）。ただし，商行為によって生じた債権や質屋営業法が適用される場合には，流質契約が認められる（商法515条，質屋営業法1条，19条1項）。		
転質の可否	承諾転質（民法350条・298条2項）および責任転質（民法348条）の双方が可能（民法350条）。		
対抗要件	占有の継続（民法352条）	登記（民法361条・373条，177条）	質権設定者からの通知または債務者による承諾（民法364条。民法520条の2以下参照）。
存続期間の制限	なし。	あり。最長10年（民法360条）。これを超える場合は10年に短縮される。	なし。
目的物の使用収益	原則なし（民法350条・298条2項）。	あり（民法356条）。	原則なし（民法350条・298条2項）。
果実収取権	果実を収取し，他の債権者に優先して弁済に充当可能（民法350条・297条）。	当然に果実の収取が可能（民法356条）。債権の弁済に充当する必要なし。	果実を収取し，他の債権者に優先して弁済に充当可能（民法350条・297条）。
費用償還請求	請求可能（民法350条・299条1項）。	請求不可（民法357条）。管理費用，租税なども負担する。	請求可能（民法350条・299条1項）。
優先弁済の制限	なし。質権者は債務者の一般財産から自由に弁済を受けることができる。	あり（民法361条・394条1項）。質権実行により債権全額の回収ができないときにのみ債務者の一般財産から弁済を受ける。	なし。質権者は債務者の一般財産から自由に弁済を受けることができる。
簡易な弁済充当	可能（民法354条，非訴93条）。	不可。	債権者による直接の取立て可能（民法367条）。

は可能である。359条）。

【2】　留置的効力

　質権者は，被担保債権の弁済を受けるまで目的物を留置することができる（▷347条）これにより，間接的に債務の弁済を促すことできる。動産質の場合，質物の保管や使用・収益，また，それに要する費用の償還については，留置権の規定が準用される（▷350条，298条・299条）。

【3】　優先弁済的効力

質権者は，質権によって担保されている債権の弁済がなされないとき，民事執行の手続に従って目的物の競売を求め（▷民事執行190条），また，他の債権者の申立てによる競売において配当要求をして（▷同133条），優先弁済を求めることができる。動産質の実行には，裁判所の許可をえて鑑定人の評価に従いながら質物を直ちに弁済にあてる簡易な弁済充当が認められている（▷354条，非訴93条）。債権質では，質権者が質権の目的である債権を直接取り立てることが認められている（▷366条1項）。不動産質権の実行については，抵当権の場合に準じて扱われる（▷361条）。

【4】　流質契約の禁止

　質権では，債務の弁済がなされないとき，質権者が質物の所有権を取得することを当事者間で合意することがある。これを流質契約という。これを自由に認めると，債権者が債務者の窮迫に乗じて債務額に比べて不相当に高価な質物について流質契約を締結させる恐れがあるとして，ローマ法以来，流質契約は禁止されてきた。わが民法も，いずれの質であるかを問わず，設定行為または弁済期前の契約をもって流質の合意をすることを禁じている（▷349条）。

　もっとも，これには例外があり，商行為によって生じた債権を担保するための質権には，流質契約が認められている（▷商法515条）。また，質屋営業法が適用される場合には，流質期限までに被担保債権の弁済がなされないとき，質屋が質物をもって弁済にあてることができる（▷質屋営業法1条・19条1項）。

▶§3＿　質物の占有継続と対抗要件

　動産質の場合，質権者が設定者へ質物を任意に一時的に返還したり，あるいは，質物を第三者に奪われたりしたような場合，質権はどのように扱われるか。冒頭の【事例①】は前者の問題を，【事例③】は後者の問題を扱っている。【事例②】は，一時返還を受けた質権設定者が質物を第三者に転売した場合の事案に関する問題である。

　質権設定にあたり，民法は，設定者による質物の代理占有を禁止し（▷345条），質権設定後における質物の占有継続を質権の存続要件としている（▷352条）。したがって，質権者は，質物を継続して占有しなければ，質権を第三者に主張することはできない（▷352条）。

ちなみに，不動産質権にあっては，動産質権とは異なり，占有継続は権利主張の対抗要件ではなく，登記が対抗要件である（▷361条・177条）。権利質においては，債権譲渡（▷467条以下）の場合に準じて，設定者から第三債務者への質権設定の通知または第三債務者の承諾が対抗要件とされている（▷364条・467条1項）。債権の一種である記名社債や記名株式などについては，特別の規定がある（記名社債につき▷会社法692条～694条以下，記名株式につき▷会社法146条2項・147条など参照）。

　以上を踏まえて，BはCに対し，質物の返還を求めることができるかどうかを検討することにしよう。この点につき，判例は，不動産質権の場合，対抗要件は継続占有ではなく登記であるから，質権者が目的物を返却したとしても，法律上の代理占有が生じないだけで，不動産質権は消滅しないし，また，不動産質権の対抗力も失われないという（★大判大正5・12・25民録22輯2509頁）。これに対し，動産質権の場合にあっては，最上級審の判例はないが，下級審裁判例では，対抗力消失説が優勢である（★東京高判昭和28・9・21高民集6巻10号633頁など）。学説は，対抗力喪失説と質権消滅説の両説が対立している。従来，対抗力喪失説が多数説であったが，現在では質権消滅説が多数を占めている。

　質権消滅説によれば，代理占有の禁止を定めた民法345条の趣旨は，質権成立について公示の原則の理想を貫徹し，それを強化することにあるのではなく，留置的効力の確保にある。したがって，質権の成立後，質権者が目的物を返却した場合，質権の対抗要件である占有継続を喪失するのみならず，代理占有の禁止の原則にも抵触し，質権それ自体は消滅するとしている。

　【事例③】の場合のように，Aは一度返却を受けた質物のカメラをCに転売したが，まだCへ引き渡していないのであれば，対抗力消失説では質権に基づく返還は可能である。これに対し，質権消滅説では，Aに質物のカメラが留まっていたとしても，BはAに対して質権に基づきカメラの返還を請求することはできない。その際，理由として，質権の存続要件である占有継続に欠けるから，質権を第三者に対抗（主張）できないからなのか，それとも質権設定者への一時返却によって代理占有の禁止の原則に抵触し，質権それ自体が消滅するからなのか。この点は，質権の本質とは何かに関わる重要な問題であり，明らかにする必要がある。

　これに対し，【事例②】の場合のように，すでにAからCにカメラが引き渡されていた場合には，対抗力喪失説または質権消滅説のどちらによっても，Bは

Cに対して質権に基づき質物のカメラの返還を請求することはできない。この場合，残された方法としては，BはAに対して期限の利益の喪失を理由に貸金債務の即時の弁済を求め（▷137条2号），あるいは，物上代位により転売代金の引渡しを要求する（▷350条による304条の準用）などの方法によることになる。

▶ §4__ 質権に基づく質物の返還請求——質権の追及効

　事例③は，質権の効力として，BはDに対して質物であるカメラの返還を求めることができるか。また，AはDに対してどのような請求が可能かである。質物が侵奪され，侵奪者から目的物を転得した第三者がいる場合，法律関係は複雑となり，錯綜する。この問題については，質物の侵奪と民法353条，占有回収の訴えに関する民法200条・201条3項，即時取得と2年間の回復請求を定めた民法193条・194条との関係，など，解釈上主要な争点となる。

　物権は，物を直接に支配し，その物から生ずる利益を排他的・独占的に享受しうる権利であるから，物権取得者が物の占有を奪われた場合，物権に基づいて物の返還を請求することができるのが原則である。しかしながら，質権については質物の引渡しが質権の成立要件であり（▷342条，344条），質物の占有継続が動産質における対抗要件である（▷352条）。そのため，民法は，動産質において，質権者が質物の占有を失えば，もはや質権に基づく返還請求権はできず，ただ，占有回収の訴えによってのみ返還請求が許されるにすぎないとした（▷353条）。

　質物の返還は，一般に，占有回収の訴え（▷200条）をもって行う（▷353条）。占有回収の訴えにより質物の返還を求めようとする場合，善意の特定承継人に対しては占有回収の訴えを提起することはできない（▷200条2項本文）。また，占有回収の訴えは，占有侵奪の時から1年以内に行使しなければならない（▷201条3項）。盗取者Cが盗んだ事実を隠して質物を第三者Dに転売したというのであれば，Cは善意の特定承継人にあたり，占有回収の訴えは提起できない。また，Cの質物強奪の時からすでに1年を経過したのであれば，占有回収の訴えを提起することはできない。

　質権に基づく返還請求や占有訴権の行使ができないとしても，そのことから直ちに善意の特定承継人Dが質物の所有権を取得するわけではない。質物の

所有権は原権利者のAにあり，Aは被害者として所有権に基づく返還請求が可能である。Dがこれを排除し，質物の所有権を取得するには，即時取得の要件を満たす必要がある（▷192条）。民法は，即時取得が成立する場合であっても，目的物が盗品や遺失物であるときは，被害者は2年間，目的物の回復請求をなしうるとしている（▷193条）。この場合，被害者は原権利者Aであるが，このほかに質権者Bもまた被害者であるから，Dに対して回復請求をなしうる。

　その際，転得者が盗品を競売や公の市場において買い受け，または，その物と同種の物を販売する商人から買い受けたときは，被害者は転得者が支払った代価を弁償しなければならない（▷194条）。もっとも，これには例外があり，占有者が古物商や質屋営業者である場合には，1年間は無償で返還請求が可能である（▷古物20条，質屋22条）。

　なお，判例は，代価の弁償があるまで，転得者はその物の引渡しを拒むことができるとし，この間，その物の使用権限も有するとしている（★最判平成12・6・27民集54巻5号1737頁）。

【事例①】 A所有の建物をBはAから賃借し，敷金を差し入れて入居を始めた。入居後，間もなくして，Bは数か月にわたり賃料を滞納している。この場合，Aは先取特権に基づきBからどのようにして賃料を回収することができるか。

【事例②】 上記事例①において，Bが賃借建物に備え付けた動産をCに譲渡し，引き続きCより借り受けて利用していたところ，Aがこの動産について先取特権を行使し，換価代金から優先弁済を図ろうとしている。この場合，Cは自己に所有権があることを主張し，これを排除することができるか。

▶§1 先取特権の意義・性質

　法律の定める債権を有する者が債務者の財産について，他の債権者に優先して，その債権の弁済を受ける権利を取得することがある。そのような権利の1つに，先取特権という担保物権がある（▷303条）。先取特権は，民法上，法定担保物権の1つとして位置づけられている。先取特権が認められる根拠は，公平の原則によるもののほか，社会政策的配慮，当事者の意思の推測に求められる。

　民法は，先取特権の効力の及ぶ目的物の違いに応じて，15種類の先取特権を認めている（▷306条以下）。先取特権は，一般の先取特権と特別の先取特権に大別される。前者は債務者の総財産を対象とし（▷306条：4種類），後者は動産と不動産の区別に従い，動産を対象とする動産先取特権（▷311条：8種類）と不動産を対象とする不動産先取特権（▷325条：3種類）に分かれる（下記【図表23-1】「先取特権の種類・被担保債権」参照）。

　冒頭の【事例①】は，A所有の建物をBが賃借した場合（▷601条）において，不動産の賃貸借から生じる債務を担保するために賃借人の動産に発生する先取特権の例である（▷311条1号，312条～315条，改正民法316条）。ここでは，建物賃貸借から生ずる賃料等の債権（▷改正民法601条参照）を担保するために，賃借人が備え付けた動産に対して先取特権の効力が及ぶかどうかが問題となっている（▷311条1号・312条以下・313条2項）。なお，賃貸人が敷金（▷改正債権法622

図表23-1　先取特権の種類・被担保債権・目的物

	先取特権の種類	被担保債権	目的物
一般の先取特権	共益費用の先取特権 （民法306条1号，307条）	債務者の財産の保存，清算，配当に関する費用	債務者の総財産
	雇人関係の先取特権 （民法306条2号，308条）	債務者の雇人が受けるべき給料等の債権	債務者の総財産
	葬式費用の先取特権 （民法306条3号，309条）	債務者のためになされた葬式費用	債務者の総財産
	日用供給品の先取特権 （民法306条4号，310条）	債務者や扶養親族などの生活に必要な最後の6か月分の飲食品，燃料，電気の供給	債務者の総財産
動産の先取特権	不動産賃貸借の先取特権 （民法311条1号，312条〜316条）	不動産の賃料その他賃貸借関係から生じた賃借人の債務	賃借人の動産
	旅館宿泊の先取特権 （民法311条2号，317条）	宿泊客が負担すべき宿泊費，飲食料	旅館にある宿泊客の手荷物
	旅客・荷物の先取特権 （民法311条3号，318条）	旅客・荷物の運送賃および付随の費用	運送人の占有する荷物
	動産保存の先取特権 （民法311条4号，320条）	動産の保存のために要した費用，または，動産に関する権利の保存・承認・実行のために要した費用	当該動産
	動産売買の先取特権 （民法311条5号，321条）	動産の代価およびその費用	当該動産
	種苗肥料供給の先取特権 （民法311条6号，322条）	種苗または肥料の代価およびその利息	その土地より生じた果実（1年以内）
	農業労務の先取特権 （民法311条7号，323条）	労務に従事する物の最後の1年分の賃金	当該労務によって生じた果実
	工業労務の先取特権 （民法311条8号，324条）	労務に従事する者の最後の3か月分の賃金	当該労務によって生じた製作物
不動産の先取特権	不動産保存の先取特権 （民法325条1号，326条）	不動産の保存費，不動産に関する権利の保存・承認・実行のために要した費用	当該不動産
	不動産工事の先取特権 （民法325条2号，327条）	工事の設計・施行または監理をする者が債務者の不動産に関してした工事の費用	当該不動産
	不動産売買の先取特権 （民法325条3号，328条）	不動産の代価およびその利息	当該不動産

条の2第1項）を受け取っているときは，その敷金で弁済を受けない債権の部分についてのみ先取特権を有することになっており（▷改正民法316条），注意が必要である。

　不動産賃貸借の先取特権のうち，建物賃貸借の先取特権の対象である「賃借人がその建物に備え付けた動産」の範囲をめぐっては，判例・学説に争いがある。判例は，先取特権の目的となる動産はその建物の常用に供するための物に限られず，ある時間継続して存置するために持ち込んだ物（金銭，有価証券，懐

中時計，宝石類など）でもよいとして，広く解している（★大判大正3・7・4民録20輯587頁）。これに対し，通説は，当事者の意思の推測という立法趣旨から，目的物となる動産は従物（▷87条）よりは広いが，建物の利用に関連して常置された物（家具調度，機械，営業用什器など）に限るとしている。

▶§2__ 先取特権の効力

設例の事例を検討する前に，先取特権の効力について，以下，簡単に整理をしておこう。

【1】 優先弁済的効力

先取特権には優先弁済権が認められ，これに基づき他の債権者に優先して弁済を受けることができる（▷303条）。これが先取特権の優先弁済的効力であり，先取特権の中心的な効力である。

先取特権の優先弁済権は，種類ごとに，先取特権相互間で順位が定まり（▷329条以下），また，他の担保物権との優劣関係が定まっている（▷334条・337条以下。なお，361条参照）。これをまとめたのが，下記の**図表23-1**である。

先取特権の優先弁済権は，競売申立てまたは配当加入を通じて実現される。このほか，先取特権に基づく物上代位という方法によっても，価値代替物に対して優先弁済的効力を及ぼすことができる。

(1) 競売の申立て

優先弁済権の行使は，先取特権者が目的物につき，民事執行法の定める方法に従い，競売の申し立てをすることによって行うのが原則である。

　　・目的物が不動産の場合………民事執行法181条
　　・目的物が動産の場合…………民事執行法190条

平成15年の担保法・執行法の改正により，民事執行法190条が改正され，先取特権者が担保権の存在を称する文書を執行裁判所に提出することにより，動産競売が開始される道が開かれた（▷民執190条2号）。

競売により目的物が換価されると，先取特権者は，換価代金から優先順位（▷329条以下）に従い優先弁済を受ける。

(2) 配当加入

先取特権の目的物につき，他の債権者の申立てにより競売の手続が行われた

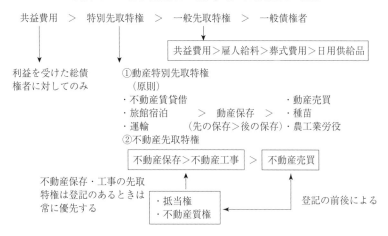

▶図表23- 2　　先取特権相互の順位，他の担保物権との競合

共益費用　＞　特別先取特権　＞　一般先取特権　＞　一般債権者

共益費用＞雇人給料＞葬式費用＞日用供給品

利益を受けた総債
権者に対してのみ

①動産特別先取特権
　（原則）
・不動産賃貸借　　　　　　　　　　　・動産売買
・旅館宿泊　　　　＞　動産保存　＞　・種苗
・運輸　　　　　（先の保存＞後の保存）・農工業労役
②不動産先取特権

不動産保存＞不動産工事　＞　不動産売買

不動産保存・工事の先取
特権は登記のあるときは
常に優先する

・抵当権
・不動産質権

登記の前後による

ときは，先取特権者は民事執行法の定める手続に従い，配当要求等の方法で優
先弁済をうけることもできる（配当要求につき▷民執51条・133条，登記をした先取
特権者への配当加入につき▷民執87条1項4号）。

【2】　物上代位

　先取特権は，目的物の交換価値につき優先弁済的効力が認められる権利であ
る。目的物が売却，賃貸，滅失または損傷によって，債務者が受けるべき金銭
その他の物，または，目的物の上に設定した物権の対価に対しても，優先弁済
的効力を及ぼすことができる（▷304条）。これが，先取特権の物上代位性である。
動産の先取特権の場合には，債務者が目的物を第三者に譲渡するなどして引き
渡した場合には追及効を失い，もはや先取特権を行使できないので（▷333条），
目的物の売買代金に物上代位を認めることに意義がある。

　ただし，先取特権者は，物上代位権を行使するためには，物上代位の目的で
ある金銭などにつき，債務者に対する払渡しまたは引渡し前に「差押え」をし
なければならない（▷304条1項ただし書）。この差押えの趣旨をめぐっては，特
定性維持説と優先権保全説の対立があり，判例および学説で議論されている。

☕カフェ・コンシェルジュ23.1__　民法304条の「差押え」の意義と判例・学説

　特定性維持説は，担保物権は目的物の交換価値を把握するものであるから，価値が具

体化した転売代金などの価値変形物については当然にその効力が及ぶとする。そのうえで，転売代金などが債務者の財産に混入することなく特定性を維持していれば物上代位権の行使は可能であるから，民法304条ただし書の「差押え」は先取特権者が自ら差押えを要求するものではないという。これに対し，優先権保全説は，担保物権といえども目的物が消滅すれば権利自体も消滅するが，民法は304条ただし書の「差押え」があれば，これによって占有を伴わず公示方法のない先取特権者に価値変形物に対する権利の行使を認め，特別に保護するものである。それゆえ，先取特権者が自ら転売代金などを差し押さえることが必要であるという。

　判例は，かつては優先権保全説に立っていた（★大判連判大正12・4・7民集2巻209頁，大決昭和5・9・23民集9巻918頁）。しかし，その後，判例は学説の考え方の影響を受けて態度を改め，債務者に破産開始決定があっても，先取特権者は物上代位権を行使できるとした（★最判昭和59・2・2民集38巻3号431頁。同旨，★最判昭和60・7・19民集39巻5号1326頁）。判例によると，民法304条ただし書の趣旨は，債権の特定性を保持し，第三者の不測の損害を防止することにあるとし，その趣旨から，第三者への債権譲渡とは異なり，一般債権者が物上代位の目的物につき差押命令を取得したにとどまる場合にも，物上代位権の行使が可能であると述べている。

　ただ，判例は，その一方で，物上代位の目的債権が譲渡され，第三者に対する対抗要件が具備された後に，動産売買の先取特権者が物上代位権を行使した事案では，物上代位権の行使は否定されるとしている（★最判平成17・2・22民集59巻2号314頁）。その理由として，判例は，動産売買先取特権には抵当権とは異なり公示方法が存在しないことを挙げ，動産売買の先取特権に基づく物上代位権の行使による「差押え」は抵当権に基づくそれとは異なり，第三債務者の保護のみならず，目的債権につき利害関係を有する第三者を保護する趣旨があることを挙げている。

▶ §3　先取特権と第三取得者──先取特権の追及効

　動産の先取特権は，占有を伴わない公示性のない担保権であり，これを広く認めると，他の一般債権の利益を害する恐れがあり，また，他の担保権者との軋轢を生むことになる。そのため，民法は，目的物が第三者に引き渡された場合，その目的物について先取特権を行使することができないとして（▷333条），追及効を制限している。【事例①】は，これに関わる問題であるが，民法333条にいう「引渡し」の意味をめぐり判例・学説には争いがある。

　判例は，【事例②】と類似する事案において，建物賃借人が建物に備え付け

た動産を第三者に譲渡したが，引き続き第三者より賃借し占有していたところ，建物賃貸人がその動産に先取特権の実行をしてきた場合，第三者はすでに民法333条にいう「引渡し」を受けているとして，第三者からの異議申立て（▷民執38条）を認め，競売手続の取り消しを求めることができるとした（★大判大正6・7・26民録23輯1203頁）。判例によれば，占有改定でも民法333条の引渡しにあたるということになる（動産売買の先取特権の事案で同趣旨のことを説く判例として，★最判昭和62・11・10民集41巻8号1559頁）。

　通説もまた，公示のない動産上の先取特権の追及効を制限し，動産取引の安全を図るという民法333条の趣旨を挙げて，判例を支持している。もっとも，第三者が占有改定による引き渡しを受けた場合であっても，建物賃貸人が当該動産を賃借人が所有していると過失なく信じていたときは，その後に取得する賃料債権につき，当該動産について先取特権を即時取得すると解されている（▷192条）。

☕カフェ・コンシェルジュ23.2＿＿ 民法333条にいう「引渡し」の意義と判例法理

　民法333条にいう「引渡し」をめぐって，前述の動産売買の先取特権の追及効が争われた最高裁の事案は，次のようなものである。Aが甲動産をBに売却し，Bはいまだ売買代金を支払ってないが，引渡しを受けた甲動産を，Cから融資を受けるためにその債権担保として譲渡担保に供し，Cに占有改定による引渡しをした。後日，Aが先取特権に基づき甲動産につき競売を申し立てたところ，Cは第三者異議の訴え（▷民執38条）を提起して競売手続の取消しを求めたというものである。判例は，民法333条の解釈として，動産取引の迅速性と債権者保護の必要性から，占有改定による引渡しも同条の「引渡し」にあたるとして，Cの申立てを認めた（★最判昭和62・11・10民集41巻8号1559頁）。

　この事案は，譲渡担保に供された目的物が構成部分の変動する倉庫内の棒鋼であったことから，譲渡担保権者は民法333条の第三取得者として，第三者異議の訴えにより，動産売買先取特権に基づく動産競売の不許を求めることができるかが争われるとともに，構成部分の変動する集合動産譲渡担保を目的とする集合物譲渡担保権の対抗要件は占有改定で足りるか，対抗要件の効力は新たにその構成部分となった動産を包含する集合物に及ぶかが争点となった。判例は，後者の争点についても，集合物譲渡担保権の対抗要件は占有改定で足りること，および，対抗要件具備の効力は設定契約後，新たに集合物に加わった動産にも当然に及ぶことを明らかにしている（なお，★最判昭和54・2・15民集33巻1号51頁参照）。

❖Lec 24 　留置権 ……………………………………

【事例①】 BがAから依頼を受けてAの腕時計を修理したところ，Aが修理代金を支払わないまま腕時計の引渡しを求めてきた。この場合，Aは，「修理代金を支払うまでは腕時計を渡さない」と主張して，腕時計の引渡しを拒むことができるか。
【事例②】 上記事例①において，Bが修理した腕時計はAの所有物ではなく，実はCの所有物で，AがCから借りていたものであった。Cが所有者として腕時計の返還をBに求めた場合，Bは修理代金の未払いを理由に，腕時計の返還を拒むことができるか。
【事例③】 上記事例①おいて，Bは「後日必ず支払う」とのAの言葉を信じて，腕時計をAに引渡したが，Bが催促してもAは修理代金を支払おうとしない。のみならず，Aは，腕時計を事例②のCに返還していた。このような場合，BはAから回収できない修理代金をCに請求することができるか。

▶§1_ 留置権の意義

　民法は，他人の物を占有する者がその物に関して生じた債権について弁済を受けるまでその物を留置し，返還ないし引渡しを拒絶することができる権利として，留置権を認めている（▷295条）。留置権は，法律が定める一定の要件を満たせば，他人の物を適法かつ有効に留置することによって債務者の弁済を間接的に強制することから，法定担保物権と呼ばれる。
　留置権と同様の機能を果たすものに，同時履行の抗弁権がある（▷533条）。同時履行の抗弁権は，売買などの双務契約の当事者間において，当事者の一方は相手方がその債務の履行を提供するまでは，自己の債務の履行を拒むことができるとする権利である（▷533条）。同時履行の抗弁権も，留置権と同様，公平の原則から認められるものであるが，留置権は物権であり，その発生原因を問うことなく第三者にも権利を主張できる点で両者は異なる。
　冒頭の事例は，留置権と同時履行の抗弁権との異同，および留置権の効力が問われている問題に関するものである。

▸§ **2** 留置権の成立

【1】 4つの成立要件

　事例を検討する前に，留置権の成立要件について，簡単に整理しておこう。

　留置権が認められるためには，①他人の物を占有していること（▷295条1項本文），②債権がその物に関して生じた債権であること（同），③その債権が弁済期にあること（▷295条1項ただし書），および，④物の占有が不法行為によって始まったものではないこと（▷295条2項），の4つの要件を満たす必要がある。留置権の成立に関する紛争の多くは，民法295条1項にいう「その物に関して生じた債権」の解釈に集中している。

【2】 物と債権の牽連性

　債権と物との牽連性は，判例・学説によれば，債権が物自体から生じた場合，または，債権が物の返還義務と同一の法律関係または事実関係から生じた場合に分けて，その存否が判断される（いわゆる二元的構成）。債権が物自体から生じた場合の典型例は，物の瑕疵による損害賠償請求権（▷661条）や物に加えた必要費や有益費の償還請求権（▷608条）である。債権が物の返還義務と同一の法律関係の事例としては，【事例①および②】のような腕時計の修理代金債権とその返還請求権，売買契約の取消しにおける買主の代金返還請求権と売主の目的物返還請求権などがある。同一の事実関係としては，AとBとが傘や靴を取り違えて持ち帰った場合の双方の返還請求権などが挙げられる。

　(1) 債権が物自体から生じた場合

　典型例は，物の瑕疵による損害賠償請求権（▷661条）や物に加えた必要費や有益費の償還請求権（▷608条）がこれにあたる。

　賃貸借の事案において，判例は，建物買取請求権（▷借地借家13条・14条）の行使による建物代金債権と建物の引渡しとの関係につき牽連関係を認めるのみならず，留置権の効力を敷地にまで及ぼしている（★大判昭和18・2・18民集22巻91頁など）。これに対し，造作買取請求権（▷借地借家32条）の行使による造作代金債権と造作の引渡しとの関係については，両者の牽連関係を認めるが，それ以上に建物の留置までは認めていない（★大判昭和6・1・17民集10巻8頁，★最判昭和29・1・14民集8巻1号16頁）。後者については，造作買取請求権の趣旨や

有益費（▷608条 2 項）との均衡から，通説は，建物についても留置権を認めるべきであるとしている。

(2) 債権が物の返還義務と同一の法律関係または事実関係から生じた場合

同一の法律関係の事例としては，【事例①および②】のような腕時計の修理代金債権とその返還請求権，売買契約の取消しにおける買主の代金返還請求権と売主の目的物返還請求権などがある。同一の事実関係としては，AとBとが傘や靴を取り違えて持ち帰った場合の双方の返還請求権などが挙げられる。

売買において，同一の土地が売主により二重に譲渡された事案で，先に移転登記を経由した第二の買主の引渡請求に対し，第一の買主が履行不能による売主に対する損害賠償請求権に基づき，すでに引渡しを受けて占有する土地につき留置権を行使しうるかについては，これを否定するのが判例である（★最判昭和34・9・3民集13巻11号1357頁，★最判昭和43・11・21民集22巻12号2765頁，★最判昭和51・6・17民集30巻 6 号616頁）。第一の買主に留置権を認めても，それによって売主の負う損害賠償債務の履行を強制することにはならないというのが，その理由である。

【1】 占有取得の適法性

留置権の成立については，占有開始時には権限があったが，後に無権限となった者の費用の支出に対し，留置権の成立が認められるかという問題も，以前から判例・学説で争われている。これは，前述の留置権の成立要件④に関わる問題である。

この問題につき，判例は，民法295条を類推適用し，留置権の成立が否定されるとしている（★最判昭和46・7・16民集25巻 5 号749頁，★最判昭和51・6・17民集30巻 6 号616頁）。占有すべきことを知りながら他人の物を占有する者（過失のある場合も含む）は，その占有は無権限の場合と同様，不法と考えられるというのが，その理由である。多数説も，概ね判例を支持している。これに対し，学説の中には，事後の不法占有の事案といっても，違法性の程度の異なるも事案も存在することから，慎重な対応が必要であるとして，違法性の程度によって民法295条の適用範囲を限定して考える立場（法行為が成立する場合に限定する説，悪意占有の場合に限定する説，悪意占有ないし善意有過失の場合に限定して適用されるとする説など）も有力である。

▶ §3　留置権の効力

　留置権が発生すると，留置権者には目的物を留置する権限が与えられる。この留置的効力は，目的物の継続使用を認めるが，留置物の保存に必要な範囲に限られる（▷298条2項ただし書）。留置権は物権であるので，留置権者は留置物の譲受人に対しても留置権を主張することができる。

　留置権のその他の効力として，民法は，留置権者に善良なる管理者の注意義務を課す（▷298条1項）とともに，果実取得権（▷297条），留置物の管理と承諾使用（▷298条2項本文），費用償還請求権（▷299条）を認めている。このほか，民法には明文の規定はないが，長期に及ぶ占有の留置的継続関係を解消し，債権の回収手段として，民事執行法は留置権者に競売権を認めている（▷民執195条）。

　冒頭の事例におけるAB間には，腕時計の修理につき請負契約が成立している（▷632条）。請負における修理代金の支払いは，当事者間で別段の合意がなければ，後払いが原則である（▷633条）。

　【事例①】では，請負は双務契約であるから（▷632条），Bの報酬債権は同時履行の抗弁権（▷533条）によって保護されるとともに，その物から生じた債権として，留置権を行使し，修理代金の支払いがなされるまで腕時計を留置することができる（▷295条）。また，【事例②】では，BC間には直接の契約関係はないから，BはCに対して同時履行の抗弁権を主張することはできないが，留置権は物権であり，その発生原因を問うことなく第三者にも権利を主張できるから，Bは留置権に基づき修理代金が支払われるまで腕時計を留置することができる。

　これに対し，【事例③】の場合，留置物の占有を失えば，留置権は消滅するので（▷302条），Bが留置権を行使することはできない。このような場合，判例には，ブルドーザーの修理をめぐる同種の事案で，修理による価値増加について，請負人Bのブルドーザーの所有者Aに対する不当利得返還請求（▷703条）を認めたものがある（★最判昭和45・7・16民集24巻7号999頁）。これは転用物訴権といわれるものであるが，学説には，このような場合まで受益と損失の因果関係を認めることに疑問を呈する者も少なくない。

　その後の判例には，学説からの批判を真摯に受け止めて，賃借人Aが権利金

を支払わない代わりに賃借建物の修繕等の工事はAの負担とし，建物返還時に Aは賃貸人Cに金銭的請求を一切しないとの特約の付された営業用賃借建物の 修繕工事の事案で，工事請負人BのAに対する不当利得返還請求を否定したも のがある（★最判平成7・9・19民集49巻8号2805頁）。

❖Lec **25** 総説・不動産譲渡担保 ⋯⋯⋯⋯⋯⋯

▸§**1**__ 非典型担保総説

　抵当権のように，担保権の設定後に，目的物の占有を設定者に留める担保取引（非占有担保）は，被担保債権の債務不履行後に，実行手続（競売等）によって目的物を換価処分して，その売得金から優先弁済を受けることを内容としている。これに似た取引は，制限物権として民法に条文のある担保物権の設定によらなくても，債権担保の目的であるとの合意のもとに，所有権じたいの帰属のあり方について合意をするという方法で実現可能である。債権担保の目的で債務者所有物の所有権を債権者に譲渡する（❖Lec**25**§2〜§4，❖Lec**26**，❖Lec**27**の譲渡担保）とか，同様の譲渡を債務不履行後にするとの合意をしその優先権を保全する（❖Lec**25**§5の仮登記担保）とか，売主から代金を割賦払いする約定で買った物の所有権をその代金債権の担保の目的で所有者に留める（❖Lec**28**の所有権留保）といった担保取引である。このような担保は，条文にない担保という意味で非典型担保と呼ばれている（ここでは，非典型担保をめぐる判例の発展に寄与した，不動産譲渡担保を念頭に説明する）。

　このような条文にない担保取引は，実務では古くから利用されてきた。かつて問題となったのは，債務不履行後の処遇である。抵当権など条文にある担保権では，担保権者が取得するのは優先弁済権を内容とする制限物権である。所有権は，設定者に維持されている。もちろん，実行手続によって設定者の所有権は奪われ，競売による買受人に移転することになるが，その際には，登記された他の抵当権や配当要求をする債権者らにそれぞれの順位に応じた配当が行われるほか，余剰金は設定者に返還される。しかし，条文にない担保方法では，物権変動のあり方が異なる。たとえば，譲渡担保の場合，少なくとも当事

者の約定では，契約時から，担保権者が所有者であることになっている。債務不履行によって，債務者が受戻権を喪失し，担保権者が確定的に所有権を取得し，所有権に基づく妨害排除等によって占有を回復できるという約定の効力をそのまま認める場合には，目的物の価値が被担保債権よりもはるかに大きい場合でも，債務不履行がありさえすれば，担保権者が目的物の価値を丸どりすることができることになる。実際，戦前を中心に昭和30年代ころまで，譲渡担保などの非典型担保は，このような担保権者側の不当な目論見によって利用されてきた経緯がある。

このような問題は，現在では，判例によって制御されている。債務不履行後に，債務者が受戻権を失い，担保権者の所有権が確定し，占有の回復が可能になるということはかつてと同じであるが，これを代物弁済とみて，被担保債権との清算を行う義務を担保権者に課すルールが確立されているのである。

なお，目的物が不動産である場合，条文にある抵当権によって非占有担保取引が可能であるが，動産の場合にはその適用がない。動産については，いわば動産抵当の利用にあたる場合にも，譲渡担保や所有権留保といった非典型担保を利用せざるを得ないという事情がある。

☕カフェ・コンシェルジュ25.1＿担保法改正の動向とその背景

わが国では，動産を目的物とする非占有型担保権は，条文のない譲渡担保に依存してきた。譲渡担保の判例の展開を受けて，債権を目的物とする場合も，権利質より譲渡担保が多用されてきた。判例で必要なルールが明確にされているなら，条文はいらないということでよいのだろうか。

最近，動産および債権の譲渡担保などを立法化する議論が進められている。2019年に法務省の主導で「動産・債権を中心とした担保法制に関する研究会」が開催されたのをきっかけに，金融庁と中小企業庁もそれぞれ研究会を開催し，これを受けて，2021年からは法制審議会担保法制部会で，この分野の民法改正を目指す立法の検討が行われている。

じつは，このような動きの背景の１つには，一種の外圧があった。国連UNCITRALが，2001年に債権譲渡に関する条約を策定したのを足掛かりに，担保法の国際水準を示す動きを活発にし，2016年には担保取引モデル法を発表している。このような議論を背景に，世界銀行が「Doing Business」という機関誌で各国の担保法制の信頼性の格付けを行うといった動向もみられるようになった（なお，この格付けは2019年度で停止されている）。わが国の格付けは，判例の展開によって国際水準で求められる原則の多くをモデル法とは異なる形で実現しているにもかかわらず，相対的に見て高くないのである。制定法化による，国際的地位の向上が期待されているところである。

▶ §2 不動産譲渡担保とは

> 【事例】 Aが、Bから1億円を借りるにあたり、それによって生じるBのAに対する貸金債権を担保する目的で、Aが所有している不動産の所有権を譲渡担保に供する旨の譲渡担保契約を締結した。
> ① 貸金債権の弁済期が到来する前に、Bが、Aの同意なく、不動産をCに転売した。
> ② 貸金債権の弁済期が到来した後に、Bが、Aの同意なく、不動産をCに転売した。

　不動産譲渡担保は、民法に条文のある制限物権である抵当権を利用せず、実質上、抵当権を利用したのと同様の取引を行うものである。条文にない担保取引という意味で非典型担保と呼ばれる取引の1つである。

　具体的には、B（債権者）が、担保によって優先弁済を得たい債権（被担保債権）をもっていることを前提に、その債権担保の目的で、担保を差し出すA（譲渡担保権設定者）が、Bに、不動産の所有権を移転し、所有権移転登記もするという一連の担保取引を意味する。

　譲渡担保契約の中核となっているのは、Aによる所有権の移転の意思表示（▷176条）である。

　加えてこの契約には、譲渡が債権担保の目的に限定されるという合意が含まれている。具体的には、次のような内容であると考えられている。(1)Bは契約によって所有権を取得しても、債権担保の目的に過ぎないから、債務不履行後に債権回収の手段として第三者に売却したり弁済金の支払いにかえて所有権を完全に取り上げるのでない限り、目的物を処分しない。(2)債務者が弁済をすればその後の合意を要することなく当然に所有権がAに戻される（受戻）。(3)債権の弁済の目的で、Bが不動産を第三者に処分したり、完全に取り上げるといったことをする場合でも、その処分によって具体化される不動産の価値をすべて自分のものにすることはできず、被担保債権の弁済に必要な範囲で受け取るのだから、不動産と被担保債権の価値の差額を算出し設定者Aに返還する（清算）。また、(4)通常、不動産譲渡担保は、抵当権のように、設定者に不動産の占有を留めるタイプの担保として利用される。その場合には、Bに所有権が移転したあとも、Aに不動産を占有させる旨の合意が含まれていることになる。

▶§3__ 譲渡担保権者による目的物の処分

　このような合意の効力をどう理解するべきかという点については，議論がある。判例は，合意を当事者間でのみ有効な債権的な義務を発生させる債権契約であると考えてきたと整理されている。その場合，契約に基づいて所有権移転登記がなされたときに，所有権の移転の公示があることになる。上記の制限は，AB間の債権的な義務に過ぎないから，違反して，例えば，債権の弁済目的に関係なく第三者Cに売却するといった事案【事例】①で，Cは有効な譲渡を受けたことになる。

　これに対して，学説では，上記の制限の合意が，AからBに移転される物権の制限となると捉える説が有力である。所有権の移転という合意が上記の制限の合意とともになされる場合には，実質的には抵当権の設定があったに過ぎないと考える説や，債権担保の目的での所有権移転では完全な所有権の移転は生じず，債権担保の目的に必要な範囲での所有権の移転があるのみだという説がある。後者の場合，条文にある抵当権という種類の制限物権とは必ずしも同じではないものの，設定者に留保される所有権があり，担保権者に移転されるのはその部分を除いた担保所有権だと説明することになる。これらの説では，この契約に基づく登記がなされた場合，登記は，抵当権類似の制限物権ないし担保所有権の設定という実体的な物権変動の公示であるということになり，その限りで第三者に対抗できると考えることになる。例えば，Bが弁済目的以外で不動産を第三者Cに売却する場合，Bに完全な所有権が帰属していないと考えて，BC間の譲渡はあり得ないという結論を導くことになる。なお，その場合に，完全な所有権の移転という不実の登記がありその作出にAもかかわっているのだから，Cが94条2項（類推）によって保護される余地はある。

▶§4__ 不動産譲渡担保の実行

　被担保債権の弁済期が到来した場合（【事例】②），担保権者は，優先弁済を得る目的で目的物を処分することができるようになる。担保権の実行である。

担保権の実行方法には，不動産を第三者Cに売却してCが支払う代金を弁済にあてる方法（処分清算）と，担保権者Bが不動産の所有権を確定的に取り上げる方法（帰属清算）がある。判例は，現在では，譲渡担保契約には担保権者に実行のための処分権限を与えているのが当然であるという理解から，実行方法についての特約の有無にかかわらず，債務不履行によって，担保権者に処分権限を認める立場に立っている。この処分権限に基づいて，担保権者が処分清算か帰属清算かを選べるという立場である。

　担保権者がいずれの実行方法を選ぶにしても，処分権限の行使は，被担保債権の優先弁済のためになされねばならない。担保権者は処分によって実現された不動産の価値と被担保債権の差額を算出して，余剰を設定者に返還する義務（清算義務）を負う。判例は，実行方法によって，処分権限の行使方法が異なるとみて，清算がなされるべき時点についても，実行方法による区別をしている（★最判昭和62・2・12民集41巻1号67頁）。

　帰属清算の方法により実行がされる場合には，担保権者が実行の通知によって取得の意思表示をした後，その不動産の価値を鑑定して差額を算出し，差額を実際に支払うか，（不動産の評価額が被担保債権残額を下回る場合に）清算金がない旨の通知をすることになる。帰属清算では，この清算金の支払いの時点で，処分権限が行使され，確定的に所有権が移転し，それによって代物弁済効が生じる。それゆえ，目的物の時価も被担保債権の残額もその時点を基準とすることになる。このような考え方は，設定者が清算金請求権を確保できるための配慮という側面がある。

　処分清算の方法による実行がされる場合にも，設定者の保護の必要性は変わらないはずである。しかし，処分清算は，第三者Cに売却するという方法であり，Cが目的物の価値に見合ったなるべく高額の代金を支払ってくれることが，Bにとっても，またAにとっても，ありがたい話のはずである。上記と同じ方法では，売却の時点で直ちに所有権を取得できるかどうかわからないという事情がマイナスに働きかねない。そこで，処分清算の場合には，その売却の時点で処分権能が尽くされるとされている。

▶ §5 仮登記担保

　不動産の非占有担保として利用されてきた非典型担保には，譲渡担保以外
に，代物弁済予約という取引がある。譲渡担保のように債権担保の目的で設定
者が担保権者に不動産の所有権を移転するというのではなく，その目的で不動
産をもって代物弁済（▷482条）をするという内容の予約，または，債務不履行
を停止条件とする代物弁済契約を行うものである。

　最終的に，不動産をもって代物弁済が行われることは譲渡担保と同じだが，
担保権設定時に行われるのが，譲渡ではなく，予約ないし停止条件付譲渡に過
ぎない点が異なる。物権変動が成立していないのだから，所有権移転等登記は
できないが，順位の保全効のある仮登記はすることができる。そこで，担保権
者がこの仮登記によって，将来の代物弁済による優先権を保全するという取引
が行われるようになった。

　なお，代物弁済予約は，独立の不動産非占有担保としても利用されてきたが，
抵当権者が代物弁済予約をあわせて取るという取引も，多く見られた。これは，
抵当権の実行が競売によるべきところ，代物弁済予約の予約完結権の行使を主
張すれば，私的実行が可能であったからである。

　これらの代物弁済予約についても，譲渡担保同様，債権担保の目的であると
いう契約からくる制限をめぐって判例が展開されてきた。といっても，代物弁
済予約では，債務不履行以降，実行が行われるまで，譲渡はないのだから，設
定者側に占有権原があることは当然である。議論の中心は，債務不履行を停
止条件とする取引等で，債務不履行によって当然に所有権が移転されてしま
い，担保権者が実行するまで設定者に弁済による所有権維持の機会があるのか
どうかという点（受戻し），および，予約完結権の行使ないし停止条件の成就に
よって所有権の移転が確定した場合の被担保債権残額と目的物の価値の差額
を返還する義務の有無（清算）であった。判例は，いずれをも認めるに至る（★
最大判昭和49・10・23民集28巻7号1473頁等）。このような動向を受けて，昭和53
（1978）年に仮登記担保法として制定法化されるに至った。

　仮登記担保法は，債権者と債務者等（第三債務者を含む設定者）の間で，金銭
債権を担保する目的でなされる，不動産の代物弁済の予約，停止条件付代物弁

済契約等を対象としている（同法1条）。仮登記によって優先権の順位を保全するが（同法4条）目的物に競売手続が生じた場合には抵当権とみなされるという点で対抗力があるのと同じ効力が認められている（同法13条）。

　仮登記担保権者による実行手続としては，帰属清算方式が予定されている。代物弁済として所有権を移転させることが実行の内容になるからである。もっとも，予約完結権の行使等で直ちに所有権が移転するのではなく，清算金の見積額の通知から2か月を清算期間としその経過によるとする（同法2条1項）。さらに，清算期間が経過し，所有権が移転しても，5年が経過するか，あるいは，担保権者が目的物を第三者に譲渡するまで，債務者等は被担保債権の完済により所有権を回復する受戻しを請求する権利を有する（同法11条）。設定者に清算請求権および受戻請求権が保障されていることがわかる。

　なお，仮登記担保による後順位担保権も認められている。もっとも，私的実行を行うことはできず，先順位の担保権の実行により設定者が取得する清算金に対して物上代位をすることができるのみである（同法4条）。

❖Lec **26** 動産譲渡担保 ……………………………

▶ §1_ 個別動産譲渡担保

【事例】 AがBから1000万円の借金をするにあたり、Aが所有している建設機械を
譲渡担保に供する内容の譲渡担保契約を締結した。Bに占有改定の方法で引渡しを
行い、現物はAが引き続き現実の占有を維持し、Aの事業のために使用を続けていた。
その後、Aが借金を返済できないまま弁済期を過ぎた。Bが、譲渡担保契約の効力
により、貸金を回収した。

動産譲渡担保の取引は、通常、動産を目的物として担保を設定し、少なくと
も被担保債権の債務不履行があるまで、設定者が目的物を占有しその利用を継
続する非占有担保取引である。理論的には、不動産譲渡担保の判例で培われた
理論が応用されている。譲渡担保契約における債権担保の目的であるとの合意
のもと、担保権を設定する目的物（動産）の所有者が、所有権を担保権者に移
転する意思表示をすることが中心である。債権担保の目的という合意の法的性
質をどのように考えるべきかについては、不動産譲渡担保と同じように考えて
よい（契約当事者のみを拘束する債権上の効力しかないのか、何らかの物権的効力があ
るのかという点）。

違いが大きいのは、担保権の設定としての動産の所有権の移転についての対
抗要件である。民法上、動産物権変動は、引渡しによる（▷178条）。引渡しに
は、占有改定の方法、すなわち、現実の占有を譲渡人にとどめ、以後譲受人の
ためにその代理人として占有する旨の意思表示をする場合を含む。これによっ
て、非占有担保権に対抗要件を具備することができるのである。

ただ、目的物の現実の占有が設定者に留められていることは、その占有を信
頼した第三者が譲渡担保を認識せずに目的物の処分の相手方になるという事
態を招く原因になる。

たとえば、AがBのために設定した譲渡担保の目的物であることを告げずに、

Cに売却するという事態である。この場合，Cは即時取得（▷192条）の要件を充たせば，その所有権を取得することができる。なお，即時取得は，取引により，平穏・公然，かつ，善意・無過失で占有を始めることが要件である。ここでの占有は占有改定では足りないと考えられている。

設定者Aが，Bのために譲渡担保を設定した後に，そのことを告げず，Dのために重ねて譲渡担保を設定した場合にはどうなるか。

Dが先順位の譲渡担保であることを主張する場合，即時取得によることになる。ただ，Dへの物権変動も，譲渡担保である場合には，Dも占有改定の方法で対抗要件を具備しているに過ぎないという場合が多い。この場合，Dに即時取得があるのは，Bよりも先に実行する場合などの事情で現実の引渡しを受ける場合である。さらに，その場合でも，現実の引渡しの時点でBの譲渡担保について善意無過失である必要があることになる。学説には，Dが設定時に善意無過失でその後に現実の引渡しを受けていれば即時取得を認めるべきであると考える説もあるが，この説は，物権変動一般について，段階的な権利移転を前提としている点に注意が必要である。

Dが後順位の譲渡担保権者であることを前提に，優先弁済権を主張しようとする場合には，その内容が問題となる。判例は，後順位譲渡担保権がありうることは否定していない。ただ，私的実行権限を否定している。譲渡担保の実行について，抵当権などの典型担保とは異なり，民事執行法に基づく担保権の実行ができず，後順位譲渡担保の実行に際して，先順位担保権にまず優先弁済を得させるといった制度的保障がないことを理由とする（★最判平成18・7・20民集60巻6号2499頁）。学説は，判例の立場の前提にある理論に注目した分析を試みている。Bの先順位譲渡担保権とDの後順位譲渡担保権で，実行できる優先弁済権の内容が異なるのは，そもそも，両者で，把握している権利が異なるのではないか，という見方である。Bが債権担保の目的で取得している権利が所有権であり，ただ，担保の目的という合意から，Aに設定者が保有すべき一定の権利（受戻権や清算請求権など。設定者留保権という）を残している。これに対して，Dが債権担保の目的で取得しているのはその設定者留保権であろうという見方である。これによると，Dが担保の目的で取得している権利の内容は，Bが私的実行を行う場合に，Aにかわり清算金請求権を請求する権利（物上代位の方法による）や，Bの担保権が実行によらずに消滅する（任意弁済や時効などによる）場合に順位昇進する期待であるといった指摘がある。

Aの債務不履行後，Bがとりうる実行方法については，不動産譲渡担保と同様に考えてよい。ただし，動産譲渡担保では，帰属清算を選ぶにしても，処分清算を選ぶにしても，まず債権者Aが目的物の現実の占有を取得しないと，目的物が不当に処分され即時取得につながるおそれがあったり，処分の相手方が現れないといった問題が生じる。実務では，当事者の合意によって，債務不履行後の現実の引渡しが行われている。

▸ §2＿ 集合動産譲渡担保

【事例】 A銀行は，高級ワインの販売業を営むB商会が，在庫商品として所有するワインを担保にとり，B商会に3000万円を融資することにした。B商会は，1本10万円程度のワインを常時1000本以上取り揃えているが，高級レストランを経営するCなど多くの顧客を相手に継続的に販売しており，仕入れた在庫商品は2週間以内に売り切るのが通常である。A銀行は，譲渡担保を利用して，このような在庫商品を担保にとることができるか。

▶▶1　目的物の特殊性

ワインは動産である。すでに見てきたように，動産に譲渡担保を設定し，占有改定の方法あるいは動産・債権譲渡特例法による登記をすることで対抗要件を具備できることには争いがない。しかし，事案の動産譲渡担保には，何か違和感があるのではないか。目的物が在庫商品であることの特殊性に気付いてほしい。

仮にA銀行に設定されたB商会の在庫商品上の譲渡担保が，Bがワインを顧客Cに売却した後にも及ぶとすれば，Cは買ったあとも，完全な所有者になったとはいえない。具体的にいうと，BがAへの借金につき債務不履行になったときに，Aによる担保の実行として，Cからワインの所有権を取り上げる可能性があることになる。Cが，売買のときに，そのことを知っているとすれば，果たしてCはBからワインを買うだろうか。常識的にみて，買わないだろう。これでは，B商会が在庫商品に譲渡担保を設定することは，自ら顧客を失い営業の継続の可能性をつぶしてしまうようなものである。

しかし，逆に，Bによる売却によってAの担保権が及ばなくなるのだとすれば，Aにとっては，担保目的物の価値が，だんだんと目減りしていくことを意味す

る。Bの在庫商品が2週間で売れるということは，2週間後には担保目的物の価値がゼロになるということである。これでは，Aにとって，Bの債務不履行に備えた担保としては，ほとんど意味のない制度だということになってしまう。

　以上のように手詰まりにみえる問題を，判例や実務は，次のように解決している。

　まず，A銀行が納得のうえで在庫商品を担保にとっているということは，Bが通常の営業の範囲で売却することを想定しているはずであり，そのことを譲渡担保契約上で明示に規定していなくても，推定されるとされる（★最判平成18・7・20民集60巻6号2499頁）。担保権者が，設定者の処分によってその商品については自らの担保権が失われることを認めているのだから，CはAの譲渡担保のつかない所有権を取得できるということである。

　それでは，Bの処分による担保権の目減りや消滅にはどのように対応するのか。ここで見られる取引上注目されるのは，Bは営業を続ける限り，売れた分に相当する在庫商品を新たに仕入れて補充するだろうということである。この補充される商品にもAの譲渡担保が追加的な合意なくして当然に及ぶのだとすれば，Bの在庫商品の総額は，多少の増減はあるだろうが，全体としてはAの担保として十分な価値を維持できるはずである。

▶▶2　将来の在庫商品と集合動産の概念

　理論的に問題となるのは，Bが将来仕入れて補充する在庫商品に，いかにして譲渡担保を設定することができるのかである。

　動産譲渡担保の設定は，設定者が所有する動産の処分であり，譲渡担保の対抗要件はその処分によって生じる物権変動について引渡し（▷178条）や特例法上の登記をすることで具備される。譲渡担保の法的構成の捉え方については学説が分かれているが，いずれにせよなんらかの物権変動は観念されるので，このことは，どの説にたってもかわらない。

　問題となるのは，設定者が所有権を有しない動産を処分する意思表示をしても，物権変動が生じないことである。もちろん，設定者の所有権の取得を条件とした処分の意思表示を予め行うことは可能だろう。しかし，対抗要件はどうか。物権変動があってはじめて具備されるのだとすれば，設定契約と同時期に占有改定の合意や特例法上の登記をしていたとしても，その時点で具備されたことにはならず，設定者が所有権を取得した時点，要するに，事案でのワイン

の仕入れの時点で具備されたことになるのではないか。

　といっても，この問題が，実務に影響を及ぼす場面は限定的である。譲渡担保契約で条件付譲渡をしておけば，譲渡担保契約の後，設定者が所有権を取得した瞬間に設定者の追加的な意思表示を待つことなく譲渡担保の設定に相当する物権変動が生じる。設定者が二重に処分をすることによる対抗関係は生じないから，対抗要件の効力が譲渡担保契約と同時期であることはさして問題とならない。しかし，債務者が破産した場合には別である。破産債務者の破産前夜の駆け込み的な担保取得等を阻止すべく危機否認の制度が存在するからである。譲渡担保契約が，債務者の破産より相当前であっても，破産直前に仕入れた動産の譲渡担保設定の対抗要件が仕入れ時点で具備されるのだとすれば，否認の対象になってしまうのである。

　判例や実務はどのように対応しているのか。じつは，実務では，在庫商品を目的物とする担保を設定するときには，目的物を「集合物」として捉える譲渡担保契約がされるのが通常である。集合物とは，構成部分が変動しつつ存続する総体のことを意味する。Bは，譲渡担保契約時点では，将来仕入れる動産は所有していない。しかし，見方を変えると，所有する在庫商品はあって，それを担保に供するだけであって，あとは構成部分が入れ替わるだけという説明もできる。

　判例も，このような捉え方を認めている。もっとも，集合物という概念は民法典になく，また，それ自体目にみえるものでもない。目的物は，債務者・設定者の一般財産と担保の優先弁済権の対象となる財産を区別する役割を果たすから，集合物の正当化には適正な特定の方法が重要となる。判例は，目的物の種類と量に加え，所在場所を特定の要素としている（★最判昭和54・2・15民集33巻1号51頁）。

　また，集合物を目的物とする譲渡担保は，いつからその構成部分に及んでいるのかという点も議論されてきた。理論的には，設定後も，その実行時などの固定化の時点までは及ばないと考えるべきだと説かれている。しかし，判例は，設定時から，そのときどきの構成部分となる動産を包含し集合物上の譲渡担保の対抗力も及ぶとの立場に立っている（★最判昭和62・11・10民集41巻8号1559頁）。

❖Lec 27 債権譲渡担保 ·····························

【事例】 Aは，取引先Cに対して商品を掛け売りすることによって度々売掛債権を取得している。Cは優良企業であり，弁済期に後れることなく弁済をしている。AがBから1000万円の借金をするにあたり，AのCに対する売掛債権を譲渡担保に供することにした。

① Aが翌月に弁済期が到来する債務の担保として，３か月後に弁済期が到来する既に行われた商品の掛け売りの結果発生している1500万円の債権を譲渡担保に供した。

② Aが３か月後に弁済期が到来する債務の担保として，翌月に弁済期が到来する既に行われた商品の掛け売りの結果発生している1500万円の債権を譲渡担保に供した。

③ Aが３か月後に弁済期が到来する債務の担保として，Aが契約日から６か月間の間にCへの掛け売りによって発生するであろう将来債権すべてのうち，1000万円に充つるまでの部分を譲渡担保に供した。

▶§1＿ 債権を目的財産とする譲渡担保

債権は，債務者の弁済により金銭等になる，価値ある財産である。債権譲渡の方法によって帰属を移転することもできる。それゆえ，AがCに対して有するような債権を目的財産とする譲渡担保が行われることも少なくない。取引内容は基本的に不動産や動産の場合と同じであって，債権担保の目的という合意のもと，AからBに債権譲渡がなされ，それについて第三者対抗要件（▷467条2項）が具備されることになる。

▶§2＿ 目的財産の弁済期が被担保債権の弁済期よりも 先に到来する場合

検討を要するのは，目的財産である債権に，弁済があることである。被担保債権の弁済期が先に到来し，目的財産の弁済期が後である場合（【事例】①），

譲渡担保権者は，弁済期を待って私的実行をするということになる。

　しかし，被担保債権の弁済期よりも，目的財産の弁済期が先である場合（【事例】②），その弁済期が到来しているにも拘わらず，弁済を受領しないというのでは，不要に貸し倒れのリスクを高めることになる。この場合，被担保債権の弁済期にかかわらず，一種の代物弁済として目的財産からの回収を認める取引（自己清算型という）も存在する。また，権利質に関する366条3項を準用する形で，供託を請求できると解釈し，その還付請求権上に譲渡担保が存続するという方法を選ぶことができるとする考え方もある。

▶§3 将来発生する債権を目的財産とする譲渡担保

　もっとも，現在の実務では，債権譲渡担保は，債務者が掛け売りを頻繁に行うような事業者である場合に行われることが多く，その場合には，将来発生する債権を，債権の発生原因や債権発生の始期・終期などによって特定し，譲渡担保に供するという方法（【事例】③）で行われることが多い。将来債権にも譲渡性があるからである（▷466条の6）。

　この方法では，譲渡担保の目的物となっている債権（目的債権という）には，被担保債権の弁済期前に目的債権の弁済期がくるものと，被担保債権の弁済期到来後に目的債権の弁済期がくるものがある。

　この方法をとる場合，債権者は，被担保債権の弁済期前に弁済期がくる目的債権はもちろん，被担保債権の弁済期後のものでも，譲渡担保の実行を決断するまでの間に弁済期が来るものについては，債務者に回収させその回収金を債務者の事業のために使用させることを意図しているのが通常である。担保権者にとっては，目的債権のうち弁済期が到来しているものについては，優先弁済の目的物から外れることになるが，目的物の価値は債務者Aが新たに取得する債権によって補充されるため，問題がない，という考え方による取引である。

　この方法をとる場合に，債権譲渡の対抗要件が具備されているといえるかが，問題となりうる。債権譲渡について確定日付ある証書による通知ないし承諾がある場合でも，この通知ないし承諾には，直ちに担保権者Bが回収をするのではなく，担保権の実行としてBが回収する必要が生じそのためにBに弁済すべき旨を別途通知するまで，Aに弁済を続けるべき旨を通知することにな

る。このような条件付の通知承諾が，対抗要件になりうるかが問題となる。また，対抗要件になるとしても，将来発生する債権について，通知ないし承諾による対抗要件が及ぶのは，通知ないし承諾の時点かそれとも債権の発生時かという問題がある。判例は，上記のような条件付の通知承諾であっても，対抗要件となるとし（★最判平成13・11・22民集55巻6号1056頁），また，通知ないし承諾の時点を基準とする対抗要件が及ぶという立場を明らかにしている（★最判平成19・2・15民集61巻1号243頁）。

▶§4__ 譲渡担保の実行

　債権譲渡担保の実行は，担保権者Bが，目的債権の債務者Cから，直接弁済を受けることによる。被担保債権の残額を限度とする取立てのみを認めると考えれば，清算の問題は生じないと考えられている。もっとも，Cからの回収の確実性の観点から，目的債権のうち弁済期が到来している全額について担保権者Bが回収したうえで，清算を行うという考え方もある。

✂トピック27.1__　事業包括担保とは？

　近年，中小企業などの事業者に対する融資の担保として，企業が保有するすべての財産を目的物とする担保権を設定するいわゆる「事業包括担保」の必要性が論じられている。

　このような取引の目的は，ひとつには，もちろん，担保権の優先弁済的効力にある。被担保債権が不履行になった場合に，担保権者が目的物の価値から優先弁済を得ることである。しかし，事業包括担保の機能には，これとは別に，経営者に不当な経営判断をさせないための一種の抑止力になるという側面があるとされる。経営者が，融資を受けた資金を使って，一か八かの賭けのような新規事業に乗り出そうとしたが，金融機関からみればそれは無謀だという場合，金融機関から「その新規事業には賛成できません。仮に参入する場合には，被担保債権の弁済に不安を感じるので，期限の利益喪失のうえ，担保権を実行します」といった連絡をするわけである。借り換えのあてのない事業者は，それで参入をあきらめるはずである。

　このような機能を担ってきたのは，従来は，経営者を企業の保証人とする内容の保証契約や経営者個人の自宅等の不動産に抵当権の設定を受ける不動産担保であった。しかし，このような取引では，経営者が誠実に事業を行ったけれども失敗したという

場合に，経営者個人の生活が脅かされることになる。これに替わる担保取引として事業包括担保が注目されているのである（なお，事業包括担保には，他にも，事業承継や事業再生で有用な機能を担いうることが指摘されている）。

　企業の財産を包括的に担保にとる取引に有用な方法には，２つの方向性の議論がある。１つは，企業の保有する不動産には抵当権，設備機械等には個別動産譲渡担保，在庫商品等には集合動産譲渡担保，売掛金債権には将来債権譲渡担保といった具合に，従来の民法のルールで設定できる担保権を組み合わせて利用する方法である。国際的には，アメリカ法がこのような方向性をリードしており，とりわけ，動産および債権を目的とする担保権の効率を高める立法（U.C.C.第９編の立法とその改正立法）が継続的に行われてきた。近年では，UNCITRALモデル法など，この方向性の担保法制をグローバルスタンダードにしようとする国際動向がみられる。

　もう１つは，はじめから，企業の一般財産上の優先権を認める方向である。国際的にはイギリス法がこの方向性の制度を運用してきた。わが国の企業担保法もこの系譜を引く。運用によっては，譲渡担保などにとりにくい無体財産（いわゆる暖簾など）をも当然に目的物に含めることができる点で，効率の良い強力な事業包括担保になりそうである。しかし，実際には，包括担保として強力すぎる担保権への警戒から，この方向性の立法に際しては，必ずと言っていいほど，種々の制限が加えられてきた。例えば，利用可能な企業を限定するとか，包括担保権をその目的物に含まれる特定の種類の個別財産との関係で個別担保に劣後させるルールを設けるなどである。

❖Lec 28 所有権留保 ·····························

【事例】 Aが，Bからパソコンを購入したが，その代金10万円は，10回の月賦払いの約定であった。また，代金完済までパソコンの所有権をBに留保する旨の特約があった。

▶§1__ 所有権留保の原型——売主留保型

　所有権留保は，一般に，動産の信用売買の際に利用される担保取引である。買主Aの売買代金債務の担保のためにその完済まで売買目的物の所有権を売主Bに留保するという内容の合意（留保特約）による。売買契約の特約として規定されることが多い。

　担保権者が，被担保債権の弁済まで，目的物の所有権を，担保の目的で持っているという点は譲渡担保に似ている。しかし，譲渡担保が，設定者から担保権者への所有権の移転の方法を利用しているのに対し，所有権留保は，売買代金の完済等の条件が成就するまで留保売主Bから留保買主Aへの所有権の移転を生じさせない方法をとっている。

▶§2__ 所有権留保の対抗要件と留保買主による処分の相手方

　所有権留保売買では，留保買主が現実の引渡しを受ける。このことから，第三者が留保買主の現実の占有を信頼して，所有権留保の存在を知らずに，目的物の処分の相手方になるという紛争事案が生じうる。その場合，動産譲渡担保の場合と同様に，第三者に即時取得が生じうる（→❖Lec26▶§1）。ただ，第三者が悪意であるなど，即時取得が問題にならない場合には，譲渡担保とは異なる処遇となる点に注意が必要である。所有権留保は，留保売主から留保買主への物権変動を生じさせないことで，留保売主に担保目的で所有権を維持させ

るのであるから，物権変動がなく，留保売主が担保権を第三者に対抗するのに，対抗要件を要しない。占有改定を含め，引渡し（▷178条）が不要であることになる。留保買主が，目的物を第三者に売却した場合のほか，第三者のために譲渡担保に供した場合や，留保買主の一般債権者が差押えをした場合にも，同じことがあてはまる。

▶§3__ 所有権留保の実行

　所有権留保の実行については，譲渡担保同様の私的実行が可能であると考えられている。問題は，所有権留保が売買契約の特約によって設定されるものであることから，担保権の実行がされる場合には，その売買契約によって発生する代金債務の債務不履行が生じており，実行が売買契約の解除として構成される可能性があることである。解除であるとすれば，催告（▷541条）など，所定の要件を充たす必要がある。担保権者が実行を判断する局面で，事前の通知が必要となると，その間に，破綻寸前の債務者が目的物の隠匿や善意者への処分（それにより即時取得の可能性がある）を行ってしまう可能性もある。所有権留保の実効性を確保するためには，解除不要とする構成が望ましいと考えられている。

▶§4__ 債務不履行後の処分権限と物的責任

　ところで，私的実行のための処分権限について興味深い判例が存在する。自動車の留保買主が債務不履行に陥り，そのあと，自動車を賃借していたガレージに放置したという事案で，ガレージの賃貸人が，土地所有権に基づき，留保売主に対して，自動車の撤去等を求めたものである。判例は，所有権留保の被担保債権にあたる残債務の弁済期到来後に，処分権能があることを理由として，撤去義務を認めている。また，妨害の事実を知って放置している場合には，不法行為責任も負うとしている（★最判平成21・3・10民集63巻3号385頁）。

▶§5＿ 第三者与信型をめぐる対抗要件の議論

　判例をきっかけに，伝統的な売主留保型とは異なる第三者与信型の所有権留保について，新たな議論も見られるようになっている（★最判平成22・6・4民集64巻4号1107頁）。自動車の売買において，売主にかわり，信販会社が，留保買主のために売買代金を与信し留保所有権を取得したという事案で，自動車の登録名義が売主のままにされていたところ，留保買主の民事再生手続の開始にあたって，信販会社の所有権留保による別除権が否定されたというものである。

　この事案のように，所有権留保売買で，売主に替わって信販会社などの第三者が与信者となるケースは，近年一般的になっている。

　自動車は，動産であるが，登録制度があり，登録が対抗要件とされている（▷道路運送車両法4条・5条）。また，民事再生手続では，登記登録制度がある場合，事件開始前にその登記等をしていない場合に，権利行使を認めない（▷民事再生法45条）。条文による権利保護要件だという説もあるが，所有権留保と設定者の差押債権者との対抗関係に似た状況を想定した対抗要件であるという見方も強い。所有権留保による担保権者が自動車の登録をせずに，留保買主に民事再生手続が開始されると，所有権留保の優先弁済権を行使できないということは，所有権留保と留保買主による目的物処分の相手方の関係を，対抗関係とみて，所有権留保に対抗要件を要するという立場であるように読める。上記のような留保売主について議論されてきた判例・通説と異なることになる。

　もっとも，第三者が売買代金を支払っているということは，当事者の合意の解釈次第で，代位弁済のように考えることもできる。また，理論的には対抗関係だといっても，民事再生法上の条文は，再生手続の開始と競合する登記登録制度がある目的物上の物的担保にのみ適用されるのだから，それ以外の場合に判例と同じように考えるべきかどうかは，解釈の問題であって，学説が分かれている。

❖資料＿＿ 登記事項証明書（見本例）

資料①　不動産登記　全部事項証明書（土地）　見本例

＊　資料①，②は法務省HP掲載の様式見本を参考に作成し直した。

表 題 部 （土地の表示）		調製	余白		不動産番号	00000000000
地図番号	余白		筆界特定	余白		
所　在	京都府京都市北区紫町一丁目					

① 地　番	② 地　目	③ 地　積　　　m²		原因及びその日付
101番	宅地	300	00	不詳 〔平成30年10月14日〕

所有者	京都府京都市北区紫町一丁目1番1号　北 山 次 郎

権 利 部 （甲区） （所 有 権 に 関 す る 事 項）			
順位番号	登記の目的	受付年月日・受付番号	権利者その他の事項
1	所有権保存	平成30年10月15日 第637号	所有者　京都府京都市北区紫町一丁目1番1号 　　　　北 山 次 郎
2	所有権移転	平成30年10月27日 第708号	原因　平成30年10月26日売買 所有者　京都府京都市北区紫町一丁目5番5号 　　　　東 山 太 郎

権 利 部 （乙区） （所 有 権 以 外 の 権 利 に 関 す る 事 項）			
順位番号	登記の目的	受付年月日・受付番号	権利者その他の事項
1	抵当権設定	平成30年11月12日 第807号	原因　平成30年11月4日金銭消費貸借同日設定 債権額　金4,000万円 利息　年2.60％（年365日日割り計算） 損害金　年14.5％（年365日日割り計算） 債務者　京都府京都市北区紫町一丁目5番5号 　　　　東 山 太 郎 抵当権者　京都府京都市北区千本通40 　　　　株 式 会 社 洛 北 銀 行 　　　　（取扱店　紫支店） 共同担保　目録(あ)第2340号

共 同 担 保 目 録				
記号及び番号	(あ)第2340号		調製	平成30年11月12日
番　号	担保の目的である権利の表示	順位番号	予　　備	
1	京都府京都市北区紫町一丁目　101番の土地	1		
2	京都府京都市北区紫町一丁目　101番の土地 家屋番号　101番の建物	1		

これは登記記録に記載されている事項の全部を証明した書面である。

平成31年3月27日
京都地方法務局北出張所　　　　　　　　登記官　　　　　　法 務 太 郎

＊下線のあるものは抹消事項であることを示す。

整理番号　D23990　（1/1）　　1/1

資料②　不動産登記　全部事項証明書（建物）　見本例

表　題　部 (主である建物の表示)	調製		不動産番号	00000000000

所在図番号	余白

所　在	京都府京都市北区紫町一丁目　101番地	

家屋番号	101番

① 種　類	②　構　　造	③　床　面　積　m²	原因及びその日付（登記の日付）
居宅	木造かわらぶき2階建	1階　　80 : 00 2階　　70 : 00	平成30年11月1日新築 〔平成30年11月12日〕

表　題　部 (附属建物の表示)				
符　号	① 種　類	②　構　造	③　床　面　積　m²	原因及びその日付（登記の日付）
1	物置	木造かわらぶき 平屋建	30 : 00	〔平成30年11月12日〕

所有者	京都府京都市北区紫町一丁目5番5号　東　山　太　郎

権　利　部（甲　区）(所 有 権 に 関 す る 事 項)			
順位番号	登記の目的	受付年月日・受付番号	権利者その他の事項
1	所有権保存	平成30年11月12日 第806号	所有者　京都府京都市北区紫町一丁目5番5号 　　　　東　山　太　郎

権　利　部（乙　区）(所 有 権 以 外 の 権 利 に 関 す る 事 項)			
順位番号	登記の目的	受付年月日・受付番号	権利者その他の事項
1	抵当権設定	平成30年11月12日 第807号	原因　平成30年11月4日金銭消費貸借同日設定 債権額　金4,000万円 利息　年2.60％（年365日日割り計算） 損害金　年14.5％（年365日日割り計算） 債務者　京都府京都市北区紫町一丁目5番5号 　　　　東　山　太　郎 抵当権者　京都府京都市北区千本通40 　　　　株　式　会　社　洛　北　銀　行 　　　　（取扱店　紫支店） 共同担保　目録(あ)第2340号

共　同　担　保　目　録			
記号及び番号	(あ)第2340号		調製　平成30年11月12日
番　号	担保の目的である権利の表示	順位番号	予　　備
1	京都府京都市北区紫町一丁目　101番の土地	1	
2	京都府京都市北区紫町一丁目　101番の土地 家屋番号　101番の建物	1	

　これは登記記録に記載されている事項の全部を証明した書面である。

平成31年3月27日
京都地方法務局北町出張所　　　　　　　　登記官　　　　　法　務　太　郎

＊下線のあるものは抹消事項であることを示す。　　　整理番号　D23992　（1/1 ）　　1/1

③ 登記事項証明書（区分所有建物：一棟）表題部　見本例

専有部分の家屋番号	12-5-101・12-5-103　　12-5-201～12-5-203　　12-5-301～12-5-303				

表　題　部（一棟の建物の表示）	調製	余　白	所在図番号	余　白

所　　在	京都府京都市北区式部町三丁目15番地5	余　白
建物の名称	メゾンド式部	余　白

① 構　　造	② 床 面 積　㎡	原因及びその日付（登記の日付）
鉄筋コンクリート造陸屋根3階建て	1階　280：00 2階　260：40 3階　220：00	（令和2年10月23日）

表　題　部（敷地権の目的である土地の表示）				
①土地の符号	② 所 在 及 び 地 番	③地　目	④ 地　積　㎡	登記の日付
1	京都府京都市北区式部町三丁目15番地5	宅地	750：20	令和2年10月23日

④ 登記事項証明書（区分所有専有部分）表題部　見本例

表　題　部（専有部分の建物の表示）	不動産番号	0000000000000
家屋番号	京都府京都市北区式部町三丁目15番5の101	余　白
建物の名称	メゾンド式部	余　白

①種類	① 構　　造	② 床 面 積　㎡	原因及びその日付（登記の日付）
居宅	鉄筋コンクリート造3階建	1階部分　80：52	令和2年10月20日新築 （令和2年10月23日）

表　題　部（敷地権の種類）			
①土地の符号	② 敷地権の種類	③ 敷 地 権 の 割 合	原因及びその日付（登記の日付）
1	所有権	9分の1	令和2年10月20日新築 （令和2年10月23日）

〔付記〕　なお，①～④の見本例の住所・氏名等は架空のものである。

▶さらなる学習のための文献案内

　　＊　ここでは，主として，2017（平成29）年債権法改正，2019（令和元）年成年規定・相続法改正，2021（令和3）年の物権法・不動産登記法等改正を踏まえたものをあげているが，それ以外も含めている。
　　＊＊　また，以下の参考文献は，本書と併読されることを想定してはいるが，必ずしも全書籍を読む必要はない。詳しくは，身近な先生，信頼できる先輩などにたずねてもらいたい。

❶__（固有の）物権法と担保物権法を1冊にまとめた教科書
▶淡路剛久・鎌田薫・原田純孝・生熊長幸
　　『民法Ⅱ─物権〔第5版〕』（Sシリーズ，有斐閣，2022年）
▶石田剛・武川幸嗣・占部洋之・田高寛貴・秋山靖浩
　　『民法Ⅱ物権〔第4版〕』（リーガルクエスト・シリーズ，有斐閣，2022年）
▶中舎寛樹『物権法─物権・担保物権』（日本評論社，2022年）
▶藤原正則『物権法（物権・担保物権）』（新世社，2022年）
▶安永正昭『講義 物権・担保物権法〔第4版〕』（有斐閣，2021年）

❷__担保物権法を含まない（固有の）物権法のみの教科書（基本書）
▶大村敦志『新基本民法2物権編〔第3版〕』（有斐閣，2022年）
▶近江幸治『民法講義Ⅱ　物権法〔第4版〕』（成文堂，2020年）
▶松岡久和『物権法』（成文堂，2017年）
▶平野裕之『コア・テキスト民法Ⅱ　物権法〔第2版〕』（新世社，2018年）
▶佐久間毅『民法の基礎2物権〔第2版〕』（有斐閣，2018年）

❸__担保物権法のみの教科書（基本書）
▶大村敦志『新基本民法3担保編』（有斐閣，2021年）
▶近江幸治『民法講義Ⅲ　担保物権〔第3版〕』（成文堂，2020年）
▶松岡久和『担保物権法講義』（日本評論社，2017年）
▶道垣内弘人『担保物権法〔第4版〕（現代民法Ⅲ）』（有斐閣，2017年）
▶河上正二『担保物権法講義』（日本評論社，2015年）
▶平野裕之『コア・テキスト民法Ⅲ　担保物権法〔第2版〕』（新世社，2019年）

❹__独自の講義体系をとる教科書（基本書）
▶内田貴『民法Ⅰ 総則・物権総論〔第4版〕』（東京大学出版会，2008年）
▶内田貴『民法Ⅲ 債権総論・担保物権〔第4版〕』（東京大学出版会，2020年）

❺＿判例解説集

▶松本恒雄・潮見佳男・下村信江 編

　　『判例プラクティス民法Ⅰ総則·物権〔第2版〕』（信山社，2022年）

▶潮見佳男・道垣内弘人 編

　　『民法判例百選Ⅰ総則・物権〔第8版〕』（有斐閣，2018年）

　※　なお，同書の〔第9版〕が，2023年2月に刊行される予定である。

▶水津太郎・鳥山泰志・藤澤治奈『民法②物権　判例30！』（有斐閣，2017年）

▶新美育文ほか編著『民法〔財産法〕基本判例』（有斐閣，2018年）

▶遠藤浩・川井健ほか編『民法基本判例集〔第四版〕』（勁草書房，2021年）

❺＿学習用注釈書

▶我妻榮・有泉亨・清水誠・田山輝明著

　　『我妻・有泉コンメンタール民法〔第8版〕総則・物権・債権』（日本評論社，2022年）

▶松岡久和・中田邦博 編

　　『新・コンメンタール民法（財産法）〔第2版〕』（日本評論社，2020年）

▶大村敦志・道垣内弘人・山本敬三　編集代表

　　『新注釈民法（6）──物権（3）　295条～372条　留置権・先取特権・質権・抵当権（1）』（有斐閣，2019年）

▶大村敦志・道垣内弘人・山本敬三　編集代表

　　『新注釈民法（7）──物権（4）　373条～398条の22　抵当権（2）・非典型担保』（有斐閣，2019年）

❻＿学習用資料集

▶池田真朗 編著『民法Visual Materials〔第3版〕』（有斐閣，2021年）

❖判例索引 ··

大審院判例

▶明治36（1903）年〜明治41（1908）年

大判明治36・11・16民録 9 輯1244頁·· 112
大連判明41・12・15民録14輯28巻1276頁【百選Ⅰ-54】【判プⅠ-239】 ··········46

▶大正 3 （1914）年〜大正14（1925）年

大判大正 3 ・ 7 ・ 4 民録20輯587頁 ·· 186
大判大正 5 ・12・25民録22輯2509頁 ·· 181
大判大正 6 ・ 2 ・10民録23輯138頁【判プⅠ-220】······························· 9
大判大正 6 ・ 7 ・26民録23輯1203頁【判プⅠ-339】···························· 189
大判大正 7 ・ 3 ・ 2 民録24巻423頁 ··41
大判大正 7 ・ 4 ・19民録24輯731頁 ···99
大判大正 7 ・12・ 6 民録24輯2302頁 ·· 155
大判大正 9 ・ 5 ・ 5 民録26輯1005頁 ·· 157
大判大正 9 ・ 7 ・16民録26輯1108頁 ·· 169
大判大正10・ 5 ・17民録27輯929頁 ···33
大判大正12・ 4 ・ 7 民集 2 巻209頁 ·· 139
大連判大正12・ 4 ・ 7 民集 2 巻209頁 ·· 143
大判連判大正12・ 4 ・ 7 民集 2 巻209頁 ·· 188
大連判大正13・ 5 ・22民集 3 巻224頁【判プⅠ-288】···························71
大連判大正14・ 7 ・ 8 民集 4 巻412頁 ··42

▶昭和 2 （1927）年〜昭和18（1943）年

大判昭和 2 ・ 4 ・22民集 6 巻98頁 ·· 114
大決昭和 5 ・ 9 ・23民集 9 巻918頁 ·· 188
大判昭和 6 ・ 1 ・17民集10巻 8 頁 ·· 191
大判昭和 7 ・ 4 ・20新聞3407号15頁 ·· 148
大判昭和 9 ・10・19民集13巻1940頁 ···70
大判昭和10・ 8 ・10民集14巻1549頁 ·· 155
大判昭和10・10・ 5 民集14巻1965頁【百選Ⅰ-1】【判プⅠ-11】···············75
大判昭和10・10・ 1 民集14巻1671頁【百選Ⅰ-11】······························· 8
大判昭和12・ 3 ・10民集16巻255頁 ·· 116
大判昭和13・ 2 ・12判決全集 5 輯 6 号 8 頁 ····································· 169
大判昭和13・ 5 ・25民集17巻1100頁 ·· 156
大判昭和14・ 7 ・ 7 民集18巻748頁 ···33
大判昭和15・ 8 ・12民集19巻1338頁 ·· 169, 170
大判昭和15・ 9 ・18民集19巻1611頁【百選Ⅰ-49】【判プⅠ-219】···············10
大判昭和15・11・26民集19巻2100頁【判プⅠ-376】······························ 168
大判昭和17・ 9 ・30民集21巻911頁【百選Ⅰ-55】【判プⅠ-228】··········· 30, 31
大判昭和18・ 2 ・18民集22巻91頁 ·· 191

最高裁判所判例

▶昭和27 (1952) 年〜昭和40 (1965) 年

最判昭和27・2・19集 6 巻 2 号95頁 ⋯⋯⋯⋯⋯⋯⋯⋯⋯⋯⋯⋯⋯⋯⋯⋯⋯59
最判昭和29・1・14集 8 巻 1 号16頁【判プ I -331】 ⋯⋯⋯⋯⋯⋯⋯⋯191
最判昭和30・5・31集 9 巻 6 号793頁 ⋯⋯⋯⋯⋯⋯⋯⋯⋯⋯⋯⋯⋯⋯⋯95
最判昭和30・12・26集 9 巻14号2097頁 ⋯⋯⋯⋯⋯⋯⋯⋯⋯⋯⋯⋯⋯115
最判昭和31・4・24民集10巻 4 号417頁 ⋯⋯⋯⋯⋯⋯⋯⋯⋯⋯⋯⋯⋯47
最判昭和31・5・10民集10巻 5 号487頁【判プ I -303】 ⋯⋯⋯⋯⋯100
最判昭和32・2・15民集11巻 2 号270頁【百選 I -66】【判プ I -266】 ⋯61
最判昭和33・6・14民集12巻 9 号1449頁 ⋯⋯⋯⋯⋯⋯⋯⋯⋯⋯⋯⋯33
最判昭和33・10・14民集12巻14号3111頁 ⋯⋯⋯⋯⋯⋯⋯⋯⋯⋯⋯35
最判昭和34・1・8民集13巻 1 号 1 頁【判プ I -248】 ⋯⋯⋯⋯⋯⋯63
最判昭和34・8・7民集13巻10号1223頁【判プ I -261】 ⋯⋯⋯⋯57
最判昭和34・9・3民集13巻11号1357頁【判プ I -388】 ⋯⋯⋯⋯192
最判昭和35・2・11民集14巻 2 号168頁【百選 I -68】【判プ I -281】 ⋯55
最判昭和35・2・11民集14巻 2 号168頁【百選 I -68】【判プ I -281】 ⋯64
最判昭和35・3・1民集14巻 3 号327頁【判プ I -277】 ⋯⋯⋯⋯⋯62
最判昭和35・3・1民集14巻 3 号307頁【判プ I -298】 ⋯⋯⋯⋯⋯88
最判昭和35・3・31民集14巻 4 号663頁 ⋯⋯⋯⋯⋯⋯⋯⋯⋯⋯⋯⋯47
最判昭和35・7・27民集14巻10号1871頁【判プ I -193】 ⋯⋯⋯⋯42
最判昭和35・11・29民集14巻13号2869頁【百選 I -56】 ⋯⋯⋯⋯⋯33
最判昭和36・2・10民集15巻 2 号219頁【判プ I -362】 ⋯⋯⋯⋯155
最判昭和36・7・20民集15巻 7 号1903頁【判プ I -231】 ⋯⋯⋯⋯42
最判昭和38・2・22民集17巻 1 号235頁【百選 I -59】【判プ I -234】 ⋯35, 100
最判昭和38・10・29民集17巻 9 号1236頁 ⋯⋯⋯⋯⋯⋯⋯⋯⋯⋯⋯89
最判昭和39・3・6民集18巻 3 号437頁【判プ I -237】 ⋯⋯⋯⋯⋯39
最判昭和40・3・4民集19巻 2 号197頁【百選 I -70】【判プ I -289】 ⋯71

▶昭和41 (1966) 年〜昭和63 (1988) 年

最判昭和41・5・19民集20巻 5 号947頁【百選 I -74】【判プ I -313】 ⋯98
最判昭和41・6・9民集20巻 5 号1011頁【判プ I -280】 ⋯⋯⋯⋯62
最判昭和41・11・22民集20巻 9 号1901頁【判プ I -229】 ⋯⋯⋯⋯42
最判昭和41・11・25民集20巻 9 号1921頁【判プ I -324】 ⋯⋯⋯⋯120
最判昭和42・1・20民集21巻 1 号16頁【判プ I -235】 ⋯⋯⋯⋯⋯36
最判昭和42・7・21民集21巻 6 号1643頁【百選 I -45】【判プ I -185】 ⋯44
最判昭和42・10・27民集21巻 8 号2110頁 ⋯⋯⋯⋯⋯⋯⋯⋯⋯⋯167
最判昭和43・11・19民集22巻12号2692頁 ⋯⋯⋯⋯⋯⋯⋯⋯⋯⋯46
最判昭和43・11・21民集22巻12号2765頁【判プ I -332】 ⋯⋯⋯192
最判昭和43・12・24民集22巻13号3366頁【判プ I -187】 ⋯⋯⋯169
最判昭和44・2・22判時552号45頁 ⋯⋯⋯⋯⋯⋯⋯⋯⋯⋯⋯⋯⋯155
最判昭和45・6・18裁判集民99号375頁 ⋯⋯⋯⋯⋯⋯⋯⋯⋯⋯61
最大判昭和45・6・24民集24巻 6 号587頁 ⋯⋯⋯⋯⋯⋯⋯⋯⋯146
最判昭和45・7・16民集24巻 7 号999頁 ⋯⋯⋯⋯⋯⋯⋯⋯⋯⋯193
最判昭和45・12・4民集24巻13号1987頁 ⋯⋯⋯⋯⋯⋯⋯⋯⋯53

最判昭和46・ 7 ・16民集25巻 5 号749頁【判プ I -334】……………………………………… 192
最判昭和46・11・30民集25巻 8 号1437頁【判プ I -269】……………………………………… 65
最判昭和47・11・ 2 判時690号42頁【判プ I -363】……………………………………………… 155
最判昭和48・12・14民集27巻11号1586頁 ……………………………………………………… 167
最判昭和49・ 9 ・26民集28巻 6 号1213頁【百選 I -23】【判プ I -102】…………………………… 31
最大判昭49・10・23民集28巻 7 号1473頁 ……………………………………………………… 200
最判昭和50・11・ 7 民集29巻10号1525頁 ……………………………………………………… 102
最判昭和51・ 6 ・17民集30巻 6 号616頁【判プ I -333】………………………………………… 192
最判昭和51・ 6 ・17民集30巻 6 号616頁【判プ I -333】………………………………………… 192
最判昭和52・ 2 ・27判時809号42頁 ……………………………………………………………… 155
最判昭和52・10・11民集31巻 6 号785頁 ………………………………………………………… 156
最判昭和53・ 3 ・ 6 民集32巻 2 号135頁【百選 I -46】【判プ I -275】…………………………… 65
最判昭和54・ 1 ・25民集33巻 1 号26頁【百選 I -72】【判プ I -300】…………………………… 92
最判昭和54・ 2 ・15民集33巻 1 号51頁【判プ I -396】…………………………………………… 189
最判昭和54・ 2 ・15民集33巻 1 号51頁【判プ I -396】…………………………………………… 206
最判昭和58・ 7 ・ 5 判時1089号44頁 ……………………………………………………………… 33
最判昭和59・ 2 ・ 2 民集38巻 3 号431頁【判プ I -335】………………………………………… 188
最判昭和60・ 7 ・19民集39巻 5 号1326頁【百選 I -82】【判プ I -336】………………………… 143
最判昭和60・ 7 ・19民集39巻 5 号1326頁【百選 I -82】【判プ I -336】………………………… 188
最判昭和62・ 2 ・12民集41巻 1 号67頁 …………………………………………………………… 198
最判昭和62・ 4 ・23民集41巻 3 号474頁 ………………………………………………………… 39
最判昭和62・ 4 ・24判時1243号24頁 ……………………………………………………………… 53
最判昭和62・11・10民集41巻 8 号1559頁【判プ I -340】…………………………………… 189, 206
最判昭和63・ 5 ・20判時1277号116頁 …………………………………………………………… 98

▶平成元（1989）年〜平成25（2013）年
最判平成元・ 9 ・19民集43巻 8 号955頁【判プ I -294】………………………………………… 83
最判平成元・10・27民集43巻 9 号1070頁【百選 I -87】………………………………………… 141
最判平成元・11・24民集43巻10号1220頁 ………………………………………………………… 96
最判平成 2 ・11・20民集44巻 8 号1037頁【百選 I -71】【判プ I -293】………………………… 81
最判平成 3 ・ 2 ・14民集51巻 2 号375頁 ………………………………………………………… 156
最判平成 3 ・ 4 ・19民集45巻 4 号477頁 ………………………………………………………… 40
最判平成 6 ・ 1 ・25民集48巻 1 号18頁【判プ I -301】…………………………………………… 90
最判平成 7 ・ 9 ・19民集49巻 8 号2805頁 ………………………………………………………… 194
最判平成 8 ・10・31民集50巻 9 号2563頁【百選 I -76】【判プ I -320】………………………… 101
最判平成 8 ・11・12民集50巻10号2591頁【百選 I -67】【判プ I -271】………………………… 66
最判平成 9 ・ 2 ・25判時1606号44頁 ……………………………………………………………… 144
最判平成 9 ・ 6 ・ 5 民集51巻 5 号2116頁………………………………………………………… 156
最判平成10・ 1 ・30民集52巻 1 号1頁【百選 I -88】【判プ I -356】……………………… 143, 144
最判平成10・ 2 ・13民集52巻 1 号65頁【百選 I -63】【判プ I -246】…………………………… 80
最判平成10・ 2 ・13民集52巻 1 号65頁【百選 I -63】【判プ I -246】……………………… 47, 115
最判平成10・ 2 ・26民集52巻 1 号255頁【判プ I -312】………………………………………… 99
最判平成11・11・30民集53巻 8 号1965頁【判プ I -353】………………………………………… 140
最判平成12・ 4 ・14民集54巻 4 号1552頁【判プ I -354】………………………………………… 141
最判平成12・ 6 ・27民集54巻 5 号1737頁【百選 I -69】【判プ I -285】………………………… 183

最判平成13・3・13民集55巻2号363頁【判プⅠ-358】‥‥‥‥‥‥‥‥‥‥‥‥ 144, 146
最判平成14・3・12民集56巻3号555頁【判プⅠ-359】‥‥‥‥‥‥‥‥‥‥‥‥ 145
最判平成14・3・28民集56巻3号689頁【百選Ⅰ-3】【判プⅠ-360】‥‥‥‥‥‥ 146
最判平成14・6・10家月55巻1号77頁‥‥‥‥‥‥‥‥‥‥‥‥‥‥‥‥‥‥‥‥40
最判平成15・7・11民集57巻7号787頁【百選Ⅰ-75】【判プⅠ-304】‥‥‥‥‥ 100
最判平成15・10・31判時1846号7頁【判プⅠ-150】‥‥‥‥‥‥‥‥‥‥‥‥‥ 169
最判平成17・2・22民集59巻2号314頁【判プⅠ-337】‥‥‥‥‥‥‥‥‥‥‥‥ 188
最判平成17・3・10民集59巻2号356頁【百選Ⅰ-89】【判プⅠ-345】‥‥‥‥‥ 149
最判平成18・3・16民集60巻3号735頁‥‥‥‥‥‥‥‥‥‥‥‥‥‥‥‥‥‥‥80
最判平成18・3・17民集60巻3号773頁【判プⅠ-60】‥‥‥‥‥‥‥‥‥‥‥‥ 120
最判平成18・7・20民集60巻6号2499頁【判プⅠ-382】‥‥‥‥‥‥‥‥‥ 203, 205
最判平成19・2・15民集61巻1号243頁【判プⅠ-399】‥‥‥‥‥‥‥‥‥‥‥‥ 209
最判平成21・3・10民集63巻3号385頁【百選Ⅰ-101】【判プⅠ-402】‥‥‥‥‥ 212
最判平成22・6・4民集64巻4号1107頁【判プⅠ-403】‥‥‥‥‥‥‥‥‥‥‥‥ 213
最判平成25・2・26民集67巻2号297頁【判プⅠ-247】‥‥‥‥‥‥‥‥‥‥‥‥ 115

下級裁判所判例

東京高判昭和28・9・21高民集6巻10号633頁‥‥‥‥‥‥‥‥‥‥‥‥‥‥‥‥ 181
東京地判平成16・5・10判タ1156号110頁‥‥‥‥‥‥‥‥‥‥‥‥‥‥‥‥‥‥76

❖事項索引 ·········

▶あ行

悪意占有·································· 61
委棄································· 116
遺産共有····························· 95
遺産分割····························· 95
　遺産分割と登記····················· 36
意思主義····························· 18
異時配当···························· 171
遺贈と登記··························· 38
一括競売制度······················· 157
囲繞地（いにょうち）················· 79
入会権（いりあいけん）·············· 119
受戻権······························ 203
宇奈月温泉事件······················ 75
上土権（うわつちけん）··············· 9
永小作権（えいこさくけん）·········· 117
乙区································· 26

▶か行

解除と登記··························· 32
価格賠償··························· 101
加工······························ 87, 91
果実収取権·························· 66
価値権····························· 147
価値変形物························· 138
仮登記担保························· 199
簡易の引渡し························ 54
慣習································ 120
間接占有···························· 60
管理組合······················ 104, 105
管理行為···························· 97
帰責事由···························· 32
帰属清算··························· 198
協議分割··························· 101
共同相続と登記····················· 34
共同抵当··························· 171
共有································ 95
共用部分·························· 104
禁反言····························· 47
区分所有建物······················ 103
区分地上権······················ 77, 110

境界（けいかい）··················· 82
形式主義···························· 18
権原································ 88
原始取得························· 74, 84
現実の引渡し······················ 54
原状回復義務······················ 33
現物分割··························· 101
権利の濫用························· 75
権利部····························· 26
権利保護資格要件··················· 37
牽連性····························· 191
合意解除···························· 32
行為請求権説······················· 15
交換価値··························· 133
甲区································ 26
公示································ 12
　公示の原則······················· 20
　公示の必要性······················ 6
　公示方法························· 23
公信の原則······················ 20, 52
　公信力··························· 22
　公信力説························· 25
合有································ 95
個別価値考慮説···················· 156
混同································ 16
混和······························ 87, 91

▶さ行

債権································· 3
債権質···························· 180
債権者平等の原則··················· 127
債権譲渡担保······················ 208
再築······························ 155
裁判分割··························· 101
先取特権··························· 184
差押え···························· 142
指図による占有移転·················· 54
敷地利用権······················· 104
事業包括担保······················ 209
自己占有···························· 60
自主占有···························· 61

質権……………………………………… 177
地面師…………………………………… 26
収益執行………………………………… 134
収益的効力……………………………… 131
集合動産……………………………… 7, 205
集合動産譲渡担保……………………… 204
　集合物…………………………………… 7
修正行為請求権説……………………… 15
取得時効と登記………………………… 41
準共有…………………………………… 102
準占有…………………………………… 72
承役地…………………………………… 113
償金……………………………………… 80
承継取得………………………………… 84
使用収益権限…………………………… 148
譲渡担保契約…………………………… 206
譲渡の登記……………………………… 6
将来の在庫商品………………………… 205
処分清算………………………………… 198
所有権…………………………………… 73
　所有権絶対の原則…………………… 75
　所有権留保…………………………… 211
　所有者不明土地問題……………… 27, 76
信義則…………………………………… 47
人的担保………………………………… 125
随伴性…………………………………… 128
清算義務………………………………… 198
清算請求権……………………………… 203
絶対性…………………………………… 6
設定者留保権…………………………… 203
善意占有………………………………… 61
全体的価値考慮説……………………… 156
全面的価格賠償………………………… 101
占有……………………………………… 58
　占有回収の訴え…………………… 70, 182
　占有改定……………………………… 54
　占有権………………………………… 58
　占有代理人…………………………… 60
　占有担保……………………………… 133
　占有の訴え…………………………… 69
　占有の瑕疵（かし）………………… 64
　占有の観念化………………………… 59
　占有の交互侵奪……………………… 71
　占有保持の訴え……………………… 70
　占有補助者…………………………… 60

　占有保全の訴え……………………… 70
専有部分………………………………… 104
増改築…………………………………… 89
造作買取請求権………………………… 191
「相続させる」旨の遺言……………… 39
相続登記………………………………… 38
相続土地国家帰属法…………………… 76
相続放棄と登記………………………… 35
相対的無効説…………………………… 25
総有……………………………………… 95
相隣関係………………………………… 78
遡及効…………………………………… 36
　遡及的無効…………………………… 31
即時取得………………… 52, 203, 211, 212

▶た行

代位物…………………………………… 138
代価弁済………………………………… 159
代金分割………………………………… 101
対抗要件……………………………… 23, 151
対抗力…………………………………… 24
第三債務者保護説……………………… 143
第三者…………………………………… 45
　第三者管理…………………………… 105
　第三者与信型………………………… 213
第三取得者……………………………… 158
代償物…………………………………… 138
大深度地下……………………………… 77
代物弁済予約…………………………… 199
代理占有………………………………… 60
他主占有………………………………… 61
建前……………………………………… 92
建物買取請求権………………………… 191
建物区分所有…………………………… 103
単一説…………………………………… 99
短期賃借権……………………………… 151
単独行為………………………………… 17
担保物権………………………………… 9
担保不動産競売………………………… 134
担保不動産収益執行…………………… 134
担保法改正……………………………… 200
地役権（ちえきけん）………………… 113
地上権…………………………………… 110
眺望地役権……………………………… 113
直接占有………………………………… 60

追及効···································· 13

通行地役権······················· 113

抵当権·························· 132, 147

  抵当権消滅請求·············· 160

  抵当権消滅請求制度·········· 161

抵当権侵害························ 148

抵当権と利用権との調整········ 150

抵当権に基づく物上代位········ 142

抵当権の順位···················· 163

  抵当権の順位の譲渡・放棄···· 164

  抵当権の順位の変更·········· 164

抵当権の譲渡・放棄············ 163

抵当権の消滅···················· 165

滌除（てきじょ）·············· 161

適法占有·························· 62

典型担保·························· 126

天然果実·························· 136

添付······························ 87

登記······························ 23

  登記事項証明書·············· 121

  登記の対抗要件·············· 23

動産質···························· 178

動産・債権譲渡特例法·········· 50

動産譲渡担保···················· 202

動産物権変動···················· 48

同時配当························· 171

動物の所有権···················· 76

特則説···························· 83

特定遺贈·························· 39

特定承継······················ 63, 84

特定性維持説···················· 142

特別縁故者······················ 96

取消しと登記···················· 29

取引の安全······················ 24

▶な行

二重譲渡·························· 11

二重売買·························· 11

任意解除·························· 32

認容請求権説···················· 15

根抵当··························· 172

  根抵当権····················· 173

  根抵当権の譲渡············· 175

▶は行

背信的悪意者論·················· 46

排他性···························· 5

売買は賃貸借を破る············ 12

反対事実主張説·················· 25

非占有担保·············· 133, 150, 195

被担保債権······················ 195

  被担保債権の消滅············ 167

非典型担保··············· 10, 127, 195

費用償還請求権·················· 67

表題部···························· 26

費用負担·························· 15

不可分性···················· 114, 129

  不可分性の原則·············· 148

不完全物権変動説················ 25

複数説···························· 99

袋地（ふくろじ）·············· 79

付合··························· 87, 90

付従性····················· 114, 128

物権······························ 3

物権行為·························· 19

  物権行為独自性·············· 19

物権的請求権···················· 6

物権的返還請求権················ 13

物権的妨害排除請求権··········· 13

物権的妨害予防請求権··········· 13

物権の排他性···················· 5

物権変動······················ 17, 29

  不動産の——················ 23

物権法定主義···················· 8

物上代位·················· 138, 187

  物上代位性·················· 129

物上保証人·············· 132, 167

物的担保························· 125

不動産質························· 178

不動産譲渡担保·················· 196

不動産登記制度··············· 24, 27

  不動産登記法················ 28

不法占有者······················ 45

別除権···················· 126, 213

変更行為·························· 97

包括遺贈·························· 39

包括承継·························· 84

法定解除·························· 32

法定果実‥‥‥‥‥‥‥‥‥‥‥‥‥‥‥‥‥ 136
法定担保物権‥‥‥‥‥‥‥‥‥‥‥‥‥‥ 126
法定地上権‥‥‥‥‥‥‥‥‥‥‥‥‥‥‥ 153
法務局‥‥‥‥‥‥‥‥‥‥‥‥‥‥‥‥‥ 121
保存行為‥‥‥‥‥‥‥‥‥‥‥‥‥‥‥‥ 97
本権‥‥‥‥‥‥‥‥‥‥‥‥‥‥‥‥‥‥ 67
　本権の訴え‥‥‥‥‥‥‥‥‥‥‥‥‥ 70

▶ま行

埋蔵物発見‥‥‥‥‥‥‥‥‥‥‥‥‥‥ 86
未登録の自動車‥‥‥‥‥‥‥‥‥‥‥‥ 53
無権利の法理‥‥‥‥‥‥‥‥‥‥‥ 20, 52
無主物先占‥‥‥‥‥‥‥‥‥‥‥‥‥‥ 85
明認方法‥‥‥‥‥‥‥‥‥‥‥‥‥‥‥ 57
持分権‥‥‥‥‥‥‥‥‥‥‥‥‥‥‥‥ 95

▶や行

約定担保‥‥‥‥‥‥‥‥‥‥‥‥‥‥‥ 133
　約定担保物権‥‥‥‥‥‥‥‥‥‥‥‥ 126

優先権保全説‥‥‥‥‥‥‥‥‥‥‥‥‥ 142
優先的効力‥‥‥‥‥‥‥‥‥‥‥‥‥‥ 129
優先弁済権‥‥‥‥‥‥‥‥‥‥ 164, 186, 195
　優先弁済的効力‥‥‥‥‥‥‥‥‥ 126, 130
湯口権（ゆぐちけん）‥‥‥‥‥‥‥‥‥ 9
要役地‥‥‥‥‥‥‥‥‥‥‥‥‥‥‥‥ 113
用益物権‥‥‥‥‥‥‥‥‥‥‥‥‥ 9, 108
用水地役権‥‥‥‥‥‥‥‥‥‥‥‥‥‥ 113

▶ら行

濫用的短期賃貸借‥‥‥‥‥‥‥‥‥‥‥ 149
留置権‥‥‥‥‥‥‥‥‥‥‥‥‥‥‥‥ 190
留置的効力‥‥‥‥‥‥‥‥‥‥‥ 130, 179
留保売主‥‥‥‥‥‥‥‥‥‥‥‥‥‥‥ 211
留保買主‥‥‥‥‥‥‥‥‥‥‥‥‥‥‥ 211
立木（りゅうぼく）‥‥‥‥‥‥‥‥ 8, 56
隣地使用権‥‥‥‥‥‥‥‥‥‥‥‥‥‥ 79
隣地通行権‥‥‥‥‥‥‥‥‥‥‥‥‥‥ 79
類型論‥‥‥‥‥‥‥‥‥‥‥‥‥‥‥‥ 44

コンシェルジュ民法　2
物権・担保物権法

2023年2月10日　初版第1刷印刷
2023年2月20日　初版第1刷発行

監修者　椿　寿夫・松本恒雄
　　　　　つばき　としお　　まつもとつねお

著　者　中山知己・長谷川貞之
　　　　　なかやまともみ　　はせがわさだゆき
　　　　　吉井啓子・青木則幸
　　　　　よしいけいこ　あおきのりゆき

発行所　(株)北大路書房
　　　　〒603-8303　京都市北区紫野十二坊町12-8
　　　　電　話　(075)431-0361(代)
　　　　ＦＡＸ　(075)431-9393
　　　　振　替　01050-4-2083

企画・編集　秋山　泰（出版工房ひうち：燧）
装　丁　　　上瀬奈緒子（綴水社）
組　版　　　華洲屋（kazu-ya）
印刷・製本　亜細亜印刷（株）

コンシェルジュ民法《全5巻》

Traité "Concierge" de Droit Civil

＊コンシェルジュ【仏：concierge】とは，ホテルなどの案内役から転じて，
比喩的に，特定の分野や地域情報などを紹介・案内する人を指す

椿 寿夫 ＋ 松本 恒雄 監修

▶第1巻 **民法入門・総則** ＊滝沢昌彦・林 幸司・川地宏行・中谷 崇・宮澤俊昭 著

【続刊】

▶第2巻 **物権・担保物権法** ＊中山知己・長谷川貞之・吉井啓子・青木則幸 著

定価3080円〔税込〕【既刊】

▶第3巻 **債権法Ⅰ** ［債権総論・契約総論］

＊難波譲治・山田創一・芦野訓和・長坂 純・原田 剛 著 【続刊】

▶第4巻 **債権法Ⅱ** ［契約各論・不法行為等］

＊和田真一・石橋秀起・野々村和喜・杉本好央・渡邊 力 【近刊】

▶第5巻 **家族法** ＊山口亮子・渡邊泰彦・冷水登紀代・松尾知子 著 【続刊】

＊印は，シリーズ編集委員／▶A5判・横組み・並製カバー巻 各巻約260頁

北大路書房